D1749662

Hans Michael Riemer

Anfechtungs- und Nichtigkeitsklage
im schweizerischen Gesellschaftsrecht

Dr. Hans Michael Riemer

Professor an der Universität Zürich

Anfechtungs- und Nichtigkeitsklage im schweizerischen Gesellschaftsrecht (AG, GmbH, Genossenschaft, Verein, Stockwerkeigentümergemeinschaft)

Eine materiell- und prozessrechtliche Darstellung

STÄMPFLI VERLAG AG BERN · 1998

Die Deutsche Bibliothek - CIP-Einheitsaufnahme

Riemer, Hans Michael:
Anfechtungs- und Nichtigkeitsklage im schweizerischen Gesellschaftsrecht (AG, GmbH, Genossenschaft, Verein, Stockwerkeigentümergemeinschaft) : eine materiell- und prozessrechtliche Darstellung / Hans Michael Riemer. - Bern : Stämpfli, 1998
  ISBN 3-7272-9930-4

© Stämpfli Verlag AG Bern · 1998

Gesamtherstellung: Stämpfli AG,
Grafisches Unternehmen, Bern
Printed in Switzerland

ISBN 3-7272-9930-4

Vorwort

Die gesellschaftsrechtliche Anfechtungsklage (und die mit ihr nahe verwandte Nichtigkeitsklage) ist ein in der Praxis sehr wichtiger Rechtsschutzbehelf, der sein Anwendungsgebiet sowohl im Zivilrecht als auch im Handelsrecht hat. Dabei werden aber diese beiden Teilbereiche – auch wenn deren Gemeinsamkeiten die Unterschiede bei weitem überwiegen – sowohl in der Rechtsprechung als auch in der Literatur meistens ganz isoliert betrachtet, obwohl sich aus den Querverbindungen viele gegenseitige Bereicherungen bzw. Synenergieeffekte ergäben. Auch wird oft zuwenig Wert auf den Zusammenhang zwischen dem materiellen Recht (ZGB, OR) und dem Prozessrecht gelegt, was immer wieder zu Unzulänglichkeiten führt. Die vorliegende Arbeit will beide „Bruchstellen" überwinden und auf diesem Gebiet eine *Gesamtschau* bieten. Um aber dennoch auf den ersten Blick auch bezüglich der Rechtsprechung erkennbar zu machen, auf welche Rechtsform sich ein Gerichtsurteil – primär – bezieht, wurden alle diesbezüglichen Nachweise entsprechend gekennzeichnet („AG", „GmbH", „Gen", „V", „Stw").

Verarbeitet wurde dabei die gesamte publizierte bundesgerichtliche Praxis (unter Einschluss der zahlreichen nicht in der amtlichen Sammlung veröffentlichten Entscheide), einige unpublizierte Bundesgerichtsurteile sowie nahezu die gesamte publizierte kantonale Praxis (Ausnahmen: offensichtlich überholte Urteile, reiner Nachvollzug bundesgerichtlicher Praxis, spezifisch kantonal-rechtliche prozessuale Detailfragen). Verarbeitet wurde auch die gesamte Standardliteratur zu den in Frage stehenden Gesellschaftsformen sowie die monographische Literatur, soweit sie sich spezifisch auf die hier behandelten Klagen bezieht (solche existiert nur für das Aktienrecht, ist aber dort relativ zahlreich). Berücksichtigt wurden auch die Gesetzesmaterialien zur jüngsten Revision des Aktienrechts (von Bedeutung in vorliegendem Zusammenhang ist praktisch nur das BB1 mit der bundesrätlichen Botschaft).

Für die seinerzeitige Mithilfe bei der Materialbeschaffung danke ich meinem damaligen Assistenten, Herrn lic.iur. *Christoph Fuchs*, sehr herzlich, und ebenso danke ich meinen gegenwärtigen Assistentinnen, Frau Rechtsanwältin lic.iur. *Judith Widmer*, Frau lic.iur. *Pa-*

trizia Merotto und Frau lic.iur. *Esther Allenspach*, für die Mithilfe bei den Abschlussarbeiten. Mein Dank gilt sodann meiner Frau, Dr.iur. *Gabriela Riemer-Kafka*, für die zügige Erstellung des Sachregisters und Frau *Marlies Fink-Merk* (Winterthur) für die prompte Erledigung der Schreibarbeiten.

Zürich, im März 1998   Hans Michael Riemer

Inhaltsverzeichnis

Abkürzungsverzeichnis 13
Literaturverzeichnis 17

I. **Funktionen, gesetzliche Grundlagen und weiterer Anwendungsbereich der Anfechtungsklage; sonstige allgemeine Fragen** 21

    A. Funktionen 21
        1. Allgemeines 21
        2. Zwingendes Recht 23
    B. Gesetzliche Grundlagen (einschliesslich historische Entwicklung) und weiterer Anwendungsbereich 25
        1. Gesetzliche Grundlagen (einschlisslich historischer Entwicklung) 25
        2. Weiterer Anwendungsbereich 29
            a) Einfache Gesellschaft, Kollektiv- und Kommanditgesellschaft 29
            b) Gläubigergemeinschaft bei Anleihensobligationen 30
            c) Gewöhnliche Miteigentümergemeinschaft 30
            d) Privatrechtliche Stiftungen 31
            e) Körperschaften des kantonalen Privatrechts 31
            f) Körperschaften des öffentlichen Rechts 32
            g) Körperschaften des Bundesprivatrechts mit besonderen Zwecken 32
    C. Bedeutung der gesetzlichen Gemeinsamkeiten und Unterschiede unter den einzelnen Körperschaften des Bundesprivatrechtes 33
    D. Internationales Privatrecht 36

II. **Anfechtungsobjekt** 37

    A. In formeller Hinsicht 37
        1. Beschlüsse der Mitgliederversammlung 37
        2. Beschlüsse von Ersatzformen der Mitgliederversammlung . 37
        3. Beschlüsse und Verfügungen von sonstigen Organen, insbesondere von Exekutivorganen 38
            a) Allgemeines 38
            b) Körperschaftsintern weiterziehbare Beschlüsse 39
        4. Unterlassene Beschlüsse? 40
        5. „Stillschweigende Beschlüsse" 42
        6. Zukünftige Beschlüsse 42
        7. Verfügungen und Feststellungen des Versammlungsleiters 42

B. In materieller (inhaltlicher) Hinsicht ... 43
   1. Allgemeines ... 43
   2. Gründungsbeschlüsse ... 43
   3. Auflösungs- und damit zusammenhängende Beschlüsse ... 44
   4. Zwischen Gründung und Auflösung gefasste Beschlüsse ... 45
      a) Allgemeines ... 45
      b) Sonderfälle ... 45
         aa) Verbandsstrafen ... 45
         bb) Beschlüsse ohne Verbindlichkeit, Resolutionen ... 46
         cc) Suspensiv- und resolutiv-bedingte Beschlüsse ... 46
      c) Abschluss von Rechtsgeschäften mit Dritten ... 42

III. **Anfechtungsvoraussetzungen in sachlicher Hinsicht** ... 49

   A. Allgemeines ... 49
      1. Regel ... 49
      2. Präzisierungen und Einschränkungen ... 49
         a) Ermessensentscheide ... 49
         b) Konkrete, nicht bloss virtuelle Verletzung ... 50
         c) Auswirkung der Verletzung auf das Ergebnis der Beschlussfassung ... 50
         d) Schützenswertes Interesse (allgemeines Verbot des Rechtsmissbrauchs) ... 52
         e) Keine Verletzung bloss finanzieller Interessen? ... 53
         f) Verletzung bestehender rechtsgeschäftlicher Beziehungen der Körperschaft mit Dritten als Gesetzes- oder Statutenverletzung ... 53
   B. Verletzungen des objektiven Rechts, insbesondere des Gesetzes ... 53
      1. Allgemeines und Übersicht ... 53
      2. Das objektive Recht im einzelnen ... 54
         a) Geschriebenes Körperschaftsrecht ... 54
         b) Geschriebene allgemeine Bestimmungen über juristische Personen ... 55
         c) Ungeschriebene Normen aus den genannten beiden Rechtsgebieten ... 56
         d) Sonstiges geschriebenes oder ungeschriebenes objektives Recht ... 58
   C. Verletzungen des körperschaftsinternen Rechts, insbesondere der Statuten ... 59
      1. Allgemeines und Übersicht ... 59
      2. Statuten und andere Erlasse ... 60
      3. Ungeschriebenes körperschaftsinternes Recht (Übung, Observanz) ... 62

| IV. | Klagelegitimation | 63 |

A. Aktivlegitimation 63
  1. Der Kreis der Aktivlegitimierten im allgemeinen 63
  2. Ausdehnungen und Einschränkungen 64
     a) Ausdehnungen 64
        aa) Übersicht 64
        bb) Verwaltungsrat bzw. Verwaltung im besonderen 65
     b) Einschränkungen 67
        aa) Zustimmung 67
        bb) Sonstige Fälle 69
  3. Spezialfälle 71
     a) Verein und Stockwerkeigentümergemeinschaft 71
     b) Aktiengesellschaft 73
     c) GmbH und Genossenschaft 76
  4. Erwerb und Verlust der Mitgliedschaft 77
B. Passivlegitimation 80
C. Nebenintervention, Streitverkündung 80

| V. | Klagefrist | 83 |

A. Allgemeines 83
B. Dauer und Beginn 83
C. Beweislast 85
D. Rechtsnatur 86
E. Berechnung 89
F. Fristwahrung 90

| VI. | Prozessuale Fragen des Anfechtungsprozesses | 95 |

A. Rechtsnatur, Inhalt (Ziel) und Rechtswirkungen von
   Anfechtungsklage und -urteil 95
B. Örtliche Zuständigkeit (Gerichtsstand) 101
C. Sachliche Zuständigkeit, einschliesslich Direktprozess am
   Bundesgericht und Schiedsgericht 102
   1. Allgemeines 102
   2. Direktprozess am Bundesgericht 103
   3. Schiedsgericht 103
      a) Gemäss Schiedskonkordat 103
         aa) Schiedsfähigkeit 103
         bb) Form der Schiedsabrede 104
         cc) Sonstiges 105
      b) Gemäss Art. 178 IPRG (Internationales Schieds-
         gericht) 105
      c) Gemäss New Yorker Übereinkommen von 1958 107
D. Verfahrens- und Erledigungsart 107
E. Streitwert 108
F. Finanzielle Folgen 110

Inhaltsverzeichnis

    G. Vorsorgliche Massnahmen (einstweiliger Rechtsschutz) 112

VII. Anfechtungsklage im Verhältnis zur Klage auf Nichtigerklärung 119

    A. Allgemeines 119
    B. Formelle Mängel 121
        1. Allgemeines 121
        2. Keine Körperschaft 121
        3. Keine Mitgliederversammlung 122
            a) Versammlung von Nichtmitgliedern 122
            b) Einberufung durch eine hiefür nicht zuständige Person 123
            c) Informelle Versammlungen 124
            d) Nichteinladung oder Nichtzulassung von teilnahmeberechtigten Personen 124
            e) Sonstige Missachtung von Einberufungsvorschriften? 125
            f) Unzulässige Ersatzformen 126
        4. Kein Beschluss 127
            a) Beschlussunfähigkeit 127
            b) Nichterreichen des erforderlichen Mehrs 128
            c) Nichtzulassung von diskussions- und/oder stimmberechtigten Personen 129
            d) Unzuständigkeit 130
        5. Nichteinhaltung einer gesetzlich vorgeschriebenen Form . 131
            a) Formvorschriften i.e.S. 131
            b) Erlassart 132
    C. Materielle (inhaltliche) Mängel 132
        1. Allgemeines 132
        2. Die einzelnen Gruppen 133
            a) Generell-abstrakte körperschaftliche Regelungen 133
            b) Individuell-konkrete Beschlüsse 134
                aa) Begriffliches 134
                bb) Die einzelnen Nichtigkeitsfälle 135
    D. Nichtigerklärungsverfahren 137
        1. Nichtigkeitsobjekte 137
        2. Aktiv- und Passivlegitimation; Nebenintervention und Streitverkündung 138
        3. Klagefrist 139
        4. Prozessuale Einzelfragen 140
            a) Geltendmachung der Nichtigkeit 140
                aa) Klage auf Nichtigerklärung (einschliesslich vorsorgliche Massnahmen) 140
                bb) Einrede 141
            b) Berücksichtigung von Amtes wegen 141
            c) Übrige Verfahrensfragen 143
        5. Verhältnis zur Anfechtungsklage 144

VIII. Anfechtungsklage und Klage auf Nichtigerklärung im Verhältnis zu anderen körperschaftlichen Klagen 147

    A. Allgemeines 147
    B. Verwandte, kumulative und konkurrenzierende Klagen 149
       1. Klage auf Feststellung des Inhaltes (Interpretation) eines Beschlusses 149
       2. Klage auf Feststellung der Mitgliedschaft und Anfechtungsklage 150
       3. Anfechtungsklage/Klage auf Feststellung der Nichtigkeit und sonstige Feststellungsklagen sowie Leistungsklagen .. 151
       4. Anfechtungsklage und Klage auf Auflösung der Körperschaft 151
       5. Verantwortlichkeits- (Schadenersatz-) Klagen und Anfechtungsklage/Klage auf Feststellung der Nichtigkeit 152

Sachregister 155

Abkürzungsverzeichnis

a.a.O.	am angeführten Ort
AB	Amtsbericht
Abs.	Absatz
a.E.	am Ende
AFG	Bundesgesetz über die Anlagefonds vom 18. März 1994
AG	Aktiengesellschaft, Aargau
AGVE	Aargauische Gerichts- und Verwaltungsentscheide
AJP	Aktuelle Juristische Praxis
Allg. Best.	Allgemeine Bestimmungen
a.M.	anderer Meinung
Anm.	Anmerkung
Art.	Artikel
ASR	Abhandlungen zum schweizerischen Recht
Aufl.	Auflage
BankG	Bundesgesetz über die Banken und Sparkassen vom 8. November 1934
Bd(e)	Band, Bände
BBl	Bundesblatt
BE	Bern
BEHG	Bundesgesetz über die Börsen und den Effektenhandel vom 24. März 1995
bes.	besonders
betr.	betreffend
BGB	Bürgerliches Gesetzbuch für das Deutsche Reich vom 18. Oktober 1896
BGE	Entscheidungen des Schweizerischen Bundesgerichtes
BJM	Basler juristische Mitteilungen
BL	Basel-Land
BV	Bundesverfassung
BVG	Bundesgesetz über die berufliche Alters-, Hinterlassenen- und Invalidenvorsorge vom 25. Juni 1982
BZP	Bundesgesetz über den Zivilprozess vom 4. Dezember 1947
bzw.	beziehungsweise
c.	contra
ders.	derselbe
dgl.	dergleichen
d.h.	das heisst
Diss.	Dissertation
E.	Erwägung
EG	kantonales Einführungsgesetz zum ZGB
Einl.	Einleitung
etc.	et cetera
f/ff.	folgend(e)
FL	Fürstentum Liechtenstein
FR	Fribourg

Gen	Genossenschaft
GmbH	Gesellschaft mit beschränkter Haftung
GV	Generalversammlung
GVG	Bundesgesetz über den Geschäftsverkehr der Bundesversammlung sowie über die Form, die Bekanntmachung und das Inkrafttreten ihrer Erlasse vom 3. März 1962
GVP	Gerichts- und Verwaltungspraxis
HRV	Verordnung über das Handelsregister vom 7. Juni 1937
i.c.	in concreto
IPRG	Bundesgesetz über das internationale Privatrecht vom 18. Dezember 1987
i.S.	in Sachen
i.S.v.	im Sinne von
i.V.m.	in Verbindung mit
JdT	Journal des Tribunaux
K.	Kapitel
KassG	Kassationsgericht
kt. Korp.	kantonale Korporation
KVG	Bundesgesetz über die Krankenversicherung vom 18. März 1994
LGVE	Luzerner Gerichts- und Verwaltungsentscheide
lit.	litera
LU	Luzern
LugÜ	Übereinkommen über die gerichtliche Zuständigkeit und die Vollstreckung gerichtlicher Entscheidungen in Zivil- und Handelssachen (Lugano-Übereinkommen), in Kraft seit 1. Januar 1992
Max LU	Entscheidungen des Obergerichts des Kantons Luzern (Maximen)
m.E.	meines Erachtens
N	Note
NE	Neuenburg
Nr.	Nummer
ObG	Obergericht
OG	Bundesgesetz über die Organisation der Bundesrechtspflege vom 16.Dezember 1943
OJ	Loi fédérale du 16 décembre 1943 d'organisation judiciaire
OR	Bundesgesetz betr. die Ergänzung des schweiz. Zivilgesetzbuches (fünfter Teil: Obligationenrecht) vom 30. März 1911
OW	Obwalden
PGR	Das (liechtensteinische) Personen- und Gesellschaftsrecht vom 20. Januar 1926
PKG	Die Praxis des Kantons Graubünden
publ.	publiziert
PVV	Verordnung zum Postverkehrsgesetz vom 1. September 1967
RB	Rechenschaftsbericht
RdJ	Recueil de Jugements du Tribunal Cantonal de la République et Canton de Neuchâtel
Rep	Repertorio di Giurisprudenza patria
RVJ	Revue valaisanne de jurisprudence
Rz	Randziffer
S.	Seite
SAG	Die Schweizerische Aktiengesellschaft

SemJud	La Semaine Judiciaire
SG	St. Gallen
SH	Schaffhausen
SHAB	Schweizerisches Handelsamtsblatt
SjL	Stämpflis juristische Lehrbücher
SJZ	Schweizerische Juristen-Zeitung
SO	Solothurn
sog.	sogenannt
SOG	Solothurnische Gerichtspraxis
Sp.	Spalte
SPR	Schweizerisches Privatrecht
SR	Systematische Sammlung des Bundesrechts
StGB	Schweizerisches Strafgesetzbuch vom 21. Dezember 1937
Stw.	Stockwerkeigentümergemeinschaft
syst.	systematisch
SZW	Schweizerische Zeitschrift für Wirtschaftsrecht
TG	Thurgau
usw.	und so weiter
u.U.	unter Umständen
v.	vom
V	Verein
VAG	Bundesgesetz betreffend die Aufsicht über die privaten Versicherungseinrichtungen vom 23. Juni 1978
VAR	Vierteljahresschrift für aargauische Rechtsprechung
vgl.	vergleiche
VI	Vorinstanz
Vol.	Volume
VVG	Bundesgesetz über den Versicherungsvertrag vom 2. April 1908
z.B.	zum Beispiel
ZBGR	Schweizerische Zeitschrift für Beurkundungs- und Grundbuchrecht
ZG	Zug
Zf	Zusammenfassung
ZGB	Schweizerisches Zivilgesetzbuch vom 10. Dezember 1907
ZH	Zürich
Ziff.	Ziffer
zit.	zitiert
ZPO	Zivilprozessordnung
ZR	Blätter für Zürcherische Rechtsprechung

Literaturverzeichnis

BÖCKLI Peter: Schweizer Aktienrecht, 2. Aufl., Zürich 1996
v. BÜREN Bruno: Zur Anfechtung von Generalversammlungsbeschlüssen, in: SAG 22 (1949/50) S. 149ff.
BÜRGI Wolfhart F.: Zürcher Kommentar, Aktiengesellschaft: Art. 698-738 OR, Zürich 1969
CASUTT Andreas: Rechtliche Aspekte der Verteilung der Prozesskosten im Anfechtungs- und Verantwortlichkeitsprozess, in: Neues zum Gesellschafts- und Wirtschaftsrecht. Zum 50. Geburtstag von Peter Forstmoser, Zürich 1993, S. 79ff.
DREIFUSS Erich L./LEBRECHT André E.: Basler Kommentar, Obligationenrecht II (Art. 530-1186 OR), Basel/Frankfurt am Main 1994, Art. 698-706b, Art. 808-810
DRUEY Jean Nicolas: Mängel des GV-Beschlusses, in: Rechtsfragen um die Generalversammlung (Schriften zum neuen Aktienrecht Bd. 11), Zürich 1997, S. 131ff.
EGGER August: Zürcher Kommentar: Verein, Zürich 1930
EHRBAR Max: Die Anfechtung von Generalversammlungsbeschlüssen nach ungeschriebenem Recht, Diss. Zürich 1941
ESCHER Arnold: Zürcher Kommentar, Erbrecht: Die Erben (Art. 457-536 ZGB), 3. Aufl., Zürich 1959
FEHLMANN Hans: Beschluss und Einzelstimme im schweizerischen Gesellschaftsrecht, Diss. Bern 1954
FORSTMOSER Peter: Berner Kommentar: Genossenschaft, Lieferungen 1-2, Bern 1972-1974
FORSTMOSER Peter/MEIER-HAYOZ Arthur/NOBEL Peter: Schweizerisches Aktienrecht, Bern 1996
FRANK Richard/STRÄULI Hans/MESSMER Georg: Kommentar zur zürcherischen Zivilprozessordnung, 3. Aufl., Zürich 1997
FREI Urs Gaudenz: Nichtige Beschlüsse der Generalversammlung der Aktiengesellschaft, Diss. Zürich 1962
GERWIG Max: Schweizerisches Genossenschaftsrecht, Bern 1957
v. GREYERZ Christoph: Die Kapitalgesellschaften, in: SPR VIII 2, Basel und Frankfurt am Main 1982, S. 1ff.
GUHL Theo/KOLLER Alfred/DRUEY Jean Nicolas: Das Schweizerische Obligationenrecht, 8. Aufl., Zürich 1991
GULDENER Max: Schweizerisches Zivilprozessrecht, 3. Aufl., Zürich 1979
GUTZWILLER Max: Zürcher Kommentar Genossenschaft, 2. Bde., Zürich 1972 und 1974
HABSCHEID Walther J.: Schweizerisches Zivilprozess- und Gerichtsorganisationsrecht, 2. Aufl., Basel und Frankfurt am Main 1990
HÄFELIN Ulrich/MÜLLER Georg: Grundriss des Allgemeinen Verwaltungsrechts, 2. Aufl., Zürich 1993
HARTMANN Wilhelm: Berner Kommentar: Kollektiv- und Kommanditgesellschaft, Bern 1943

HAUSER Willy/HAUSER Robert: Erläuterungen zum Gerichtsverfassungsgesetz des Kantons Zürich, 3. Aufl., Zürich 1978

HAUSHEER Heinz/REUSSER Ruth/GEISER Thomas: Berner Kommentar, Güterrecht der Ehegatten (Allgemeine Vorschriften, Errungenschaftsbeteiligung, Art. 181-220 ZGB), Bern 1992

HEINI Anton/SCHERRER Urs: Basler Kommentar, Schweizerisches Zivilgesetzbuch I (Art. 1-359 ZGB), Basel und Frankfurt am Mai 1992, Art. 60-79

HESS Beat: Basler Kommentar, Obligationenrecht II (Art. 530-1186 OR), Basel und Frankfurt am Main 1994, Art. 656a-658

HOMBURGER Eric: Zürcher Kommentar, Aktiengesellschaft: Der Verwaltungsrat (Art. 707-726 OR), Zürich 1997

HOMBURGER Eric/MOSER Susy: Willensmängel bei der Beschlussfassung der Generalversammlung der Aktionäre, in: Mélanges Pierre Engel, Lausanne 1989, S. 145ff.

JÄGGI Peter: Zürcher Kommentar, Zürich 1973, Art. 1-17 OR

JANGGEN A./BECKER H.: Berner Kommentar: GmbH, Bern 1939

IPRG Kommentar, Zürich 1993

JOLIDON Pierre: Action en annulation des décisions de l'assemblée générale, ou action en responsabilité contre les administrateurs?, in: Lebendiges Aktienrecht. Festgabe zum 70. Geburtstag von Wolfhart Friedrich Bürgi, Zürich 1971, S. 213ff.

KOLLER Alfred: Die aktienrechtliche Anfechtungsklage, in: Recht 2/1988 S. 51ff.

KUNZ Peter: Die Klagen im Schweizer Aktienrecht, Zürich 1997 (Schriften zum neuen Aktienrecht Bd. 12)

MEIER Isaak: Einstweiliger Rechtsschutz im Aktienrecht, in: Recht und Rechtsdurchsetzung. Festschrift für Hans Ulrich Walder zum 65. Geburtstag, Zürich 1994, S. 67ff.

MEIER-HAYOZ Arthur: Kommentar, Sachenrecht: Eigentum, Syst. Teil und allgemeine Bestimmungen (Art. 641-654 ZGB), Bern 1981

MEIER-HAYOZ Arthur/FORSTMOSER Peter: Schweizerisches Gesellschaftsrecht, 8. Aufl., Bern 1998 (SjL)

MEIER-HAYOZ Arthur/REY Heinz: Berner Kommentar, Sachenrecht: Stockwerkeigentum (Art. 712a-712t ZGB), Bern 1988

MOLL Andreas: Basler Kommentar, Obligationenrecht II (Art. 530-1186 OR), Basel und Frankfurt am Main 1994, Art. 879-893

OKUR Yigit Tahsin: L'action en annulation des décisions de l'assemblée générale des actionnaires dans la société anonyme, Diss. Genève 1965

PATRY Robert: La nullité des décisions des organes sociaux dans la société anonyme, in: Mélanges Roger Secrétan, Montreux 1964, S. 227ff.

Ders.: L'action en annulation des décisions de l'assemblée générale, Troisième Journée Juridique, Genève 1964 (Mémoires publés par la Faculté le droit de Genève No 19) S. 9ff.

Ders.: Précis de droit suisse des sociétés, vol. I et II, Berne 1976 und 1977 (Précis de droit Staempfli)

PEYER Rudolf: Nichtige und anfechtbare Beschlüsse der Generalversammlung der Aktiengesellschaft, Diss. Zürich 1944

PIOTET Paul: Erbrecht, 1. Halbband, SPR IV/1, Basel und Stuttgart 1978

PLANGG Urs: Die Anfechtung von Generalversammlungsbeschlüssen einer Aktiengesellschaft durch die Verwaltung, Diss. Zürich 1960

POUDRET Jean-François: Commentaire de la loi fédérale d'organisation judiciaire, Vol II, Art. 41-74, Bern 1990
RIEMER Hans Michael: Berner Kommentar: Allgemeine Bestimmungen über die juristischen Personen, Bern 1993
Ders.: Berner Kommentar: Verein, Bern 1990
SIEGWART Alfred: Zürcher Kommentar: Personengesellschaften (Art. 530-619 OR), Zürich 1938
Ders.: Zürcher Kommentar, Aktiengesellschaft: Einleitung und Art. 620-659, Zürich 1945
ROHRER Kuno Walter: Aktienrechtliche Anfechtungsklage, Diss. Bern 1979
SCHENKER Franz: Basler Kommentar, Obligationenrecht II (Art. 530-1186 OR), Basel und Frankfurt am Main 1994, Art. 832-838
SCHLUEP W.R.: Anfechtungsrecht und Schutz des Aktionärs, in: SJZ 54 (1958) S. 209ff.
SCHMID Ernst F.: Zur prozessualen Umsetzung der Kostenpflicht der Gesellschaft im vom Aktionär eingeleiteten Verantwortlichkeitsprozess (Art. 756 Abs. 2 OR), in: Neues zum Gesellschafts- und Wirtschaftsrecht. Zum 50. Geburtstag von Peter Forstmoser, Zürich 1993, S. 341ff.
Ders.: Basler Kommentar, Obligationenrecht II (Art. 530-1186 OR), Basel und Frankfurt am Main 1994, Art. 921-925
SCHMIDLIN Bruno: Berner Kommentar, Bern 1986, Art. 3-17 OR
SCHUCANY E.: Kommentar zum schweizerischen Aktienrecht, 2. Aufl., Zürich 1960
SCHWANDER Ivo/DUBS Dieter: Die positive Beschlussfeststellungsklage im Aktienrecht - Gegenstand, Verhältnis zur Anfechtungsklage und prozessuale Fragen, in: Aktienrecht 1992-1997: Versuch einer Bilanz. Zum 70. Geburtstag von Rolf Bär, Bern 1998, S. 343ff.
STAUFFER W.: Dürfen Schiedsgerichte Anfechtungsklagen nach Art. 706 OR beurteilen?, in: SJZ 43 (1947) S. 213ff
v. STEIGER Fritz: Grundriss des Schweizerischen Genossenschaftsrechtes, 2. Aufl., Zürich 1963
v. STEIGER Werner: Zürcher Kommentar: GmbH, Zürich 1965
Ders.: Gesellschaftsrecht, in: SPR VIII/1, Basel und Stuttgart 1976, S. 211ff.
STEINER E.: Die gerichtliche Anfechtung von Beschlüssen der Generalversammlung der Aktionäre, in: SAG 10 (1937/38) S. 133ff.
STRUB Armin: Die Ungültigkeit von Generalversammlungsbeschlüssen der Aktiengesellschaft, Diss. Zürich 1963 (ASR 350)
VOGEL Oscar: Grundriss des Zivilprozessrechts, 5. Aufl., Bern 1997 (SjL)
WALDER-RICHLI Hans Ulrich: Zivilprozessrecht, 4. Aufl., Zürich 1996
WERNLI Martin: Basler Kommentar, Obligationenrecht II (Art. 530-1186 OR), Basel und Frankfurt am Main 1994, Art. 707-715a
WOHLMANN Herbert: GmbH-Recht, Basel und Frankfurt am Main 1997

I. Funktionen, gesetzliche Grundlagen und weiterer Anwendungsbereich der Anfechtungsklage; sonstige allgemeine Fragen

A. Funktionen

1. Allgemeines

Die körperschaftsrechtliche Anfechtungsklage[1] steht im Dienste der „Rechtmässigkeit[2] des korporativen Lebens"[3]. Sie ist ein *Schutzrecht*[4] *jedes einzelnen Mitgliedes* (und stellt damit einen besonders stark ausgeprägten *Minderheitenschutz* dar)[5] gegenüber

1

---

[1] Worunter in dieser Arbeit stets auch diejenige der Stockwerkeigentümergegemeinschaft verstanden wird, auch wenn es sich dabei nicht eigentlich um eine Körperschaft sondern um eine „körperschaftsähnliche" Rechtsgemeinschaft handelt (BGE 111 II 338 E. 6).

[2] Nicht aber der blossen Zweckmässigkeit, vgl. hinten N 77.

[3] BGE 108 II 18 E. 2, V; ähnlich bereits BGE 74 II 42, AG, und bes. BGE 75 II 154 betr. das Anfechtungsrecht des Aktionärs: „il est en droit de sauvegarder l'intérêt général de la société anonyme à la marche régulière de l'entreprise. Et, à cet égard, on doit lui reconnaître la faculté de s'opposer à toute décision qui viole la loi ou les statuts... il importe, pour le bon ordre des affaires, que des questions douteuses puissent être élucidées par la voie de l'action en annulation d'une décision de l'assemblée générale." Vgl. auch BGE 72 II 296: Anfechtung eines gegen Gesetz oder Statuten verstossenden GV-Beschlusses betr. die Bilanzgenehmigung durch den Aktionär, „gleichgültig, ob die Bilanz seine rein finanziellen Rechte tangiert oder nicht"; ferner BGE v. 17.2.1948 in SemJud 1948 S. 421, AG (in BGE 74 II 41ff. nicht publ.), wonach das Anfechtungsrecht „en vue de faire respecter les dispositions légales et statutaires" besteht. Vgl. auch *v. GREYERZ* 193, wonach „jeder Aktionär über die Rechtmässigkeit von Generalversammlungsbeschlüssen wachen können soll", sowie *DRUEY* 123f. (Durchsetzung von Gesetz und Statuten, auch wenn der Aktionär nicht persönlich interessiert ist), sowie *HEINI/SCHERRER*, N 17 zu Art. 75 ZGB.

[4] Vgl. das Marginale zu Art. 75 ZGB.

[5] Vgl. z.B. BGE 117 II 291 (ein einziger Aktionär bei der Nestlé AG) und demgegenüber etwa Art. 64 Abs. 3 ZGB, Art. 697b, 699 Abs. 3 und 4, 704, 881 Abs. 2 und 3 OR.

I. Funktionen, gesetzliche Grundlagen

Machtmissbrauch der Mehrheit[6] durch Verstösse gegen das objektive und das gesellschaftsinterne Recht (Statuten usw.) seitens der Körperschaft; wird von diesem Schutzrecht erfolgreich Gebrauch gemacht, so wird der angefochtene Beschluss richterlich *aufgehoben*, wobei sich dies nicht nur auf die Körperschaft sondern auch auf alle Mitglieder der Körperschaft auswirkt (vgl. ausdrücklich Art. 706 Abs. 5, 891 Abs. 3 OR). Mit seiner *Verwirkungsfrist* (im Interesse der Körperschaft und auch der Mitglieder, vgl. hinten N 192ff.) bedeutet der Rechtsschutzbehelf indessen auch eine *lex specialis*[7], nämlich eine *Einschränkung* gegenüber den sich aus *Art. 20 OR* ergebenden Rechtsschutzbehelfen[8], und zwar eine *Heilung* der betreffenden Gesetzes- (und/oder Statuten-) Verletzung[9]. Dementsprechend ist m.E. bei blosser Anfechtbarkeit selbst eine mit „äusserster Zurückhaltung"[10] gehandhabte materielle Überprüfung entsprechender Beschlüsse durch den *Handelsregisterführer* (von Amtes wegen) nicht zulässig[11]. Dieser muss es in solchen Fällen dem Anfechtungskläger überlassen, ob er mittels vorsorglicher Massnahmen (prozessuale oder vorprozessuale, vgl. hiezu hinten N 246ff.) den Handelsregistereintrag verhindern will (nur bei – eindeutiger – *Nichtigkeit* hat der Handelsregisterführer von Amtes wegen zu handeln[12]). Im übrigen steht bei den Körperschaften des OR (betr. Vereine und Stockwerkeigentümergemeinschaften vgl. dagegen hinten N 139/140) diese Anfechtungsklage auch dem obersten *Exekutivorgan* zur Verfügung (vgl. Art. 706 Abs. 1, 891 Abs. 1 OR), was sie zu einem Schutzbehelf auch der *Körperschaft* selbst (gegenüber ihrem obersten Organ) macht.

---

[6] BGE 92 II 247, 93 II 402 E. 3b, 95 II 164, 99 II 62, 102 II 269 (alles AG); sinngemäss auch BGE v. 16.7.1941 in Sem Jud 1941 S. 597/598, V; vgl. auch schon BGE 51 II 72/73, Gen.

[7] BGE 39 II 420/421, V; diesbezüglich unklar dagegen BGE 51 II 70, Gen.

[8] Betr. die Klage auf *Nichtigerklärung* vgl. demgegenüber hinten N 298ff.

[9] Vgl. hinten N 185.

[10] BGE 114 II 70.

[11] So denn auch BGE v. 22.11.1939 in SJZ 36 (1939/40) S. 275 = SAG 1939/40 S. 178/179, AG.

[12] Zit. BGE v. 22.11.1939, BGE v. 16.9.1944 in SAG 1944/45 S. 79, AG, BGE 91 I 362 AG, 114 II 70/71, AG, sowie hinten N 307/308.

2. Zwingendes Recht

Das Anfechtungsrecht ist bei *allen* Körperschaften als *zwingend* bzw. *unentziehbar* anzusehen[13]. Ein anfechtbarer Beschluss bleibt daher insbesondere auch dann anfechtbar, wenn er *in* bzw. *mit* diesem selbst für „unanfechtbar" erklärt wird (betr. die Anfechtungsfrist in einem solchen Falle vgl. hinten N 194, a.E.). Zum zwingenden Charakter der Anfechtungsklage ist lediglich folgende Präzisierung zu machen: *Nachträglicher,* d.h. innert laufender Anfechtungsfrist erfolgender, individueller *Verzicht* (im Einzelfall) auf die Erhebung einer Anfechtungsklage (wie naturgemäss auch ein Rückzug einer erhobenen Klage) ist zulässig (vgl. hinten N 234); ein *vorgängiger* individueller, vertraglicher Verzicht auf die Erhebung einer Anfechtungsklage erscheint allenfalls mit Bezug auf einen *bestimmten* ins Auge gefassten Beschluss mit *bestimmtem* Inhalt als zulässig, während ein vertraglicher „Blankoverzicht" - bezogen auf den nicht oder nicht näher bekannten Inhalt eines ins Auge gefassten Beschlusses oder auf unbestimmt viele zukünftige Beschlüsse - mit Art. 27 ZGB nicht vereinbar wäre.

Im übrigen ist nicht nur das Anfechtungsrecht als solches zwingender Natur sondern auch – im Hinblick auf seinen materiell öffentlich-rechtlichen Charakter (gerichtlicher bzw. grundsätzlich staatlicher Rechtsschutz) und die verschiedenen auf dem Spiele stehenden Interessen (insbesondere auch diejenigen der einzelnen übrigen Mitglieder[14] sowie sonstiger Dritter) - fast alle Einzelheiten seiner Ausgestaltung, d.h. die *Rechtslage* ist im Bereiche dieser Anfechtungsklage weitgehend *fixiert*[15], so dass sie nur sehr wenig Spielraum

---

[13] Vgl. für Verein und Stockwerkeigentümergemeinschaft Art. 75 i.V.m. Art. 63 Abs. 2 ZGB bzw. Art. 712m Abs. 2 ZGB (und dazu *MEIER-HAYOZ/REY*, N 136 zu Art. 712m ZGB) und für die AG Art. 706b Ziff. 1 OR („Die Klagerechte" als „unentziehbare Aktionärsrechte"), BGE 121 III 428 sowie *FORSTMOSER/R/MEIER-HAYOZ/NOBEL*, § 25 N 12, 39; das passt besser zu seinem Charakter als „droit fondamental de tout actionnaire ou associé" (BGE 116 II 716) als die frühere gesetzliche Regelung gemäss altArt. 646 OR, wonach ein Entzug mit Zustimmung des Aktionärs - d.h. ein Verzicht - zulässig war (vgl. auch BGE 86 II 167, 96 II 23/24).

[14] Vgl. hinten N 185 und dabei bes. BGE 85 II 537/538, V.

[15] Vgl. auch *RIEMER*, N 13 zu Art. 63 ZGB.

I. Funktionen, gesetzliche Grundlagen

für statutarische (oder andere generell-abstrakte oder individuell-konkrete körperschaftliche oder dann individuelle vertragliche oder sonstige rechtsgeschäftliche) Regelungen (Einschränkungen oder Ausdehnungen) bietet (das gilt auch für entsprechende Einschränkungen oder Ausdehnungen, die *in* bzw. *mit* einem bestimmten Beschluss selbst, nur bezogen auf diesen, beschlossen werden, ferner für prozessuale Erklärungen); soweit dieser Spielraum überschritten wird, ist aufgrund des Gesagten *Nichtigkeit* der rechtsgeschäftlichen (oder durch prozessuale Erklärungen getroffenen) Regelung (nicht ihrerseits blosse Anfechtbarkeit) anzunehmen (vgl. hinten N 285ff.).

4 Zwingend (und insofern vom Richter *von Amtes wegen* zu prüfen) sind dabei insbesondere (vgl. im einzelnen nachfolgend Ziff. II-VI):

5 – Anfechtungsobjekt (so könnte eine AG nicht gültig eine Anfechtbarkeit von Verwaltungsratsbeschlüssen einführen, wie umgekehrt ein Verein die Anfechtbarkeit von Vorstandsbeschlüssen, sofern die betreffenden Bedingungen erfüllt sind, nicht gültig ausschliessen könnte; keine Körperschaft könnte gültig die Anfechtbarkeit von GV-Beschlüssen - etwa nach Massgabe ihres Inhaltes - ausschliessen); *Ausnahme:* Anfechtbarkeit von Beschlüssen statutarischer Ersatzformen für die Mitgliederversammlung bei gewissen Körperschaften (vgl. hinten N 45/46), in welchem Falle aufgrund der Statuten alternative oder kumulative Anfechtungsobjekte bestehen; statutarisches Vorschreiben eines internen Instanzenzuges bei gewissen Körperschaften (vgl. hinten N 50);

6 – Anfechtungsvoraussetzungen in sachlicher Hinsicht (so könnte keine Körperschaft die Anfechtbarkeit gültig auf blosse Ermessensfragen ausdehnen oder bestimmte Bereiche des objektiven oder körperschaftsinternen Rechts von der Anfechtbarkeit ausnehmen[16]);

7 – Klagelegitimation (so kann der Kreis der Klagelegitimierten bei den einzelnen Körperschaftsarten weder – etwa bezüglich be-

---

[16] *Gegen* statutarische und sonstige Einschränkungen und Ausdehnungen bei den Anfechtungsgründen auch *FORSTMOSER/MEIER-HAYOZ/NOBEL*, § 25 N 39/40, *gegen* Einschränkungen auch *GUTZWILLER*, N 19 Abs. 2 zu Art. 891 OR; *a.M. BÜRGI*, N 1-3 zu Art. 706 OR, *MEIER-HAYOZ/REY*, N 129 zu Art. 712m ZGB, *ROHRER* 4f.; wobei aber die Zulässigkeit von weiteren statutarischen Anfechtungsvoraussetzungen, wie Zustimmung der GV, verneint wird.

stimmter Mitglieder oder Mitgliederkategorien – gültig eingeschränkt noch - auf Nichtmitglieder, soweit nicht gesetzlich vorgesehen – gültig ausgedehnt werden);
- Klagefrist (diese kann gültig weder ausgedehnt noch verkürzt werden, vgl. hinten N 193, aber auch N 187 betr. statutarische Beeinflussungen); ferner auch hier zu erwähnen: nachträglicher individueller Verzicht auf die Klageerhebung vor Ablauf der Klagefrist (vgl. hinten N 193); 8
- prozessuale Regelungen und Vollstreckung (so könnte etwa die bloss kassatorische Natur des gerichtlichen Urteils nicht gültig verhindert werden); *Ausnahmen* bestehen namentlich in folgenden prozessualen Bereichen: Gerichtsstand, vgl. hinten N 223; sachliche Zuständigkeit, insbesondere Schiedsabrede, vgl. hinten N 225ff.; betr. Vergleich und dgl. vgl. hinten N 233/234; auch das, was sonst gegebenenfalls mittels gerichtlicher vorsorglicher Massnahmen beeinflusst werden muss – Aufschub oder Beschränkung der sofortigen Verbindlichkeit und/oder Vollstreckbarkeit eines anfechtbaren bzw. angefochtenen Beschlusses, vgl. hinten N 246ff. – kann u.U. bereits auf *statutarischem* Wege vorgesehen werden, z.B. Vollziehbarkeit eines Beschlusses erst nach unbenütztem Ablauf der Anfechtungsfrist oder nach Eintritt der Rechtskraft des Urteils eines allfälligen Anfechtungsprozesses, etwa im Zusammenhang mit einer Ausschliessung aus einem Verein, vgl. hinten N 249 bei Anm. 439. 9

B.   Gesetzliche Grundlagen (einschliesslich historische Entwicklung) und weiterer Anwendungsbereich

1. Gesetzliche Grundlagen (einschliesslich historische Entwicklung)

Gesetzliche Grundlagen der hier in Frage stehenden Anfechtungsklage bilden vorab *Art. 75* und *Art. 712m Abs. 2 ZGB* sowie *Art. 706/706a OR* (und indirekt auch Art. 706b OR) in der Fassung vom 4. Oktober 1991 (in Kraft seit 1. Juli 1992), *Art. 764 Abs. 2* (Kommandit-AG, welche in dieser Arbeit jeweils nicht besonders erwähnt wird), *Art. 808 Abs. 6, 891, 892 Abs. 4, 924 Abs. 2 OR*. 10

I. Funktionen, gesetzliche Grundlagen

11   Was die *Revision des Aktienrechts* von 1991/92 betrifft, so gelten die genannten revidierten gesetzlichen Bestimmungen (Art. 706, 706a, 706b OR) seit ihrem Inkrafttreten an sich ohne weiteres[17], wohingegen jeweils nach den massgeblichen übergangsrechtlichen Grundsätzen[18] zu prüfen ist, inwiefern eine bestimmte Gesetzesnorm oder Statutenbestimmung, deren Verletzung in Frage steht, unter übergangsrechtlichen Gesichtspunkten überhaupt Bestand hat; dabei gilt ab 1. Juli 1997 nicht nur neues Gesetzesrecht sondern grundsätzlich auch die Unwirksamkeit der diesen widersprechenden Statutenbestimmungen (vgl. im einzelnen Art. 2 Schlussbestimmungen des Bundesgesetzes über die Revision des Aktienrechtes[19]).

12   Art. 706 und 706a bedeuten – abgesehen von Art. 706a Abs. 3 – materiell keine Änderungen gegenüber dem früheren Rechtszustand, so dass auch die diesbezügliche frühere Praxis und Literatur nach wie vor verwendbar ist; dabei beinhaltet Art. 706 Abs. 2 Ziff. 1-4 wie auch Art. 706b (vgl. hiezu aber hinten N 254) eine *teilweise* Kodifikation der früheren bundesgerichtlichen Praxis.

13   Im Hinblick auf die - diesbezüglich unveränderte - Formulierung von Art. 706 Abs. 1 und den Umstand, dass Art. 706 Abs. 2 lediglich – nicht exklusive - Anwendungsfälle („insbesondere", „en particulier", „in particolare") bzw. Beispiele enthält[20] (besonders deutlich sichtbar in Art. 706 Abs. 2 Ziff. 1 OR), nicht verständlich ist die Auffassung, dass der Aktionär nicht mehr „schlechterdings 'wegen Verletzung von Gesetz und Statuten' die Beschlüsse der Generalversammlung anfechten" könne, vielmehr „die Verletzung der genannten Normen konkret die Wirkung haben" müsse, „*Aktionärsrechte* zu beschränken"[21]. Die Beispiele in Art. 706 Abs. 2 OR sind allerdings -

---

[17]   *BÖCKLI* Rz 2054.
[18]   Vgl. im einzelnen *BÖCKLI* Rz 2037ff.
[19]   Und dazu namentlich *BÖCKLI* Rz 2051ff., 2057ff.
[20]   So denn auch *FORSTMOSER/MEIER-HAYOZ/NOBEL,* § 25 N 13; ebenso an sich *DREIFUSS/LEBRECHT,* N 9 zu Art. 706 OR („exemplarisch"), was es aber – entgegen der Auffassung dieser Autoren – gerade ausschliesst, dass „die Generalklausel in Abs. 1 ihre selbständige Bedeutung verliert".
[21]   *BÖCKLI* Rz 1911 und auch Anm. 137; in gleichem Sinne *DREIFUSS/LEBRECHT,* N 8 zu Art. 706 OR: Im Unterschied zum alten Recht genüge es nicht mehr, „wenn ein Anfechtungsinteresse allein mit der Wahrung von Gesellschaftsinteressen begründet" werde; ebenso *KUNZ* 104; vgl. aber auch die Kritik von *FORSTMOSER/MEIER-*

ausgenommen der praktisch nicht bedeutsame Fall von Ziff. 4 – nicht sehr konkret ausgefallen.

Von der Revision von altArt. 706 OR ist im übrigen nicht nur die *Kommandit-AG* (Art. 764 Abs. 2 OR) betroffen sondern auch die *GmbH*, da davon auszugehen ist, dass sich ohne gegenteilige gesetzliche Anordnung (eine solche besteht vorliegend nicht) Art. 808 Abs. 6 OR auf den jeweils in Kraft stehenden Stand der aktienrechtlichen Normen bezieht[22], mithin auf Art. 706/706a OR in der heute geltenden Fassung. Das wird denn auch seit jeher bei anderen Verweisungen dieser Art ebenfalls so gehandhabt (so sind heute aufgrund der Verweisung in Art. 58 ZGB auf Vereine und Stiftungen nicht mehr die Liquidationsbestimmungen des Genossenschaftsrechts von 1911 anwendbar sondern angesichts der Weiterverweisung in Art. 913 Abs. 1 OR 1936 grundsätzlich diejenigen des Aktienrechts[23], was dementsprechend übrigens heute für alle diese juristische Personen eine Anwendung der Liquidationsbestimmungen in der Fassung von 1991 bedeutet[24]).

14

Demgegenüber sind Art. 706/706a OR[25] – mangels Verweisung – auf *Genossenschaften* (wie auch auf *Vereine* und *Stockwerkeigentümergemeinschaften*) nicht in der gleichen Weise direkt anwendbar wie – kraft Verweisung – auf die GmbH. Das schliesst aber die Anwendung dieser Bestimmungen (wie seinerzeit auch von altArt. 706 OR) samt diesbezüglicher Praxis und Literatur als *Auslegungshilfe* nicht aus[26], ausgenommen bezüglich Art. 706a Abs. 3 OR (vgl. hiezu hinten N 243).

15

Im Unterschied zum ZGB von 1907 für die Vereine hatten weder das OR von 1881 noch dasjenige von 1911 eine Gesetzesbestimmung betr. die Anfechtungsklage bei AG und Genossenschaft enthalten. Eine solche Klage wurde jedoch sowohl unter dem OR von

16

	HAYOZ/NOBEL § 25 Anm. 46 und nunmehr auch BGE 122 III 282, wonach – unter Hinweis auf die bisherige Praxis – „die Absicht genügt, die Gesellschaftsinteressen wahrzunehmen".
22	*DREIFUSS/LEBRECHT*, N 33, 34 zu Art. 808 OR, mit Verweisungen; a.M. *WOHLMANN* 104, betr. Art. 706a Abs. 3 OR.
23	Vgl. BGE 112 II 5.
24	Vgl. *RIEMER*, N 9 und 10, a.E., zu Art. 57/58 ZGB; betr. Art. 706b OR (Nichtigkeit) vgl. hinten N 255.
25	Betr. Art. 706b OR vgl. wiederum hinten N 255.
26	Vgl. auch *MOLL*, N 3/4 zu Art. 891 OR.

I. Funktionen, gesetzliche Grundlagen

1881[27] als auch unter demjenigen von 1911 durch die bundesgerichtliche Praxis (welche denn auch heute noch teilweise von Interesse ist) anerkannt, wenn auch zumeist im Sinne eines unbefristeten Anfechtungsrechtes[28].

17 Zu den genannten allgemeinen Anfechtungsbestimmungen kommen Gesetzesbestimmungen betr. *besondere* – grundsätzlich ebenfalls den allgemeinen Anfechtungsbestimmungen unterstehende – *Anfechtungsfälle*, vgl. Art. 72 Abs. 2 ZGB[29], Art. 712r Abs. 2 ZGB[30], Art. 689e OR (seit 1. Juli 1992), Art. 691 Abs. 3 OR (unverändert)[31], Art. 729c Abs. 2 OR (seit 1. Juli 1992), 2. Teil (vgl. aber auch Abs. 3); Art. 846 Abs. 3 Satz 3 OR (vgl. hiezu hinten N 155).

18 Im übrigen bilden selbstverständlich auch hier - in den Schranken von Art. 4 BV – die *kantonalen Verfahrensvorschriften* (bzw. bei Verfahren vor Bundesgericht dessen Verfahrensvorschriften) die gesetzliche Grundlage der in Frage stehenden Verfahren, wo immer das materielle Bundesrecht keine Vorschriften enthält (beispielsweise betr. sachliche Zuständigkeit, Vereinigung von Prozessen, Mündlichkeit oder Schriftlichkeit des Verfahrens, prozessuale Fristen, Beweismittel, Beweiswürdigung, Prozesskautionen, kantonsinterne Rechtsmittel).

---

[27] Vgl. die Verweisungen auf diesbezügliche bundesgerichtliche Praxis in BGE 41 II 616, 46 II 321, 53 II 46, 53 II 257.

[28] Vgl. zu dieser Anfechtungsklage etwa BGE 41 II 616, 44 II 43, 46 II 317 und 321, 49 II 392/393, 50 II 500, 51 II 68, 53 II 45/46, 53 II 230, 53 II 257, 54 II 24.

[29] Betr. die wenigen rechtlichen Besonderheiten gegenüber der „gewöhnlichen" Anfechtungsklage vgl. *RIEMER*, N 81 zu Art. 72 ZGB, und hinten N 48 und N 155.

[30] Vgl. etwa BGE 119 II 408.

[31] In BGE 122 III 281 ausdrücklich als „Unterfall der allgemeinen Anfechtungsklage nach Art. 706f. OR" bezeichnet, vgl. hiezu auch hinten N 278.

2. Weiterer Anwendungsbereich

a) Einfache Gesellschaft, Kollektiv- und Kommanditgesellschaft

In Praxis und Literatur wird – trotz Fehlens einer entsprechenden gesetzlichen Grundlage – die Anfechtbarkeit von gesetzes- oder vertragswidrigen Mehrheitsbeschlüssen (vgl. Art. 534 Abs. 2, 557 Abs. 2, 598 Abs. 2 OR) dieser Personengesellschaften bejaht[32]; die Frage scheint allerdings keine grössere praktische Bedeutung zu haben. Die genannte Rechtsauffassung entspricht derjenigen des Bundesgerichtes zum früheren Aktien- und Genossenschaftsrecht[33]. Im einzelnen wird man mangels besonderer Normen die diesbezüglichen allgemeinen Grundsätze des Körperschaftsrechtes, wie sie sich auch aus der vorliegenden Arbeit ergeben, analog anwenden.

19

Dabei stellt sich namentlich die Frage nach dem Bestehen einer allfälligen *Verwirkungsfrist* (der entscheidende Unterschied gegenüber der allgemeinen Regelung des Art. 20 OR, vgl. vorn N 1 und bes. hinten N 251, aber auch N 252). Das Bundesgericht hat sie unter dem früheren Aktienrecht trotz Anerkennung eines entsprechenden Bedürfnisses mangels gesetzlicher Grundlage (wenn auch unter Hinweis auf die damals bevorstehende Gesetzesrevision) verneint[34]. Effektiv stehen sich bei den hier in Frage stehenden Rechtsgemeinschaften auch heute noch der Gedanke der Rechtssicherheit (welcher für Befristung spricht) und derjenige der Rechtsstaatlichkeit (welcher Verwirkungsfristen ohne spezifische gesetzliche Grundlage als problematisch erscheinen lässt) gegenüber. M.E. verdient der erstere Gedanke den Vorzug, zumal heute die einheitliche gesetzliche Regelung im Körperschaftsrecht des OR („zwei Monate nach der Generalversammlung", Art. 706a Abs. 1, 808 Abs. 6, 891 Abs. 2 i.V.m. Abs. 1, 892 Abs. 4 bzw. „zwei Monate nach der Beschlussfassung" durch die Urabstimmung, Art. 891 Abs. 2 i.V.m. Abs. 1) zur analogen Anwendung herangezogen werden kann (und soll). Allerdings könnte auch die gesetzliche Regelung der Gläubigergemeinschaft bei

20

---

[32] Vgl. BGE 59 II 426 sowie BGE 69 II 120 betr. Ausschliessung; *SIEGWART*, N 9 Abs. 2 zu Art. 534 OR, *HARTMANN*, N 13 Abs. 2 zu Art. 557 OR, N 11 zu Art. 598 OR, W. v.*STEIGER*, SPR VIII/1 S. 279, 396.

[33] Vgl. vorn N 16.

[34] BGE 53 II 231/232.

I. Funktionen, gesetzliche Grundlagen

Anleihensobligationen analog angewendet werden (vgl. nachfolgend lit. b); diese steht zwar insofern, als es sich ebenfalls um eine Rechtsgemeinschaft (und nicht um eine Körperschaft) handelt, den hier in Frage stehenden Rechtsgemeinschaften näher als die genannten Körperschaften; das gilt indessen nicht, wenn man die ausgeübten Tätigkeiten miteinander vergleicht.

b) Gläubigergemeinschaft bei Anleihensobligationen

21 Im Unterschied zum Recht der vorstehend genannten Personengesellschaften enthält dasjenige der Gläubigergemeinschaft bei Anleihensobligationen (Art. 1157ff. OR), eine Rechtsgemeinschaft ähnlich der Kollektiv- und der Kommanditgesellschaft sowie der Stockwerkeigentümergemeinschaft[35], eine ausdrückliche Norm (einschliesslich Frist) betr. die Anfechtung von Gemeinschaftsbeschlüssen: *Art. 1182* OR. Soweit diese Bestimmung - die weitgehend der vereinsrechtlichen Regelung (Art. 75 ZGB) entspricht - Fragen offenlässt, sind sie analog dem Körperschaftsrecht (ZGB, OR) zu beantworten.

c) Gewöhnliche Miteigentümergemeinschaft

22 Im Unterschied zum Recht der „körperschaftsähnlichen"[36] Stockwerkeigentümergemeinschaft (Art. 712m Abs. 2 ZGB) enthält das Recht der gewöhnlichen Miteigentümergemeinschaft (Art. 646ff. ZGB) keine Bestimmung betr. eine (befristete) Anfechtungsklage gegenüber Beschlüssen, die gegen das Gesetz oder rechtsgeschäftliche Bestimmungen, die der individuellen Gemeinschaft zugrunde liegen, verstossen. Ob eine solche dennoch zulässig sei, ist umstritten[37].

---

[35] BGE 113 II 285.
[36] BGE 111 II 338 E. 6.
[37] Nicht von vorneherein ausgeschlossen wurde diese Möglichkeit in BGE v. 30.11.1979 in ZR 79 Nr. 11 S. 19 = ZBGR 63 (1982) Nr. 60 S. 381/382; *verneinend MEIER-HAYOZ*, N 32 zu Art. 647 ZGB, unter Hinweis auf abweichende Meinungen.

d) Privatrechtliche Stiftungen

Die auf Körperschaften ausgerichtete Anfechtungsklage 23 (Klage der *Mitglieder*) hat im Stiftungsrecht (Art. 80ff. ZGB) – wesensmässig – keine Entsprechung. Das gilt auch für den Fall einer den Körperschaften angenäherten Stiftungsorganisation (mit Stifter- und/oder Destinatärversammlung). Bei Verletzung von Gesetz oder Stiftungsbestimmungen durch Stiftungsorgane ist grundsätzlich entweder - unter Beachtung der Verjährungsfristen (Art. 60, 127ff. OR, Art. 41 Abs. 1 BVG) – eine gewöhnliche Forderungs-(Leistungs-) Klage zu erheben (Destinatär/Stiftungsleistungen, im Falle von Personalvorsorgestiftungen ausdrücklich im Gesetz geregelt: Art. 89bis Abs. 5 und 6 ZGB, Art. 73 BVG; Schadenersatzklagen: vgl. Art. 41ff. OR, Art. 52 BVG, Art. 89bis Abs. 6 ZGB) oder der Verwaltungs- (Stiftungsaufsichtsbehörde; grundsätzlich unbefristet) und Verwaltungsgerichtsweg (Art. 84, 89bis Abs. 6 ZGB, Art. 61/62, 74 BVG) zu beschreiten. Einzig ein allfälliger vorgängiger stiftungs*interner* Instanzenzug kann entsprechenden Vorgängen bei den Körperschaften entsprechen. Im übrigen können immerhin bei den Rechtsschutzbehelfen gegenüber Stiftungen Regeln aus dem Recht der körperschaftsrechtlichen Anfechtungsklage in beschränktem Umfang analog Anwendung finden[38].

e) Körperschaften des kantonalen Privatrechts

Je nach dem kantonalen Privatrecht[39] kann *aufgrund ge-* 24 *setzlicher Verweisung - oder entsprechender Praxis*[40]*- auf Art. 75 ZGB oder Art. 891 OR* eine Anfechtungsklage (wie auch eine Klage auf Feststellung der *Nichtigkeit*[41]) auch gegenüber Beschlüssen von Organen solcher Körperschaften (vgl. Art. 59 Abs. 3 ZGB) vorgesehen sein[42]. Diesfalls findet das betreffende Recht (und darüber hinaus

---

[38] Vgl. etwa *RIEMER*, Vereinskommentar, Syst. Teil N 138, unter Hinweis auf einen nicht publ. BGE v. 18.5.1967 betr. Anfechtung der Beschlüsse einer Destinatärversammlung bei einer Familienstiftung.
[39] Vgl. *RIEMER,* Berner Kommentar, Allgemeine Bestimmungen über juristische Personen, S. 191ff. = Anhang.
[40] Vgl. z.B. RVJ 1988 S. 174 betr. Art. 891 OR.
[41] Vgl. RVJ 1988 S. 174/175.
[42] Vgl. z.B. § 49 Abs. 2 EG ZGB *ZH* = a.a.O. S. 192, § 41 EG ZGB *TG* = a.a.O. S. 226, ferner die Praxis im Kanton *Wallis*, vgl. a.a.O. S. 230.

I. Funktionen, gesetzliche Grundlagen

grundsätzlich auch das im Aktienrecht Kodifizierte, samt Praxis) jedoch nur *qua kantonales Privatrecht* Anwendung[43], mit den entsprechenden Konsequenzen namentlich hinsichtlich der Frage der Berufung ans Bundesgericht (Verneinung der Berufungsfähigkeit).

f) Körperschaften des öffentlichen Rechts

25   Auf solche Körperschaften (vgl. Art. 59 Abs. 1 ZGB) findet grundsätzlich nur das für sie massgebende öffentliche Recht (z.B. betr. die Anfechtung von Beschlüssen von Generalversammlungen bei öffentlich-rechtlichen Gebietskörperschaften) Anwendung, *nicht* das Recht der privatrechtlichen Anfechtungsklage (vgl. auch Art. 763, 829 OR). Einzig eine *gesetzliche Verweisung* auf das Privatrecht[44] oder eine sonstige (Praxis kraft ungeschriebenem Recht) *analoge* Anwendung entsprechender privatrechtlicher Normen (in beiden Fällen *qua öffentlichem Recht*) fällt in Betracht, wie umgekehrt im öffentlichen Recht entwickelte Regeln zur Anfechtung von Beschlüssen öffentlich-rechtlicher Körperschaften analog auf das private Körperschaftsrecht Anwendung finden können (beides hat jedoch bisher kaum praktische Bedeutung erlangt[45]).

g) Körperschaften des Bundesprivatrechts mit besonderen Zwecken

26   Sofern Körperschaften des Bundesprivatrechtes bestimmte Sonderzwecke verfolgen, unterstehen ihre Entscheidungen (oder auch nur bestimmte derselben) u.U. - in Abweichung von den sonst für ihre Rechtsform geltenden Normen - besonderen gerichtlichen Instanzen und/oder Verfahrensvorschriften (vgl. z.B. Art. 85ff. KVG betr. anerkannte Krankenkassen und hinten N 48 betr. Versicherungsgenossenschaften; demgegenüber kennt z.B. das Bankengesetz in diesem Bereich keine Sondernormen, wobei allerdings Art. 3 Abs. 3 BankG im Zusammenhang mit Art. 32 Abs. 2 HRV – vgl. dazu hinten N 249 – von Bedeutung sein kann).

---

[43]   *RIEMER*, a.a.O. Syst. Teil N 134 i.V.m. N 119.
[44]   Vgl. z.B. § 31 Abs. 2 EG ZGB *LU*, Art. 34 i.V.m. Art. 33 Abs. 1 EG ZGB *SH*, = *RIEMER*, a.a.O. S. 197, 213, je betr. Art. 75 ZGB.
[45]   Vgl. aber *RIEMER*, Vereinskommentar, Syst. Teil N 103/104, 134 sowie N 26 und 59 zu Art. 75 ZGB und dazu hinten N 150.

C. Bedeutung der gesetzlichen Gemeinsamkeiten und Unterschiede unter den einzelnen Körperschaften des Bundesprivatrechtes

Die Anfechtungsklagen des ZGB (Art. 75, 712m Abs. 2 ZGB) und diejenigen des OR (Art. 706/706a, 808 Abs. 6, 891 OR) dienen dem gleichen Zweck; sie sind *wesensgleich*. Bei der Auslegung und Ergänzung (Lückenfüllung) der einschlägigen Normen der einzelnen Körperschaften können (und müssen) daher die jeweils anderen Normen (samt diesbezüglicher Praxis und Literatur) - und zwar nicht nur im Rahmen der Verweisungen von Art. 712m Abs. 2 ZGB und Art. 808 Abs. 6 OR - ebenfalls herangezogen und *analog* angewendet werden.

27

Beispiele aus der Gerichtspraxis[46]:
BGE 74 II 43 (AG) und PKG 1959 Nr. 13 S. 72 = SJZ 57 (1961) Nr. 27 S. 126, Gen (Teilnahme an der GV ist nicht Voraussetzung des Anfechtungsrechtes) sowie SemJud 1989 S. 278, Gen (Verwirkungsfrist) betr. Anwendbarkeit von Vereinsrecht bei der aktien- und genossenschaftsrechtlichen Anfechtungsklage; ZR 74 Nr. 34 (ex tunc-Wirkung bei Gutheissung einer Anfechtungsklage) betr. Anwendbarkeit von Aktienrecht bei der vereinsrechtlichen Anfechtungsklage.

28

Weitere Beispiele dieser Art:

— *Rechtsnatur* (zwingender *Charakter*) *des Anfechtungsrechtes:* allgemeine *Geltung (vgl. vorn N 2), auch wenn nur in Art. 75 ZGB („von Gesetzes wegen") bzw. Art. 712m Abs. 2 ZGB ausdrücklich enthalten;*

29

— Nichtzustimmung *des Anfechtungsklägers zum angefochtenen Beschluss als Voraussetzung der Anfechtungslegitimation:* allgemeine *Geltung (vgl. hinten N 142), auch wenn nur in Art. 75/712m Abs. 2 ZGB ausdrücklich enthalten;*

30

— *Passivlegitimation der* Körperschaft: allgemeine *Geltung (vgl. hinten N 179), auch wenn nur in Art. 706 Abs. 1/Art. 808 Abs. 6 OR und Art. 891 Abs. 1 OR ausdrücklich erwähnt;*

31

— *Rechtsnatur der Anfechtungsfrist* (Verwirkungsfrist); *(das vorste-*

32

---

[46] Vgl. hiezu auch *RIEMER*, Vereinskommentar, Syst. Teil N 84 und 126 sowie N 89 und 127 betr. den Spezialfall der Anfechtung einer *Ausschliessung* aus Genossenschaft bzw. Verein.

hend betr. das Verhältnis Vereinrecht/Genossenschaftsrecht/ Aktienrecht Erwähnte gilt allgemein, vgl. hinten N 186);

33 — *Rechtsnatur, Inhalt (Ziel) und Rechtswirkungen von Anfechtungsklage und -urteil (das vorstehend betr. das Verhältnis Aktien-/Vereinsrecht Erwähnte gilt* allgemein, *und zwar bezüglich aller hier in Frage stehenden Merkmale,* vgl. hinten 208, 210, *insbesondere auch bezüglich der* erga omnes-*Wirkung, welche nur in Art. 706 Abs. 5/808 Abs. 6 OR und Art. 891 Abs. 3 OR ausdrücklich erwähnt ist,* vgl. hinten N 218);

34 — *Die gesetzlichen Beispiele für aktienrechtliche Anfechtungsgründe (Art. 706 Abs. 2 Ziff. 1-3 OR) sind* mutatis mutandis *auch auf die übrigen Körperschaften anwendbar (betr. Ziff. 3 vgl. bes.* hinten N 102).

35 *Ausnahmen bestehen, wenn bei einer anderen Körperschaft eine abweichende gesetzliche Regelung vorhanden ist* (z.B. betr. Dauer und Beginn bei der Anfechtungsfrist, vgl. hinten N 186). Aber auch ohne gesetzliche Regelung bei der andern Körperschaft kann sich eine derartige Verallgemeinerung bzw. Analogie verbieten, dann nämlich, wenn es sich um gesetzliche Regelungen handelt, die als *spezifisch* für die betreffende(n) Körperschaft(en), d.h. als *Sondernormen,* anzusehen sind (wie namentlich die Klagelegitimation der Exekutive bei den Körperschaften des OR, vgl. hinten N 139/140; ferner das zwingende Rekursrecht an die GV i.S.v. Art. 846 Abs. 3 Satz 2 OR, welches im Falle von Art. 72 ZGB nicht besteht; auch Art. 689e OR ist als aktienrechtliche Sondernorm anzusehen; Entsprechendes gilt für Art. 706a Abs. 3 OR, dessen analoge Anwendung auf die übrigen Körperschaften - ausgenommen die GmbH - sich schon wegen der für sie nicht eingeschränkten *kantonalen Kompetenzen* im Zivilprozessrecht verbietet, vgl. auch hinten N 243/244, dort aber auch den Hinweis auf die allgemeine Regel betr. die Prozessführung „in guten Treuen", welche u.U. zum gleichen Resultat führt; ferner für den Anfechtungsgrund der Aufhebung der Gewinnstrebigkeit gemäss Art. 706 Abs. 2 Ziff. 4 OR bzw. Art. 808 Abs. 6 OR, welche für den Verein, die Stockwerkeigentümergemeinschaft und die Genossenschaft nicht aktuell sind, vgl. Art. 52 Abs. 2, 60 Abs. 1, 712a, 712l ZGB, Art. 828 OR/Art. 92 Abs. 1 HRV[47]); Entsprechendes gilt für Verallgemeinerungen einer bestimmten Gerichtspraxis. In beiden Fällen muss aber der Unterschied stets *besonders und plausibel be-*

---

[47]   Vgl. zu letzteren beiden Bestimmungen namentlich *MEIER-HAYOZ/ FORSTMOSER,* § 4 N 11 i.V.m. N 10.

gründet werden (z.B. mit qualifiziertem Schweigen des Gesetzgebers oder mit wesensmässigen Unterschieden zwischen den einzelnen Körperschaften, wie etwa personalistische Grundlage beim Verein/kapitalbezogene Grundlage bei der AG), was nicht immer getan wird[48].

Das Gesagte schliesst nicht aus, alle obigen Arten von Unterschieden im einzelnen in Frage zu stellen (bis hin zum Postulat einer diesbezüglichen möglichst einheitlichen Behandlung aller Körperschaften), sei es - nötigenfalls - *de lege ferenda*, sei es - soweit mit dem Gesetz vereinbar - im Sinne eines Postulates auf Änderung der Praxis. So ist es beispielsweise durchaus vertretbar, aus Gründen der *Rechtssicherheit de lege ferenda* auch im Falle von Art. 75 bzw. 712m Abs. 2 ZGB zu postulieren, dass bei der Anfechtungsfrist generell auf den Zeitpunkt der Beschlussfassung abgestellt wird (allenfalls auch in Verbindung mit einer Verlängerung der Frist auf zwei Monate; kurze Fristen liegen zwar im Interesse der Rechtssicherheit, erhöhen aber die Neigung zu „vorsorglichen" Anfechtungen). Bei den Körperschaften des OR kann *de lege ferenda* die *Notwendigkeit* einer eigenen Klagelegitimation ihres obersten Exekutivorgans in Frage gestellt werden (wie man sich umgekehrt fragen kann, ob nicht - durch die Praxis - auch bei Verein und Stockwerkeigentümergemeinschaft eine derartige Klagelegitimation zuzulassen wäre). Auch die Nichtanfechtbarkeit von Exekutivbeschlüssen bei den Körperschaften des OR kann *de lege ferenda* in Frage gestellt werden.

Betr. die *Klage auf Nichtigerklärung* bei den einzelnen Körperschaften vgl. hinten N 255.

---

[48] Vgl. namentlich BGE 76 II 65 betr. die damalige Gleichbehandlung der Körperschaften hinsichtlich der Unanfechtbarkeit von Beschlüssen von Exekutivorganen, während sich weder in BGE 108 II 18f. (Anfechtbarkeit bei Vereinen) noch in BGE 109 II 243/244 (Unanfechtbarkeit bei der AG) eine Begründung für die nunmehrige Ungleichbehandlung finden lässt; betr. weitere Beispiele für eine derartige „unmotivierte" Ungleichbehandlung vgl. hinten Anm. 215 und N 332, a.E.; vgl. demgegenüber BGE 53 II 45/46, 53 II 230/231: Die - damals noch aktuelle - analoge Anwendung der vereinsrechtlichen Anfechtungsfrist von lediglich *einem* Monat auf Aktiengesellschaften wurde unter Hinweis auf den wirtschaftlichen Zweck derselben und ihre „wesentlich komplizierteren Verhältnisse" abgelehnt.

D. Internationales Privatrecht

Bei nach Massgabe von Art. 154 Abs. 1 IPRG (Inkorporationstheorie) dem schweizerischen Recht unterstehenden Körperschaften richtet sich aufgrund von Art. 155 lit.f IPRG („die internen Beziehungen, namentlich diejenigen zwischen der Gesellschaft und ihren Mitgliedern") auch die Anfechtungsklage (wie auch die Klage auf *Nichtigerklärung*) nach dem *schweizerischen* Recht[49], wobei aufgrund von Art. 151 Abs. 1 IPRG die schweizerischen Gerichte am *Gesellschaftssitz örtlich zuständig* sind. Letzteres ergibt sich auch aufgrund von Art. 16 Ziff. 2 LugÜ und Art. 53 Abs. 1 LugÜ i.V.m. Art. 151 Abs. 1 IPRG[50].

38

All dies gilt auch für den Fall, dass der angefochtene Beschluss *im Ausland gefasst* wurde[51] oder eine schriftliche Stimmabgabe (sofern überhaupt zulässig) *aus dem Ausland* stammte.

39

Betr. internationale Schiedsgerichte vgl. hinten N 229ff.

40

Betr. Wahrung der Anfechtungsfrist durch Personen im Ausland vgl. hinten N 198.

41

Zum *objektiven Recht,* das durch einen Körperschaftsbeschluss *verletzt* sein kann[52], gehört auch das *IPRG*[53], insbesondere auch dessen Art. 161ff. (Sitzverlegungen) und damit im Zusammenhang stehende Regeln[54].

42

Bezüglich der Anfechtung von Beschlüssen von *Stockwerkeigentümergemeinschaften* führen sowohl Art. 150 Abs. 1/155 lit. f IPRG als auch Art. 99 Abs. 1 IPRG zur Anwendung des *schweizerischen* Rechts, und es ist auf alle Fälle die Zuständigkeit des Gerichtes am *Orte der gelegenen Sache* gegeben (Art. 151 Abs. 1 IPRG *mutatis mutandis* bzw. Art. 97 IPRG)[55].

43

---

[49] Vgl. statt vieler *VISCHER* im IPRG Kommentar, Zürich 1993, N 24 zu Art. 155 IPRG.
[50] *KUNZ* 133/134.
[51] Betr. allfällige zusätzliche Formvorschriften in diesem Falle vgl. Art. 30 HRV und dazu hinten N 282.
[52] Vgl. hinten N 88ff.
[53] Vgl. hinten N 99.
[54] Vgl. etwa *VISCHER*, a.a.O. N 13 zu Art. 161 IPRG, N 7 zu Art. 163 IPRG.
[55] Wiederum auch dann, wenn der Beschluss im Ausland gefasst wurde (so ohne weiteres bereits RVJ 1985 S. 98 E. 3. i.V.m. S. 87 E. 1).

II. Anfechtungsobjekt

A. In formeller Hinsicht

1. Beschlüsse der Mitgliederversammlung

Stets anfechtbar sind Beschlüsse der Mitgliederversammlung (Generalversammlung) der Körperschaft (Art. 75, 712m Abs. 2 ZGB, Art. 706 Abs. 1, 808 Abs. 6, 891 Abs. 1 OR), unter Einschluss von solchen einer Universalversammlung[56]. 44

2. Beschlüsse von Ersatzformen der Mitgliederversammlung

Ersatzformen der Mitgliederversammlung (Generalversammlung) sind zulässig beim *Verein* (schriftliche Zustimmung aller Mitglieder gemäss Art. 66 Abs. 2 ZGB, Delegiertenversammlungen sowie schriftliche Mehrheitsentscheide gemäss individuellen Statuten[57]), bei der *Stockwerkeigentümergemeinschaft* (schriftliche Zustimmung aller Mitglieder gemäss Art. 712m Abs. 2 i.V.m. Art. 66 Abs. 2 ZGB, schriftliche Mehrheitsbeschlüsse kraft individuellem Reglement[58], wohingegen Delegiertenversammlungen als unzulässig gelten[59]), bei der *GmbH* (Art. 777 Ziff. 3, 808 Abs. 2 und Abs. 3 Satz 2 OR; *nicht* vorgesehen ist eine Delegiertenversammlung) und bei der *Genossenschaft* (Art. 880, 891 Abs. 1, 892 OR), *nicht* hingegen bei der *AG*[60]. 45

Soweit solche Ersatzformen zulässig sind, unterliegen ihre Beschlüsse – ausgenommen beim Erfordernis der Einstimmigkeit (vgl. 46

---

[56] Vgl. betr. diese beim Verein *RIEMER,* N 85 zu Art. 67 und N 16 zu Art. 75 ZGB, bei der Stockwerkeigentümergemeinschaft *MEIER-HAYOZ/ REY,* N 21 zu Art. 712n; betr. die Körperschaften des OR vgl. Art. 701, 809 Abs. 5, 884 OR.

[57] Vgl. *RIEMER,* N 33ff. sowie N 42ff. zu Art. 66 ZGB, mit Hinweis auf die Bezeichnung „Urabstimmung" für schriftliche Entscheide.

[58] *MEIER-HAYOZ/REY,* N 118ff., 121ff. zu Art. 712m ZGB.

[59] *MEIER-HAYOZ/REY,* N 84 zu Art. 712m ZGB.

[60] Vgl. BGE 67 I 346f.; *FORSTMOSER/MEIER-HAYOZ/NOBEL,* § 24 N 9ff.

Art. 66 Abs. 2, 712m Abs. 2 ZGB), in welchem Falle die Anfechtbarkeit (sofern man nicht Nichtigkeit annimmt) nur bei Willensmängeln des Anfechtungsklägers gegeben ist (vgl. hinten N 204, 277) oder dann bei interner Weiterziehbarkeit (vgl. nachfolgend Ziff. 3 lit. b) - ebenfalls der für die betreffende Körperschaft vorgesehenen Anfechtungsklage[61], andernfalls sind solche Beschlüsse nichtig (vgl. hinten N 273).

3. Beschlüsse und Verfügungen von sonstigen Organen, insbesondere von Exekutivorganen

a) Allgemeines

47   Gemeinsame Entscheidungen von zwei oder mehr Personen werden normalerweise „Beschlüsse", Entscheidungen einer Einzelperson (man denke an ein „Ein-Mann-Exekutivorgan", einschliesslich Verwalter einer Stockwerkeigentümergemeinschaft, oder an „Ein-Mann-Kompetenzen" innerhalb eines an sich mehrköpfigen Organs, z.B. eine Ausschliessungskompetenz eines Vereinspräsidenten) „Verfügungen" genannt; in dieser Arbeit wird indessen unter „Beschlüsse" beides verstanden, soweit „Verfügungen" überhaupt in Frage kommen.

48   Die bundesgerichtliche Praxis lässt gegenüber den hier in Frage stehenden Organen bzw. ihren „Verfügungen" und „Beschlüssen" (insbesondere auch gegenüber Vorstandsbeschlüssen) bei *Vereinen* eine Anfechtungsklage, analog Art. 75 ZGB, zu, falls sie intern (Verein, übergeordneter Verband) *„letztinstanzlich"* sind und *Mitgliedschaftsrechte* (wie insbesondere bei der Ausschliessung) betref-

---

[61]   Vgl. etwa für den Verein BGE 57 II 123ff., 85 II 536 E. 2 (je Delegiertenversammlung), für die Stockwerkeigentümergemeinschaft *MEIER-HAYOZ/REY*, N 131 zu Art. 712m ZGB, für die GmbH *JANGGEN/BECKER* N 20 zu Art. 808 OR, und für die Genossenschaft BGE 46 II 317 (schriftlicher Mehrheitsbeschluss), Art. 891 Abs. 1 OR und dazu etwa *GUHL/KUMMER/DRUEY* 761, *GUTZWILLER*, N 17 zu Art. 891 OR (betr. die Urabstimmung), Art. 892 Abs. 4 OR (Delegiertenversammlung) und dazu auch *GERWIG* 288, *MOLL*, N 6 zu Art. 891 OR.

fen⁶². Entsprechendes gilt auch für einen allfälligen Ausschuss (und ausnahmsweise für einen Verwalter) bei der *Stockwerkeigentümergemeinschaft*⁶³. Nach wie vor *nicht* anfechtbar sind - abgesehen von Beschlüssen der *Sonderversammlung* der Vorzugsaktionäre und der Partizipanten und Genussscheinberechtigten⁶⁴- andere als GV-Beschlüsse, d.h. insbesondere Verwaltungsratsbeschlüsse, bei der *AG*⁶⁵. Entsprechend ist die Rechtslage - abgesehen von den Beschlüssen von Ersatzformen der Mitgliederversammlung - bei der *GmbH*⁶⁶ und bei der *Genossenschaft*⁶⁷, *ausgenommen* bei Versicherungsgenossenschaften i.S.v. Art. 893 Abs. 1 OR⁶⁸.

Betr. *im Zusammenhang* mit Beschlüssen gemäss vorstehend Ziff. 1 und 2 *stehende Beschlüsse* (samt Verfügungen) solcher Organe vgl. hinten Ziff. 7. 49

b) Körperschaftsintern weiterziehbare Beschlüsse

Soweit ein an sich anfechtbarer Beschluss vorliegt, dieser aber gemäss individuellen Statuten oder Gesetz (vgl. z.B. Art. 846 50

---

[62] BGE 108 II 18/19 E. 2, 118 II 17 E. 3a; *RIEMER,* N 17ff. zu Art. 75 ZGB, mit weiteren Hinweisen; *a.M.* betr. die zweite bundesgerichtliche Einschränkung *HEINI/SCHERRER,* N 4 zu Art. 75 ZGB.

[63] *MEIER-HAYOZ/REY,* N 133/134 zu Art. 712m ZGB.

[64] Vgl. BGE 69 II 251/252; *FORSTMOSER/MEIER-HAYOZ/NOBEL,* § 26 N 8.

[65] BBl 1983 II S. 823 Ziff. 210.4; BGE 76 II 65, 81 II 465, 91 II 303/304, 109 II 243/244 (und dazu allerdings - betr. die Begründung - auch vorn Anm. 48), 117 II 296, 304, implizite auch BGE 121 III 233; MaxLU 1966 Nr. 476 S. 497ff. = SJZ 65 (1969) Nr. 15 S. 39/40, bestätigt durch nicht publ. BGE, ZR 86 Nr. 127 = SJZ 84 (1988) S. 199 Nr. 32; *FORSTMOSER/MEIER-HAYOZ/NOBEL,* § 25 N 9, mit Hinweisen auf Ersatzmöglichkeiten in Anm. 7 (Verantwortlichkeitsklagen, Klage gegenüber der AG auf Feststellung der Widerrechtlichkeit eines Verwaltungsratsbeschlusses) und auf Art. 714 OR in N 10 (Nichtigerklärung).

[66] Vgl. W. v. *STEIGER,* N 16 zu Art. 811 OR, *WOHLMANN* 104.

[67] Vgl. BGE 76 II 65 (noch offen gelassen in BGE 72 II 118 E. 9); AGVE 1991 Nr. 4 S. 31/32; *GUTZWILLER,* N 21 zu Art. 891 OR, *F. v. STEIGER,* S. 115 Anm. 1, *MOLL,* N 5 zu Art. 891 OR; *a.M. GERWIG* 288.

[68] *MOLL,* N 9 zu Art. 893 OR, und auch - *a fortiori* - *GERWIG,* a.a.O.; *a.M.* offenbar *GUTZWILLER,* N 7, a.E., zu Art. 893 OR, der aber den Ausschluss der Anfechtungsmöglichkeit in diesem Falle für „bedenklich" hält.

II. Anfechtungsobjekt

Abs. 3 Satz 2 OR) körperschaftsintern (und/oder an einen übergeordneten Verband) weiterziehbar ist (was vor allem bei den hier in Frage stehenden „sonstigen Organen" aktuell ist, doch kann bei Vereinen statutarisch auch ein Beschluss i.S.v. vorstehend Ziff. 1 und 2 anfechtbar sein, und zwar beim übergeordneten Verband), *muss* zuerst - und innert der betreffenden statutarischen oder allfälligen gesetzlichen Frist - von diesen Rechtsbehelfen Gebrauch gemacht werden, da eben nur „letztinstanzliche" Beschlüsse beim Richter angefochten werden können[69]; ist eine interne Frist verpasst, so ist auch die Anfechtungsklage verwirkt[70]. Vorausgesetzt ist bei allfälliger statutarischer Weiterzugsmöglichkeit stets, dass eine solche *zulässig* ist, d.h. das betreffende Körperschaftsorgan aufgrund des zwingenden objektiven Rechts nicht selbst definitiv entscheiden muss[71]. In letzterem Falle muss (und darf) eine allfällige interne Weiterzugsmöglichkeit nicht beachtet werden.

4. Unterlassene Beschlüsse?

51   In Art. 257 Abs. 4 PGR *FL* wird im Zusammenhang mit der vereinsrechtlichen Anfechtungsklage statuiert, dass bei gesetzes- oder statutenwidrigem *Unterlassen* einer Beschlussfassung ein Mitglied „einen Beschluss auf dem Rechtswege durch richterlichen Entscheid ersetzen lassen" könne. Im schweizerischen Privatrecht gibt es - im Unterschied zu *förmlichen Beschlüssen mit negativem Inhalt*[72], die grundsätzlich ohne weiteres anfechtbar sind[73] - keinen

---

[69] BGE 57 II 123ff., V, 72 II 112/113, 118 E. 9, Gen., 85 II 531ff., V, 118 II 17 E. 3b, V; SJZ 52 (1956) S. 125f. Nr. 66, *ZH*, und 58 (1962) Nr. 60 S. 71, *ZH*, je V; *FORSTMOSER*, N 37, 45 zu Art. 846 OR, *RIEMER*, N 14 zu Art. 75 ZGB; vgl. auch *MEIER-HAYOZ/REY*, N 134 zu Art. 712m ZGB, wobei der betreffende Hinweis auch für allfällige Ausschussentscheide, a.a.O. N 133, gilt.

[70] Vgl. BGE 85 II 533, a.E., V.

[71] Wie z.B. die Statutenrevisionskompetenz der GV des Vereins, vgl. *RIEMER*, N 15 Abs. 2 und N 16 S. 420/421 vor Art. 64-69 ZGB.

[72] Z.B. Verweigerung der Zusprechung von Tantiemen an den Verwaltungsrat einer AG, vgl. BGE 75 II 149ff., Ablehnung eines Verschiebungsantrages, BGE 95 II 161f. AG, Ablehnung eines bestimmten Sachantrages, vgl. BGE 108 II 23, V, oder Ablehnung, einen beantragten Beschluss zu fassen, wie auch ein Nichteintretensbeschluss; vgl. auch

derartigen, der Anfechtungsklage gegenüber *gefassten* Beschlüssen nachgebildeten Rechtsschutzbehelf[74].

In solchen Fällen stehen aber andere Möglichkeiten zur Verfügung[75]. So können die Mitglieder unter bestimmten Voraussetzungen - und nötigenfalls mittels gerichtlicher Klage - die Einberufung der Generalversammlung samt Behandlung gewünschter Traktanden verlangen (vgl. Art. 699 Abs. 3 und 4, 700 Abs. 2, 809 Abs. 2 und 3, 881 Abs. 2 und 3 OR[76]).

In Frage kommt ferner eine Klage auf Abgabe einer Willenserklärung, sei es, dass der Beklagte zu einer solchen Erklärung verpflichtet wird, sei es, dass der richterliche Entscheid diese ersetzt[77]; eine solche Klage könnte etwa im Zusammenhang mit dem Recht auf Entlastung (das allerdings nicht unumstritten ist[78]) aktuell werden.

Im übrigen kommen auch Feststellungsklagen[79] sowie Schadenersatz- und Genugtuungsklagen in Frage.

A fortiori steht die Anfechtungsklage nicht zur Verfügung, wenn bereits einem Traktandierungsbegehren nicht entsprochen wurde; diesfalls ist auch nach Art. 699 Abs. 4, 809 Abs. 3, 881 Abs. 3 OR

[73] hinten Anm. 329 (Anfechtung eines die Abberufung von Verwaltungsratsmitgliedern *ablehnenden* Beschlusses).
ROHRER 7; warum „an der Beseitigung eines negativen Beschlusses niemand ein Interesse haben kann" (v. *GREYERZ* 192), ist nicht verständlich.

[74] Vgl. BGE 57 II 126/127, V: keine Fristansetzung an die GV zur Fassung eines Beschlusses und im Falle des Ausbleibens innert der Frist Erhebung einer Anfechtungsklage; ferner implizit BGE 81 II 538/539 E. 2, AG (durch Interpretation wurde das Vorliegen eines Beschlusses i.c. bejaht) und explizit nicht publ. BGE v. 5.1.1989 i.S. O. etc. c. S. (Verein) E. 3a: „... les recourants avaient d'abord pris ... des conclusions pour le moins singulières, tendant à l'annulation de 'l'absence de décision de l'assemblée générale'."; ebenso SJZ 37 (1940/41) S.158 Nr. 33, SG, betr. eine AG. Betr. Fälle von *Rechtsmissbrauch* vgl. immerhin hinten N 206.

[75] Vgl. auch *RIEMER,* N 11 zu Art. 75 ZGB.

[76] Betr. Vereine vgl. *RIEMER,* N 27 zu Art. 64 ZGB, und betr. Stockwerkeigentümergemeinschaften *MEIER-HAYOZ/REY,* N 8 und 14 zu Art. 712n ZGB.

[77] Vgl. *FRANK/STRÄULI/MESSMER,* N 1ff. zu § 308 ZPO ZH.

[78] Vgl. *FORSTMOSER/MEIER-HAYOZ/NOBEL,* § 28 N 135 bei und in Anm. 74.

[79] Vgl. BGE 72 II 108, 113, Gen, wenn auch i.c. keine förmliche Feststellung.

(richterliche Anordnung der Einberufung) vorzugehen[80] *bzw. bei Vereinen und nötigenfalls bei Stockwerkeigentümergemeinschaften analog diesen Bestimmungen.*

5. „Stillschweigende Beschlüsse"

56 Im Unterschied zum vorstehend unter Ziff. 4 behandelten Fall entgeht ein Organ der Anfechtbarkeit seiner Entscheidungen nicht dadurch, dass es mittels *stillschweigender* Übereinkunft seiner Mitglieder (oder allenfalls einer Mehrheit derselben) einen „stillschweigenden Beschluss" fasst[81].

6. Zukünftige Beschlüsse

57 Solange eine bestimmte Beschlussfassung noch nicht erfolgt, sondern erst geplant ist, fehlt es dagegen, im Unterschied zum vorstehend unter Ziff. 5 behandelten Fall, an einem Anfechtungsobjekt, so dass keine Anfechtungsklage erhoben werden kann[82].

7. Verfügungen und Feststellungen des Versammlungsleiters

58 Soweit der Leiter von Versammlungen Verfügungen und Feststellungen trifft, welche *im Zusammenhang mit Versammlungsbeschlüssen stehen*, sind jene nicht selbständig anfechtbar (betr. selbständig anfechtbare Verfügungen vgl. vorn Ziff. 3 lit. a), vielmehr nur der Versammlungsbeschluss selbst[83]. Entsprechendes gilt für Beschlüsse und Feststellungen einer mehrköpfigen Versammlungsleitung.

---

[80] Vgl. GVP SG 1964 S. 24 = SJZ 64 (1968) S. 321f. Nr. 176 = SAG 1969 S. 106, AG.
[81] Vgl. denn auch BGE 72 II 116, Gen, wo ein nicht förmlicher Vorstandsbeschluss für nichtig erklärt wurde.
[82] PKG 1989 Nr. 20 S. 100ff. = ZBGR 74 (1993) Nr. 42 S. 291, Stw.
[83] Vgl. SAG 1966 S. 247, *LU*, betr. die Feststellung des Vorsitzenden der GV einer AG über das Stimmrecht.

B. In materieller (inhaltlicher) Hinsicht

1. Allgemeines

Anfechtbar sind grundsätzlich *alle* genannten, formell anfechtbaren Beschlüsse, d.h. ohne Rücksicht auf ihren Inhalt; generell fraglich ist nur, inwiefern auch Gründungsbeschlüsse anfechtbar sind.

2. Gründungsbeschlüsse

Beim *Verein* (bei welchem ein allfälliger Handelsregistereintrag *nie* konstitutive Wirkung hat[84]) erscheint es als vertretbar, bereits den *Gründungsbeschluss* („auf der Schwelle" zwischen Vorgesellschaft, d.h. einfacher Gesellschaft i.S.v. Art. 62 ZGB, und dem Verein, dessen genauer Entstehungszeitpunkt allerdings auf den Zeitpunkt der Unterzeichnung der Statuten fällt[85]) als anfechtbar i.S.v. Art. 75 ZGB zu betrachten[86] und ebenso die sich allfällig daran anschliessenden Beschlüsse der Gründungsversammlung[87], da bei dieser Körperschaft Gründungsbeschluss und Erwerb der Rechtspersönlichkeit „ineinander übergehen". Entsprechendes kann weder von der *Stockwerkeigentümergemeinschaft* (sofern überhaupt von Anfang an eine Mehrzahl von Personen vorhanden ist, vgl. Art. 712d Abs. 2 ZGB[88]) noch von den *Körperschaften des OR* gesagt werden, da bei jener die Gemeinschaft effektiv erst mit dem Grundbucheintrag (vgl. Art. 712d Abs. 1 ZGB) und bei diesen die juristische Person erst durch den Handelsregistereintrag entsteht (vgl. Art. 643 Abs. 1, 783 Abs. 1, 838 Abs. 1 OR), wobei bei den letzteren im Falle von Gründungsmängeln gegebenenfalls besondere Rechtsschutzbehelfe bestehen (vgl. etwa Art. 643 Abs. 3 und 4, 644 Abs. 2, 752/753 OR für die AG, Art. 827 OR für die GmbH, wohingegen für diese eine analoge Anwendbarkeit von Art. 643 Abs. 3 und 4 OR verneint und stattdes-

---

[84] Vgl. *RIEMER*, N 50 zu Art. 61 ZGB.
[85] Vgl. a.a.O., N 101 zu Art. 60 ZGB.
[86] Vgl. a.a.O., N 8 zu Art. 75 ZGB, unter Hinweis auf eine abweichende Ansicht.
[87] Vgl. a.a.O.
[88] Und dazu auch *MEIER-HAYOZ/REY*, N 81ff. zu Art. 712d ZGB.

II. Anfechtungsobjekt

sen auf Art. 820 Ziff. 4/822 Abs. 2 OR verwiesen wird[89]; bei der Genossenschaft wird in der Literatur die genannte Analogie ebenfalls verneint[90], aber stattdessen eine analoge Anwendung von Art. 891 OR auf den Gründungsbeschluss befürwortet[91]).

3. Auflösungs- und damit zusammenhängende Beschlüsse

61   Anfechtbar sind bei *Vereinen* und den *Körperschaften des OR* Auflösungsbeschlüsse (Auflösungen mit oder ohne Liquidation[92]), Umwandlungsbeschlüsse aller Art, sofern zulässig[93], sowie sich an alle derartigen Beschlüsse anschliessenden Beschlüsse, solange die juristische Person rechtsfähig ist (also namentlich auch Beschlüsse während einer allfälligen Liquidationsphase, Art. 58 ZGB/Art. 913 OR/Art. 823 OR/Art. 739ff. OR, Art. 57 ZGB)[94]. Bei der *Stockwerkeigentümergemeinschaft* gibt es keine Mehrheitsbeschlüsse auf Auflösung der Gemeinschaft[95].

62   *Betr. pendente Anfechtungsprozesse (auch solche aus der Zeit vor dem Auflösungsbeschluss) als „Liquidations- oder Fusionsfaktoren" vgl. RIEMER, N 61 und 80 zu Art. 75 ZGB.*

---

[89]   W. v. STEIGER, N 5 zu Art. 783 OR, *GUHL/MERZ/DRUEY* 719; a.M. *JANGGEN/BECKER*, N 11 zu Art. 783 OR; offengelassen von *SCHENKER*, N 5 zu Art. 783 OR.

[90]   Vgl. *FORSTMOSER*, N 22 zu Art. 838 OR, *GERWIG* 192/193, *F. v. STEIGER* 148.

[91]   Vgl. *FORSTMOSER*, a.a.O. N 23, *GERWIG* 193, *F. v. STEIGER* 148/149, vgl. auch *SCHENKER*, N 6 zu Art. 838 OR, *GUTZWILLER*, N 16 zu Art. 891 OR; eine *besondere* Gründerhaftung - entsprechend Art. 752/753 OR - besteht nur im Falle von Art. 920 OR, sonst sind Art. 41ff. OR anwendbar, vgl. BGE 66 II 163, *GERWIG* 138, *F. v. STEIGER* 99, 128f.

[92]   Vgl. z.B. BGE 95 II 157 betr. Art. 751 OR, BGE 116 II 713 betr. Genossenschaftsfusion, ferner auch hinten Anm. 432 betr. AG-Fusion; BGE 53 II 1ff., AGVE 1971 S. 17 Nr. 2 = SJZ 69 (1973) S. 94/95 Nr. 63, RVJ 1993 S. 167 betr. Vereinsfusionen.

[93]   Vgl. *RIEMER*, N 93ff. zu Art. 76-79 ZGB.

[94]   Vgl. hiezu auch *RIEMER*, N 13 zu Art. 75 ZGB.

[95]   Vgl. *MEIER-HAYOZ/REY*, N 28 zu Art. 712f ZGB.

II. Anfechtungsobjekt

4. Zwischen Gründung und Auflösung gefasste Beschlüsse

a) Allgemeines

Anfechtbar sind sodann namentlich alle *zwischen* der Entstehung der Körperschaft und deren Auflösungsbeschluss gefassten Beschlüsse der verschiedensten Art[96], insbesondere: 63
– Sachentscheide und Personalentscheide (Wahlen, Abwahlen und dgl.); 64
– Statutenänderungen und -ergänzungen (seien es formelle Eingliederungen in die bestehenden Statuten, seien es separate Beschlüsse im Range von Statuten) sowie statuten- (wie auch gesetzes-) ausführende (-anwendende) Beschlüsse[97]; 65
– generell-abstrakte Beschlüsse (z.B. Reglementserlass) und individuell-konkrete Beschlüsse (durch Statutenänderung wird z.B. die Amtsdauer eines bestimmten Exekutivmitgliedes verlängert); 66
– Beschlüsse betr. Verfahrensfragen und solche von materieller Bedeutung; 67
– Beschlüsse gestaltenden, feststellenden und verpflichtenden Inhalts; 68
– Beschlüsse mit positivem und solche mit negativem Inhalt (vgl. zu letzteren auch vorn N 51). 69

b) Sonderfälle

aa) Verbandsstrafen

Das Bundesgericht hat in einem älteren Entscheid[98] die Ansicht vertreten, Bussenbeschlüsse eines Vereins fielen nicht unter Art. 75 ZGB. Heute ist jedoch allgemein anerkannt, dass nicht nur Ausschliessungen (Art. 72/75 ZGB, Art. 846 OR), sondern auch Beschlüsse über sonstige Verbandsstrafen aller Art (Bussen, Sperren, sog. Ehrenstrafen, Einstellung in den Mitgliedschaftsrechten bzw. 70

---

[96] Betr. Einteilungskriterien vgl. auch *FELDMANN* 41ff. und *RIEMER*, N 18 zu Art. 66 ZGB.
[97] Wie z.B. ein sog. Spezialbeschluss gemäss Art. 712c Abs. 2 ZGB, vgl. *MEIER-HAYOZ/REY*, N 132 zu Art. 712m ZGB.
[98] BGE 52 I 76.

II. Anfechtungsobjekt

Entzug von solchen), wie sie namentlich bei *Vereinen*[99] und *Genossenschaften*[100] häufig sind (im Unterschied zur *AG;* im Hinblick auf Art. 680 Abs. 1 OR sind einzig aufgrund von Art. 681 Abs. 3 OR Konventionalstrafen zulässig[101]), grundsätzlich (Ausnahmen: Spiel- bzw. Sportregelverletzungen) der Anfechtung unterliegen[102].

bb) Beschlüsse ohne Verbindlichkeit, Resolutionen

71   Blosse „Vorbeschlüsse", Absichtserklärungen und dgl., wie namentlich auch blosse Konsultativabstimmungen, sind mangels rechtlicher Erheblichkeit und Verbindlichkeit nicht anfechtbar[103], vielmehr erst der allfällige spätere Beschluss selbst. Gegenüber jenen „Beschlüssen" in Frage kommt allenfalls eine Feststellungsklage.

72   Anders kann es sich gegenüber Resolutionen verhalten, die rechtlich relevante und verbindliche Meinungsäusserungen darstellen können, an deren Aufhebung auch ein rechtliches Interesse bestehen kann[104].

cc) Suspensiv- und resolutiv-bedingte Beschlüsse

73   Auch solche Beschlüsse (und selbstverständlich auch mit einer *Befristung* oder mit einer *Auflage* versehene) sind anfechtbar[105], wobei auch suspensiv-bedingte Beschlüsse innert der jeweiligen gesetzlichen Anfechtungsfrist angefochten werden können und müssen (bei Eintritt der Bedingung wird kein Beschluss mehr gefasst).

---

[99]   Vgl. *RIEMER*, N 205ff. zu Art. 70 ZGB.
[100] Vgl. *GUTZWILLER*, N 58 zu Art. 833 OR, *F. v. STEIGER* 94/95 betr. Bussen.
[101] Betr. – beschränkte – Ausschliessungsmöglichkeiten vgl. *FORSTMOSER/MEIER-HAYOZ/NOBEL;* § 44 N 16ff.
[102] Vgl. - betr. Vereine - BGE 108 II 15ff., 118 II 16f., 119 II 280/281 und aus der kantonalen Praxis z.B. SJZ 58 (1962) Nr. 60 S. 71, *ZH, ZBJV* 124 (1988) S. 311ff.
[103] Vgl. BGE 52 II 179, 85 II 538 E. 5, RVJ 1993 S. 170 (alles V).
[104] *a.M.* offenbar BGE 55 II 289, V.
[105] Vgl. z.B. BGE 81 II 538/539 E .2, AG, betr. bedingte (Massgeblichkeit/ Unmassgeblichkeit von abgegebenen Stimmen) Wahlbeschlüsse; ferner auch BGE 91 II 303/304, AG: Anfechtbarkeit eines GV-Beschlusses, dessen *Ausführung* bedingt ist (Ermächtigung an den Verwaltungsrat.

c) Abschluss von Rechtsgeschäften mit Dritten

Abschluss (bzw. entsprechende Offerte oder Akzept), Änderung oder Aufhebung von Rechtsgeschäften bzw. Rechtsbeziehungen mit Dritten (z.b. gewöhnliche Vertragsabschlüsse, Beitritt zu einer anderen Körperschaft oder zu einer Rechtsgemeinschaft, Teilnahme an der Beschlussfassung innerhalb einer solchen Körperschaft oder Rechtsgemeinschaft) oder einseitige Rechtsgeschäfte (z.B. Stiftungserrichtung, Austritt aus einem Vereinsverband) erfolgen normalerweise nicht unmittelbar mittels Beschlusses der Körperschaft sondern mittels entsprechender externer Erklärungen von Exekutivorganen oder rechtsgeschäftlich bestellten Vertretern[106]. Solche Erklärungen können nicht mittels Anfechtungsklage angefochten werden[107], vielmehr nur ein allfälliger interner Ermächtigungs- bzw. Genehmigungs- (Zustimmungs-) Beschluss eines Organs[108], sofern dessen Beschlüsse grundsätzlich anfechtbar sind (vorn lit. A).   74

Sofern allerdings ausnahmsweise der Beschluss bereits unmittelbar externe Rechtswirkungen erzeugt[109], kann mittels Anfechtungsklage unmittelbar ins rechtsgeschäftliche Handeln der Körperschaft eingegriffen werden[110]; das schliesst allerdings nicht aus, dass auch die Gutheissung der Anfechtungsklage (mit ihrer grundsätzlichen *ex tunc*-Wirkung) die betreffenden Rechtswirkungen nicht mehr beseitigen kann, so dass u.U. entsprechende *vorsorgliche Massnahmen* verlangt werden müssen (vgl. hinten N 249).   75

---

[106] Vgl. BGE 47 II 311/312, 313, Gen.
[107] Vgl. BGE 117 II 296, AG.
[108] Vgl. z.B. BGE 52 II 175ff. betr. Beitritt eines Vereins zu einem Verband und insbesondere auch BGE v. 16.7.1941 in SemJud 1941 S. 593ff. betr. einen Vertrag zwischen einem Verein und dem Fiskus, ferner wiederum BGE 95 II 157 betr. Art. 751 OR, in welchem Falle es auch um die Genehmigung des Übernahmevertrages ging, sowie BGE 100 II 391 betr. eine wirtschaftliche Teilfusion (AG), BGE 97 I 482 betr. Fusionsbeschluss/Genehmigung eines Fusionsvertrages zwischen zwei Aktiengesellschaften; *RIEMER*, N 15 zu Art. 75 ZGB.
[109] Vgl. *RIEMER*, N 9 zu Art. 66 ZGB; offengelassen in BGE 47 II 313, Gen.
[110] So implizit offenbar auch BGE 81 II 466/467, AG.

III. Anfechtungsvoraussetzungen in sachlicher Hinsicht

A. Allgemeines

1. Regel

Die Anfechtung gegenüber Körperschaftsbeschlüssen setzt eine Verletzung von objektivem Recht (nachfolgend lit. B; betr. besondere gesetzliche Anwendungsfälle vgl. vorn N 17) und/oder von körperschaftsinternem Recht (nachfolgend lit. C) voraus[111]. Die *Beweislast* für die Tatsachen der einen und/oder anderen Verletzung liegt beim Anfechtungskläger[112]

76

2. Präzisierungen und Einschränkungen

a) Ermessensentscheide

Soweit objektives Recht oder Statuten (oder sonstiges körperschaftsinternes Recht) der Körperschaft für ihre Beschlüsse einen *Ermessensspielraum* überlassen, liegt eine *Verletzung* im Sinne des Gesagten nur bei eigentlichen Ermessen*fehlern* (Ermessensmissbrauch, Ermessensüberschreitung, Willkür „qualifizierte Unangemessenheit") vor, nicht schon bei blosser Unzweckmässigkeit bzw. „einfacher" Unangemessenheit[113]; soweit eben ein Entscheid noch

77

---

[111] Im Unterschied zu BGE 51 II 70 (Gen) wird dabei heute die Statutenverletzung allgemein nicht mehr als Widerrechtlichkeit (Verstoss gegen das Recht auf Einhaltung der Statuten) verstanden. Vorbehalten bleibt im übrigen in beiden Fällen die *Nichtigkeit* (vgl. hiezu hinten Ziff. VII). Betr. das Verhältnis zwischen Art.706 Abs. 1 und Abs. 2 OR bei den Aktiengesellschaften vgl. vorn N 13.

[112] *EGGER*, N 30 zu Art. 75 ZGB.

[113] BGE v. 24.6.1941 in JdT 1941 I S. 633 E. II. 2b, AG (in BGE 67 II 162ff. nicht publ.; VI: ZR 40 Nr. 104): Recht auf Dividende nur verletzt, wenn die Amortisations- und Reservebildungspolitik der Verwaltung klar willkürlich ist (i.c. verneint); BGE v. 1.7.1942 in SemJud 1943 S. 68 E. 2 = ZBGR 27 (1946) Nr. 41 S. 105/106, Gen: Kapitalherabsetzung, Ermessensfehler sinngemäss verneint; BGE 72 II 304ff. (betr. altArt. 674 Abs. 3 OR, Personalvorsorge; Willkür i.c. verneint); BGE v.

vertretbar ist, ist er nicht fehlerhaft und darf daher vom Richter nicht aufgehoben werden, da dieser der Körperschaft nicht sein eigenes Ermessen aufzwingen darf (vgl. hiezu auch Art. 706 Abs. 2 Ziff. 2 OR – „in unsachlicher Weise" – sowie hinten N 210).

b) Konkrete, nicht bloss virtuelle Verletzung

78 Gemäss bundesgerichtlicher Praxis zu altArt. 706 OR muss die hier in Frage stehende Verletzung konkret sein, d.h. sie darf nicht bloss virtueller bzw. allgemeiner Natur sein; geltend gemacht werden muss also eine effektive, klare und eindeutige Verletzung, nicht bloss eine allenfalls mögliche, hypothetische[114]. Das muss auch für die anderen Körperschaften gelten.

c) Auswirkung der Verletzung auf das Ergebnis der Beschlussfassung

79 Gemäss Art. 691 Abs. 3 OR führt ein GV-Beschluss einer AG, an dem Unbefugte mitgewirkt haben, bei Anfechtung (betr. die Frage der Nichtigkeit vgl. hinten N 278) nicht notwendigerweise zur Aufhebung, vielmehr kann die Gesellschaft den Nachweis erbringen, „dass diese Mitwirkung keinen Einfluss auf die Beschlussfassung ausgeübt hatte"; wenn ausschliesslich Stimmverbotsvorschriften missachtet wurden, ist aufgrund dieser Bestimmung einzig zu prüfen,

---

17.2.1948 in SemJud 1948 S. 421 (in BGE 74 II 41ff. nicht publ.): Schranke der Willkür im Zusammenhang mit dem Recht auf Dividende bei der AG; BGE 82 II 150/151: Ermessensmissbrauch verneint bezüglich Höhe der Verwaltungsratsentschädigung bei einer AG, ebenso BGE 86 II 162ff. (gegenteilig: BGE 84 II 553ff. E. 2); BGE v. 11.6.1963 in ZR 62 Nr. 91 S. 298/299 (in BGE 89 II 134ff. nicht publ.) i.V.m. S. 283f. E. I. 2, GmbH (keine willkürliche Gewinnverteilung); BGE 91 II 310/311 E. 10, AG (Aufhebung u.a. deswegen, weil trotz gegenüber dem Vorjahr fast verdoppeltem Reingewinn und günstiger finanzieller Lage der Gesellschaft eine Herabsetzung der Dividende im Verhältnis 7:1 beschlossen worden war); BGE 93 II 402/403, 405 E. 6a, AG (Genussscheinausgabe, keine Willkür), 95 II 164, AG, 99 II 61/62, AG, 100 II 392/393, AG, 117 II 308 E. 6a, AG; SJZ 58 (1962) Nr. 60 S. 71 E. 5, *ZH*, V, SemJud 1982 S. 603/604, AG; *BÜRGI*, N 27 zu Art. 706 OR, *RIEMER*, N 25 zu Art. 75 ZGB.

[114] BGE 117 II 291, 308f. E. 6a und b.

ob die unzulässig abgegebenen Stimmen das Abstimmungsergebnis zahlenmässig beeinflusst haben"[115].

In dieser gesetzlichen Sonderregelung ist ein allgemeines Prinzip enthalten[116]: Anfechtbar sind nur Beschlüsse, bei denen sich die Verletzung von objektivem oder körperschaftsinternem Recht im Ergebnis effektiv ausgewirkt hat oder auswirken konnte, d.h. wenn ohne die Verletzung die *Entscheidung* anders gelautet hätte oder anders hätte lauten können[117]. Verneinendenfalls (z.B. Fehler beim Zählen *abgegebener Stimmen*, die sich auf die Annahme oder Ablehnung eines Antrages nicht ausgewirkt haben) ist der Anfechtende durch die Verletzung nicht beschwert und hat daher kein schützenswertes Interesse an der Anfechtung. Die vorliegende Kategorie ist demnach ein besonderer Anwendungsfall derjenigen gemäss nachfolgend lit. d. Sie kann aber nur aktuell sein bei Verletzungen von objektivem oder körperschaftsinternem Recht betr. das *Zustandekommen (Verfahren)* usw.) von Beschlüssen, während *inhaltlich* fehlerhafte Beschlüsse immer anfechtbar sind[118]. Anderseits *können* aber Verfahrensfehler und dgl. zu einer erfolgreichen Anfechtung der auf ihnen basierenden Beschlüsse führen und nicht etwa nur – wie allenfalls aus dem Wortlaut von Art. 75 ZGB und Art. 706 Abs. 1 OR abgeleitet werden könnte – inhaltliche Fehler von Beschlüssen (vgl. aber zu den Verfahrensfehlern auch hinten N 150).

80

Was die *mögliche* Auswirkung einer (an sich unbestreitbaren) Verletzung (nicht zu verwechseln mit der bloss möglichen Verletzung gemäss vorstehend lit. b) betrifft, so kann eine solche bei der Teilnahme Unbefugter an der *Diskussion* (Beeinflussung durch Mitdiskutieren oder sogar durch blosse Anwesenheit) vorliegen[119] ebenso bei Nichtteilnahme Befugter an der *Diskussion*[120].

81

---

[115] BGE 122 III 285, a.E.
[116] So auch *FORSTMOSER/MEIER-HAYOZ/NOBEL*, § 25 N 18.
[117] BGE 51 II 69 E. 2, Gen, 53 II 46/47, AG, 114 II 199, V; vgl. auch hinten N 272, aber auch nachfolgend Anm. 121, a.E.
[118] *HEINI/SCHERRER*, N 10 zu Art. 75 ZGB.
[119] Vgl. *RIEMER*, N 27 Abs. 2 zu Art. 75 ZGB, und implizite offenbar auch BGE 122 III 285, a.E. (AG).
[120] ZR 49 Nr. 103 (i.c. verneint, da der Anwalt des - zu Unrecht – ausgeschlossenen Minderheitsaktionärs zur Diskussion zugelassen worden war).

III. Anfechtungsvoraussetzungen in sachlicher Hinsicht

d) Schützenswertes Interesse
(allgemeines Verbots des Rechtsmissbrauchs)

82   Die Anfechtungsklage kann nur dann Aussicht auf Erfolg haben, wenn ein schützenswertes Interesse des Anfechtungsklägers an der Aufhebung des an sich gegen objektives oder körperschaftsinternes Recht verstossenden Beschlusses besteht; andernfalls handelt der Anfechtungsklägers rechtsmissbräuchlich (Art. 2 Abs. 2 ZGB), so dass die Klage abzuweisen ist[121]. Im Hinblick auf die Bedeutung des Anfechtungsrechtes (vgl. auch vorn N 1) darf allerdings Rechtsmissbrauch nicht allzu leichthin angenommen werden[122].

83   Das schützenswerte Interesse kann auch *während des Anfechtungsprozesses wegfallen,* insbesondere bei nachträglicher Aufhebung (*Widerruf*) des angefochtenen Beschlusses durch die Körperschaft selbst, sei es mit[123], sei es ohne Fassung eines neuen – fehlerfreien – Beschlusses; in solchen Fällen wird die Anfechtungsklage *gegenstandslos*[124]. Das wird normalerweise andere finanzielle Folgen haben (Belastung der beklagten Gesellschaft[125]) als im ersteren Fall (Belastung des Anfechtungsklägers).

---

[121] BGE 86 II 167, AG, 107 II 182, AG (fehlendes Rechtsschutzinteresse i.c. verneint), nicht publ. BGE v. 8.7.1982 i.S. c. M. c. V.L. S. 10/11 E. 4, Verein (fehlendes Rechtsschutzinteresse i.c. verneint wie auch in BJM 1992 S. 39f., V), BGE 122 III 282, AG; sinngemäss ebenso BGE v. 11.6.1963 in ZR 62 Nr. 91 S.298 E. 3c/ii (in BGE 89 II 134ff. nicht publ.) i.V.m. S. 283 E. I. 1g, GmbH (unerheblicher Verstoss gegen Buchführungsvorschriften, daher i.c. fehlendes Rechtsschutzinteresse an der Aufhebung des angefochtenen Bilanzabnahmebeschlusses); abweichend BGE v. 19.2.1980 in SemJud 1981 S. 40, AG, wo eine geringe Verkürzung der Frist von altArt. 700 Abs. 1 OR zur Gutheissung der Anfechtungsklage führte, „sans qu'il y ait lieu d'examiner ces décisions quant au fond ni l'intérêt des parties à leur annulation", und hiezu auch vorn N 80 (sowie hinten N 272).

[122] BGE v. 25.6.1991 in AJP 1/92 S. 110 E. 2a, a.E., welche in BGE 117 II 290ff. nicht publ. ist, AG; vgl. hiezu auch hinten bei und in Anm. 215.

[123] Vgl. *F. v. STEIGER,* SAG 1970 S. 157ff.

[124] Vgl. BGE 86 II 165, 169f., AG; ZR 86 Nr. 38 S. 86, AG (i.c. Gegenstandslosigkeit und Rechtsmissbrauch verneint).

[125] So implizit offenbar auch ZR 86 Nr. 38, a.E., AG, und explizit ZR 90 Nr. 61, AG; vgl. auch den Hinweis auf Art. 72 BZP in BGE 86 II 170 E. 6.

Grundsätzlich nicht zur Gegenstandslosigkeit führt hingegen der Umstand, dass bei Gutheissung der Klage der tatsächliche und rechtliche Zustand, der vor der Fassung des angefochtenen Beschlusses bestanden hat, u.U.[126] nicht oder nicht ohne weiteres wiederhergestellt werden kann, wie insbesondere bei der Anfechtung eines Fusionsbeschlusses[127]. 84

Betr. *Sonderfälle* von Rechtsmissbrauch zufolge Fehlens eines schützenswerten Interesses vgl. hinten N 141ff., 150ff.[128]. 85

e) Keine Verletzung bloss finanzieller Interessen?

Vgl. hiezu hinten N 330ff.. 86

f) Verletzung bestehender rechtsgeschäftlicher Beziehungen der Körperschaft mit Dritten als Gesetzes- oder Statutenverletzung

Vgl. hiezu hinten N 116. 87

B. Verletzungen des objektiven Rechts, insbesondere des Gesetzes

1. Allgemeines und Übersicht

In den einschlägigen Bestimmungen (Art. 75 ZGB, Art. 706 Abs. 1, 891 Abs. 1 OR) – worauf in Art. 712m Abs. 2 ZGB und Art. 808 Abs. 6 OR verwiesen wird – ist stets von Verstössen gegen das „Gesetz" die Rede. Es ist jedoch allgemein anerkannt, dass dies nicht wörtlich zu verstehen ist: Gemeint ist das *objektive Recht*, d.h. unter Einschluss von Verstössen gegen ungeschriebene Normen (Gewohnheitsrecht) und gegen Verordnungsrecht (sofern dieses nicht gegen übergeordnetes Recht verstösst), welches die folgenden Kategorien von Normen umfasst: 88

---

[126] Vgl. z.B. *RIEMER*, N 79 zu Art. 75 ZGB.
[127] Vgl. BGE 116 II 713, 716, Gen.
[128] Vgl. sodann auch den Rechtsmissbrauchsfall in Rep 1989 S. 505ff.: Geltendmachung eines formellen Mangels bezüglich der zweiten GV einer AG, nachdem dem Beschluss einer ersten GV *in derselben Sache* zugestimmt worden war, als *venire contra factum proprium*.

89 a) das geschriebene Recht der betreffenden Körperschaft (samt allfällig analog anwendbares Recht einer anderen Körperschaft);
90 b) die geschriebenen allgemeinen Bestimmungen über juristische Personen (Art. 52-59 ZGB), sofern nicht durch Sondernormen der einzelnen Körperschaften derogiert (bei Vereinen ist das nie der Fall; bei der Stockwerkeigentümergemeinschaft kommt anderseits nur – und in begrenztem Umfang – eine *analoge* Anwendung von Art. 52-59 ZGB in Frage[129]);
91 c) ungeschriebene Normen aus den vorstehend genannten Rechtsgebieten, sofern auf die betreffende Körperschaft anwendbar:
92 d) sonstiges geschriebenes oder ungeschriebenes objektives Recht.

93 Ob das betreffende objektive Recht *zwingender* oder *dispositiver* Natur ist, ist für die Frage der Anfechtbarkeit grundsätzlich nicht von Bedeutung[130]. Nicht anfechtbar sind aber naturgemäss Beschlüsse, die nur gegen solches *dispositives* Recht verstossen, von dem statutarisch (oder anderweitig, sofern zulässig, vgl. etwa Art. 811 Abs. 2 OR betr. Gesellschaftsbeschlüsse[131]) bereits vorher gültig abgewichen wurde oder bei dem der betreffende Beschluss gerade eine solche Abweichung beinhaltet, sofern dieser Beschluss auch sonst (andere Normen oder dann Statutenbestimmungen, z.B. bezüglich gesetzlicher oder statutarischer Verfahrensvorschriften) nicht anfechtbar ist[132].

2. Das objektive Recht im einzelnen

a) Geschriebenes Körperschaftsrecht

94 Hierher gehören vor allem die gesetzlichen Normen der betreffenden Körperschaft.

---

[129] Vgl. *RIEMER*, Allg. Bestimmungen über juristische Personen, Syst. Teil N 137 i.V.m. N 39.
[130] Vgl. aber betr. *Nichtigkeit* hinten N 288, 290 (und demgegenüber auch N 258).
[131] Und im einzelnen auch *RIEMER*, N 52 zu Art. 63 ZGB.
[132] Vgl. auch *RIEMER*, N 38 zu Art. 75 ZGB.

III. Anfechtungsvoraussetzungen in sachlicher Hinsicht

Beispiele: 95
- *Verstoss gegen die dispositive Norm des Art. 67 Abs. 3 ZGB[133]*
- *Verstoss gegen die zwingende Norm des altArt. 648 Abs. 1 OR[134]*
- *Verstoss gegen Art. 692 Abs. 1 i.V.m. altArt. 689 Abs. 4 bzw. heute Art. 689 Abs. 2 OR[135]*
- *Verstoss gegen die zwingende Vorschrift des altArt. 627 Ziff. 2 OR[136]*
- *Verstoss gegen die zwingenden Art. 653ff. OR[137]*
- *Verstoss – bei Wahlbeschlüssen – gegen altArt. 659 Abs. 5 OR[138], gegen altArt. 700 OR[139] und gegen altArt. 708 Abs. 4 OR[140], ferner Verstoss gegen altArt. 697 OR (Auskunftsrecht) durch Annahme eines Verschiebungsantrages[141]*
- *Verstoss gegen die dispositiven Normen Art. 808 Abs. 3, 811 Abs. 1, 819 Abs. 1 OR[142].*

Entsprechendes gilt für analog anwendbare gesetzliche Bestimmungen anderer Körperschaften[143]. 96

b) Geschriebene allgemeine Bestimmungen über juristische Personen

Auch Verstösse gegen diese Normen (Art. 52-59 ZGB) können, sofern sie auf die betreffende Körperschaft anwendbar sind, 97

---

[133] BGE 114 II 197f. E. 5b, vgl. auch BGE 108 II 80 (Stw); betr. weitere Verstösse gegen das Vereinsrecht vgl. bes. *RIEMER*, N 33/34 zu Art. 75 ZGB.
[134] BGE v. 24.9.1963 in SAG 1964 S. 131 (i.c. verneint), BGE 117 II 314f.
[135] BGE 112 II 361.
[136] BGE 84 II 552/553, 91 II 311/312.
[137] BGE 121 III 239ff. E. 5.
[138] BGE 72 II 275, 292/293; vgl. hiezu auch hinten Anm. 150.
[139] BGE v. 19.2.1980 in SemJud 1981 S. 40, BGE 103 II 141.
[140] BGE 66 II 43, 50ff.
[141] Vgl. BGE 95 II 161f.
[142] BGE v. 11.6.1963 in ZR 62 Nr. 91 S. 299, 300 E. 3e und i (in BGE 89 II 134ff. nicht publ.); i.c. Verstösse verneint mangels Abweichung vom Gesetz bei Art.808 Abs. 3 OR und zufolge gültiger Abweichung – vgl. Art. 811 Abs. 2, 819 Abs. 2 OR – von Art. 811 Abs. 1, 819 Abs. 1 OR.
[143] Vgl. betr. solche Fälle im einzelnen *RIEMER*, Allg. Bestimmungen über juristische Personen, Syst. Teil N 154ff.

d.h. nicht durch deren „Sonderrecht" derogiert werden[144], mittels Anfechtungsklage angefochten werden.

98 *Beispiel:* Art. 57 Abs. 1 ZGB bei Vereinen[145]

99 Entsprechendes gilt für das Gesellschaftsrecht des *IPRG* (Art. 150ff.), insbesondere für Art. 161ff. (Sitzverlegungen, vgl. vorn N 42).

c) Ungeschriebene Normen aus den genannten beiden Rechtsgebieten

100 Soweit solche Normen auf die betreffende Körperschaft anwendbar sind, kann die entsprechende, durch die Körperschaft begangene Verletzung ebenfalls mit der Anfechtungsklage geltend gemacht werden[146].

101 Dabei handelt es sich praktisch vor allem um *Anwendungsfälle von Art. 2 ZGB* (Gebot des Handelns nach Treu und Glauben, Verbot des Rechtsmissbrauchs), wie insbesondere

102 – Verstösse gegen das Gebot der (relativen) *Gleichbehandlung* der Körperschafter[147] sowie gegen das Verbot von *sonstigem Machtmissbrauch der Mehrheit*[148].
Für Genossenschaften stellt das Gebot der Gleichbehandlung allerdings eine geschriebene *Norm dar (Art. 854 OR), ebenso heute für Aktiengesellschaften (Art. 706 Abs. 2 Ziff. 3, 717 Abs. 2 OR*[149]*), so dass diese Fälle insofern unter vorstehend lit. a zu subsumieren sind.*

103 – *Ermessensmissbrauch* (Willkür) bei Gesetzes- oder Statutenanwendung (vgl. vorn N 77), der auch hier genannt werden kann

---

[144] Vgl. im einzelnen *RIEMER*, a.a.O. N 89ff. und auch N 80.
[145] BGE 53 II 6/7.
[146] Vgl. – betr. Aktiengesellschaften – BGE 95 II 162 E. 9a, 100 II 386/387, 117 II 308 E. 6a sowie *SCHLUEP* 212 und betr. Vereine *EGGER*, N 15 zu Art. 75 ZGB.
[147] BGE 69 II 248, 249/250, 82 II 152, BGE v. 24.9.1963 in SAG 1964 S. 131, BGE 91 II 300f., 92 II 246 E. 2, 93 II 397, 406/407, 95 II 162/163, 164, 102 II 267 (je AG), 108 II 22, 23, V, BGE 111 II 338 E. 6 (Stw), BGE 117 II 308 E.6a, AG; SemJud 1982 S. 601ff., AG; *BÜRGI*, N 34-38 zu Art. 706 OR.
[148] Vgl. bes. BGE 102 II 268f., AG, und auch vorn N 1 wie auch schon *EHRBAR* 69ff.
[149] Vgl. etwa SJZ 91 (1995) Nr. 20 S. 197, *ZH*.

III. Anfechtungsvoraussetzungen in sachlicher Hinsicht

(bei Bejahung ist *auch* Art. 2 ZGB verletzt).
- Verstösse gegen die Grundsätze über den *Durchgriff*[150]. 104
- Verletzung des Anspruches auf *rechtliches Gehör* im Zusammenhang mit dem *Verfahren auf Ausschliessung aus einem Verein* gemäss Art. 72 ZGB[151] oder aus einer anderen Körperschaft wie auch *materieller* Rechtsmissbrauch (*Gründe*) im Zusammenhang mit solchen Ausschliessungen[152]. 105

Darüberhinaus können aber auch *andere ungeschriebene Grundsätze mit Normcharakter* in Betracht fallen, wie insbesondere 106
- Verstösse gegen das sog. *verbandsrechtliche Legalitätsprinzip* (Leistungspflichten von Mitgliedern einer Körperschaft bedürfen einer gesetzlichen oder statutarischen Grundlage[153]); 107
- Verstösse gegen den Grundsatz des *numerus clausus* und des *Verbotes der Typenvermischung* bei juristischen Personen[154]; 108
- Verstösse gegen jene Regeln, die als *Ergänzung zu Art. 55 ZGB* (i.V.m. den Organisationsvorschriften der einzelnen Körperschaften) entwickelt wurden: Schranken der Organtätigkeit, passive Vertretungsmacht, Wissensvertretung, Verbot der Doppelvertretung und des Selbstkontrahierens des Organs[155]; 109
- Verstösse gegen *Bilanzierungsgrundsätze* bei juristischen Personen[156]; 110
- Verstösse gegen *allgemeine Prinzipien des Sachenrechts* bei der Stockwerkeigentümergemeinschaft. 111

---

150 Vgl. etwa BGE 72 II 275ff., im Zusammenhang mit altArt. 659 Abs. 5 OR; *heute* besteht für Aktiengesellschaften in diesem Zusammenhang eine *geschriebene* Norm: Art. 659b OR.
151 BGE 90 II 347 E. 2; BJM 1969 S. 116 (Art. 2 ZGB jeweils nicht erwähnt, doch kann der Anspruch als Anwendungsfall von Art. 2 Abs. 1 ZGB angesehen werden).
152 Vgl. betr. Vereine *RIEMER*, N 41ff. zu Art. 72 ZGB.
153 Vgl. BGE 46 II 319; *RIEMER*, Allg. Best. über juristische Personen, Syst. Teil N 155, unter Hinweis auf *geschriebene* Normen, in welchen dieses Prinzip speziell zum Ausdruck kommt; vgl. auch Art. 649 und 712g ff. ZGB betr. die Stockwerkeigentümergemeinschaft und dazu *MEIER-HAYOZ/REY*, N 29 zu Art. 712g ZGB
154 Vgl. *RIEMER*, a.a.O. N 163.
155 Vgl. a.a.O. N 166 und dortige Verweisungen.
156 Vgl. BGE 72 II 297, AG, und betr. diese heute die *geschriebene* Norm des Art.662a OR.

d) Sonstiges geschriebenes oder ungeschriebenes objektives Recht

112 Entsprechend dem Zweck der Anfechtungsklage (vgl. vorn Ziff. I lit. A) sind grundsätzlich auch Verstösse gegen solches Recht (sei es Privatrecht, sei es öffentliches Recht) anfechtbar[157], etwa Verletzungen des Handelsregisterrechts (Art. 927ff. OR, HRV), des Firmenrechts (Art. 944ff. OR) oder des Buchführungsrechtes (Art. 957ff. OR[158]) und des Wertpapierrechts (Art. 965ff. OR), bei der Stockwerkeigentümergemeinschaft des Sachenrechts des ZGB; allgemein fallen aber auch etwa Normen des Vertragsrechtes in Betracht (z.B. des Arbeitsvertrags- oder des Auftragsrechtes, Art. 319ff., 394ff., je i.V.m. Art. 1ff. OR, etwa im Zusammenhang mit der Wahl oder Abwahl von Exekutivmitgliedern). Die Frage hat allerdings keine allzu grosse praktische Bedeutung, da solche Verstösse in der Regel entweder *Nichtigkeit* zur Folge haben (man denke etwa an Verstösse gegen das BankG, das AFG, das BEHG oder das VAG[159]) oder dann zulässige Abweichungen von dispositivem Recht (etwa Vertragsrecht) beinhalten werden.

113 Jedenfalls bei der Anfechtungsklage i.S.v. Art. 691 Abs. 3 OR (ein Unterfall von Art. 706/706a OR[160]) kann allerdings auch die Verletzung der verschiedensten Normen über die *Vertretung* (vgl. bes. Art. 32ff. OR) von Aktionären aktuell sein, unter Einschluss einschlägi-

---

[157] FORSTMOSER/MEIER-HAYOZ/NOBEL, § 25 N 17, *SCHLUEP* 209, *OKUR* 80, *ROHRER* 49, *DREIFUSS/LEBRECHT*, N 34 zu Art. 808 OR; a.M *HEINI/SCHERRER*, N 12 zu Art. 75 ZGB, *DRUEY* 132/133 bei und in Anm. 4 (wobei aber der Hinweis auf BGE 117 II 290 E. 4c letzter Abs., d.h. S. 296, auf einem Missverständnis beruht: Das Bundesgericht wollte daselbst nicht objektives Gesellschaftsrecht und sonstiges objektives Recht einander gegenüberstellen sondern *objektives* Gesellschaftsrecht und *vertragliche* Vereinbarungen seitens der Gesellschaft, was zutreffend war, vgl. hinten N 116).

[158] Vgl. BGE 81 II 463, AG, 92 II 246, AG, BGE v. 11.6.1963 in ZR 62 Nr. 91 S. 298 E. 3c/ii (in BGE 89 II 134ff. nicht publ.) i.V.m. S. 283 E. I. 1g, GmbH; BJM 1963 S. 164/165 = SAG 1964 S. 21ff., AG.

[159] Vgl. auch *RIEMER*, N 35 i.V.m. N 113ff. zu Art. 75 ZGB, aber immerhin auch den Hinweis auf Art. 706 OR in Art. 22 Abs. 3 BEHG.

[160] BGE 122 III 281.

III. Anfechtungsvoraussetzungen in sachlicher Hinsicht

ger öffentlich-rechtlicher Normen[161]; Entsprechendes kann auch bei anderen Körperschaften von Bedeutung sein (vgl. Art. 886 OR).

Auch eine *Persönlichkeitsverletzung* (Art. 28 ZGB) gegenüber Mitgliedern kommt als Verletzungsgrund in Frage, insbesondere bei der Anfechtungsklage i.S.v. Art. 72/75 ZGB[162]. 114

C. Verletzungen des körperschaftsinternen Rechts, insbesondere der Statuten

1. Allgemeines und Übersicht

Die Anfechtungsklage schützt das Körperschaftsmitglied nicht nur gegen Verletzungen der gesetzlichen sondern auch gegen Verletzungen der *rechtsgeschäftlichen* Grundlagen der Körperschaft. Dabei ist es auch hier ohne Bedeutung, ob es sich um *geschriebene* (nachfolgend Ziff. 2) oder um *ungeschriebene* (nachfolgend Ziff. 3) Grundlagen handelt, und ebensowenig, auf welcher Stufe (Statuten bzw. „Grundgesetz" oder Ausführungserlass) sie stehen. Vorausgesetzt ist stets, dass diese rechtsgeschäftlichen Grundlagen *nicht bloss Spiel- bzw. Sportregeln* sind (vgl. vorn N 70) und dass sie ihrerseits *rechtsbeständig* sind, d.h. weder gegen *zwingendes* objektives Recht verstossen[163] – solche rechtsgeschäftlichen Grundlagen der Körperschaft wären *nichtig* (vgl. hinten N 288) – noch gegen allfällig übergeordnete rechtsgeschäftliche Grundlagen der Körperschaft (soweit letztere Verstösse ihrerseits der Anfechtbarkeit unterlagen und von dieser innert Frist nicht Gebrauch gemacht worden ist, sind sie allerdings „geheilt", d.h. die untergeordnete rechtsgeschäftliche Grundlage ist ihrerseits rechtsbeständig). 115

Erfasst werden aber *nur* Verletzungen der *internen* rechtsgeschäftlichen Grundlagen (betr. übergeordnete *Verbands*statuten vgl. nachfolgend Anm.165). Verletzungen von bestehenden *rechtsgeschäftlichen* (insbesondere *vertraglichen*) Beziehungen der Körper- 116

---

[161] Vgl. BGE 123 III 193ff. sowie *RIEMER*, N 117/118 zu Art. 72 ZGB (betr. *nichtige* Persönlichkeitsverletzungen vgl. BGE 73 II 65ff., 73ff., V, und dazu auch hinten Anm. 497 und 503).
[162] Vgl. BGE 110 II 198.
[163] Vgl. BGE 107 II 183, AG (i.c. Verstoss verneint; ebenso BGE 75 II 156/157, AG).

III. Anfechtungsvoraussetzungen in sachlicher Hinsicht

schaft mit Dritten oder mit Mitgliedern (d.h. soweit mit solchen nicht-körperschaftliche Beziehungen bestehen) fallen für eine Anfechtungsklage nicht in Betracht[164] – können aber selbstverständlich Grund für ein Verlassen der Körperschaft sein – es sei denn, es läge gleichzeitig (konkurrierend) ein Verstoss gegen objektives Recht vor oder dann eine Statutenverletzung[165].

117 Entsprechendes gilt *a fortiori* für Verstösse gegenüber rechtsgeschäftlichen Beziehungen *unter den Mitgliedern* (insbesondere gegenüber *Aktionärbindungsverträgen* und dgl.[166]).

2. Statuten und andere Erlasse

118 Die einschlägigen gesetzlichen Bestimmungen (vgl. vorn N 88) sprechen nur von „Statuten", d.h. vom Grundgesetz der Körperschaft.

119 *Beispiele für Verletzungen von Statuten*[167]*:*
– *Verstoss gegen den Zweckartikel von Vereinsstatuten*[168]*;*
– *Verstoss gegen die statutarischen Einberufungsvorschriften*[169]*;*
– *Verstoss gegen Statutenbestimmung betr. Wahlvorschläge für den Verwaltungsrat einer AG*[170]*;*
– *Verstoss gegen den Zweckartikel einer AG*[171]*;*

---

[164] BGE v. 20.3. 1950 in AGVE 1950 Nr. 10 S. 62/63, AG (betr. einen Arbeitsvertrag des Anfechtungsklägers/Aktionärs), BGE 117 II 296 E. 4c letzter Abs., AG (Treuhandvertrag betr. Kapitalerhöhung).

[165] *RIEMER*, N 6 zu Art. 75 ZGB; vgl. z.B. BGE 75 II 153ff.: Verletzung des *Vertrages* mit dem Verwaltungsratsmitglied einer AG als Statutenverletzung; Verstoss gegen – für die Vereinssektion verbindliche, vgl. *RIEMER*, Vereinskommentar, Syst. Teil N 508, und demgegenüber Art. 925 OR für Genossenschaftsverbände – *Vereins-Verbandsstatuten* durch einen Sektionsbeschluss als Statutenverletzung i.S.v. Art. 75 ZGB (vgl. a.a.O. N 509).

[166] Vgl. BJM 1954 S. 113/114, RB ObG TG 1954 Nr. 11 S. 65, ZR 69 Nr. 101 S. 261 E. VI. 2 = SAG 1972 S. 85ff.; *FORSTMOSER/MEIER-HAYOZ/NOBEL*, § 39 N 160.

[167] Weitere Beispiele von Statutenverletzungen bei Vereinen bei *RIEMER*, N 40 zu Art. 75 ZGB

[168] BGE v. 16.7.1941 in SemJud 1941 S. 593ff. (i.c. verneint).

[169] BGE 103 II 141, AG, und 116 II 715, Gen.

[170] BGE 107 II 183ff. (i.c. verneint).

[171] BGE 99 II 65ff. E. 5 (i.c. verneint).

III. Anfechtungsvoraussetzungen in sachlicher Hinsicht

– *Verstoss gegen eine Statutenbestimmung betr. Entschädigung von Verwaltungsräten einer AG[172].*

Gemeint sind jedoch auch die anderen körperschaftsinternen Erlasse (Ausführungsreglemente der Generalversammlung zu den Statuten; bei der Stockwerkeigentümergemeinschaft also nicht nur der Begründungsakt sondern auch ein Reglement, eine Hausordnung usw.[173]; *besondere* Beschlüsse im Statuten- oder Reglementsrang, die solche Erlasse ergänzen oder materiell ändern sollen, ohne dass sie formell in sie eingegliedert werden sollen).

120

Anfechtbar sind auch Verstösse gegen allfällige ad hoc-Verfahrensbeschlüsse (sofern solche formell und materiell mit dem objektiven und körperschaftsinternen Recht vereinbar sind), etwa wenn nach einem Beschluss betr. offene Wahl oder Abstimmung auch schriftlich („geheim") abgegebene Stimmen mitgezählt wurden.

121

Eine Statuten- bzw. Reglements*verletzung* liegt selbstverständlich dann nicht vor, wenn der Beschluss eine *formelle* Statuten- oder Reglements*änderung* beinhaltet und die diesbezüglichen (wie auch die sonstigen) statutarischen (und gesetzlichen) Vorschriften nicht verletzt wurden. *Sind alle diese Bedingungen erfüllt* (das ist *nicht* der Fall, falls das *Gesetz* eine *formelle* Einfügung in die *Statuten* verlangt, vgl. etwa Art. 626-628, 832/833 OR[174]), so gilt das aber auch für die genannten *besonderen* Beschlüsse[175], z.B. befristete oder auf eine bestimmte Person bezogene Ausserkraftsetzung von statutarischen Bedingungen für die Wählbarkeit in die Exekutive; andernfalls ist der Wahlbeschluss zufolge Statutenverletzung anfechtbar.

122

Soweit Gesetz oder Statuten bestimmte Kompetenzen *anderen Organen* als der GV zuweisen (insbesondere der *Exekutive*) und diese ihrerseits entsprechende, sich an den Kompetenzrahmen haltende *Reglemente* erlassen (vgl. etwa Art. 716b OR betr. das Organisationsreglement des Verwaltungsrates einer AG), ist ein ein solches Reglement verletzender *GV-Beschluss* – da er gegen die gesetzliche oder statutarische Kompetenznorm verstösst – ebenfalls anfechtbar,

123

---

[172] BGE 82 II 150f., 86 II 162ff. (i.c. je verneint); BGE 75 II 155, 84 II 552ff. (i.c. je bejaht).
[173] *MEIER-HAYOZ/REY*, N 128 zu Art. 712m ZGB.
[174] Vgl. hiezu beispielsweise BGE 93 II 31, 35ff. E. 4, Gen, sowie hinten N 284.
[175] *RIEMER*, N 42 zu Art. 75 ZGB; z.T. *a.M. HEINI/SCHERRER*, N 14 zu Art. 75 ZGB.

III. Anfechtungsvoraussetzungen in sachlicher Hinsicht

ausgenommen wiederum bei zulässiger und auch verfahrensmässig unanfechtbarer Kompetenzänderung.

124 Soweit *Beschlüsse anderer Organe* als der Mitgliederversammlung und ihrer Ersatzformen anfechtbar sind (vgl. vorn N 47ff.), so können auch sie dann angefochten werden, wenn sie gegen ihre eigenen Ausführungserlasse (Reglemente) verstossen (und naturgemäss auch dann, wenn sie übergeordnete Erlasse der Körperschaft verletzen).

3. Ungeschriebenes körperschaftsinternes Recht (Übung, Observanz)

125 Auch Verstösse gegen solches Recht sind – entsprechend dem zum objektiven Recht Gesagten – anfechtbar[176]. Andernfalls wäre derartiges Recht nicht durchsetzbar, d.h. *lex imperfecta*, und damit als Rechtsinstitut effektiv bedeutungslos.

---

[176] Vgl. BGE 59 II 264ff., bes. 297/298, AG; *EGGER*, N 16 zu Art. 75, N 2 zu Art. 63 ZGB, *RIEMER*, N 44 Abs. 2 zu Art. 75 ZGB.

IV. Klagelegitimation

A. Aktivlegitimation

1. Der Kreis der Aktivlegitimierten im allgemeinen

Als *zwingendes Mitgliedschaftsrecht* (vgl. vorn N 2ff. sowie hinten bei und in Anm. 578 betr. die Prüfung der Aktivlegitimation *von Amtes wegen*) steht die Anfechtungsklage grundsätzlich *jedem einzelnen Mitglied* zu - und zwar auch ungeachtet allfälliger sonstiger Unterschiede, z.B. aufgrund von Art. 693 OR oder von Art. 892 OR[177] - und *nur* den Mitgliedern der *betreffenden* Körperschaft[178], unter Ausschluss insbesondere von Gläubigern (gewöhnliche und Anleihensgläubiger). 126

Gesetzgebung, Praxis und Lehre haben dazu jedoch verschiedene *Ausdehnungen* und *Einschränkungen* statuiert (nachfolgend Ziff. 2), wo- hingegen bloss *statutarische* Ausdehnungen und Einschränkungen nicht zulässig sind (vgl. vorn N 3 und 7). Im übrigen sind aber noch einige *Spezialfälle* zu erörtern (nachfolgend Ziff. 3). Von Bedeutung ist sodann auch die Frage der Aktivlegitimation im Falle des *Erwerbs oder Verlusts der Mitgliedschaft* im rechtlich relevanten Zeitraum, d.h. von der Fällung des angefochtenen Beschlusses bis zur Rechtskraft des Anfechtungsurteils (nachfolgend Ziff. 4). 127

Im übrigen ist darauf hinzuweisen, dass *mehrere* - unter sich unabhängige - *Aktivlegitimierte* den Anfechtungsprozess als *einfache Streitgenossen* führen können[179]. 128

---

[177] d.h. anfechtungslegitimiert gegenüber Beschlüssen einer DV sind auch Genossenschafter, die ihr nicht angehören; unzutreffend die Einschränkung bei *GUTZWILLER*, N 27, a.E., zu Art. 891 OR.

[178] Vgl. auch BGE 48 II 362 (als allgemeines Prinzip), 51 II 534 E. 7, V; BGE 112 II 359f., AG, 115 II 473 E. 3b, AG, ferner BGE 72 II 102 i.V.m. 97, Gen (vgl. hiezu auch hinten Anm. 255), BGE 119 II 408 (Stw).

[179] Vgl. *FRANK/STRÄULI/MESSMER*, N 7 zu § 40 ZPO ZH; betr. Fälle von *notwendiger* Streitgenossenschaft vgl. hinten N 157, 158, 160.

2. Ausdehnungen und Einschränkungen

a) Ausdehnungen

aa) Übersicht

129 Bei der *AG* und bei der *Genossenschaft* werden auch der *Verwaltungsrat* bzw. die *Verwaltung* für aktivlegitimiert erklärt (vgl. Art. 706 Abs. 1, Art. 891 Abs. 1 Satz 1 OR sowie im einzelnen nachfolgend lit. bb).

130 Sodann sind bei der *AG*, im Unterschied zum früheren Recht[180], auch die *Partizipanten* (Art. 656a ff. OR) anfechtungslegitimiert (vgl. Art. 656a Abs. 2 OR und auch Art. 656c Abs. 1 und 2 OR, wonach das Anfechtungsrecht nicht in die Kategorie der „mit dem Stimmrecht zusammenhängenden Rechte" - welches der Partizipant grundsätzlich nicht hat - fällt[181]).

131 Ob bei der *AG Genussscheinberechtigte* (Art. 657 OR) anfechtungsberechtigt sind, ist umstritten[182]. Der verneinenden Ansicht ist m.E. der Vorzug zu geben: Rein pekuniär rückt das Gesetz diese Personen zwar in die Nähe von Aktionären und Partizipanten (Art. 657 Abs. 2 OR), von ihrer sonstigen Rechtsstellung her aber in diejenige von Anleihensgläubigern (Art. 657 Abs. 4 OR), für welche das Gesetz eigene, besondere Normen für ihr Verhältnis zur Gesellschaft aufgestellt hat (vgl. bes. Art. 1164 Abs. 1 OR); anderseits enthält das Gesetz - im Unterschied zu den genannten Bestimmungen über die Partizipanten - keinerlei Normen, die die hier in Frage stehende Gleichbehandlung mit den Aktionären stützen.

132 Bei jenen *Vereinsverbänden*, bei denen der Mitgliederkreis aus den selbständigen Sektionen besteht (in allen anderen Fällen stellt sich die Frage nicht), lässt die bundesgerichtliche Praxis auch ein

---

[180] BGE 105 Ib 177.
[181] Vgl. auch *FORSTMOSER/MEIER-HAYOZ/NOBEL*, § 25 N 46, *BÖCKLI*, Rz 1901, *DREIFUSS/LEBRECHT*, N 4 zu Art. 706 OR, *DRUEY* 151/152, *KUNZ* 60/61.
[182] Verneinend - *e contrario* - BGE 115 II 473 E. 3a; *KUNZ* 61; bejahend *BÖCKLI* Rz 1901; unentschieden *FORSTMOSER/MEIER-HAYOZ/NOBEL*, § 25 N 47; bejahend bei entsprechender *statutarischer* Grundlage *DREIFUSS/LEBRECHT*, N 4 zu Art. 706 OR, und *DRUEY* 152 Anm. 76, vgl. hiezu aber vorstehend N 127 bzw. vorn N 3 und 7.

IV. Klagelegitimation

Anfechtungsrecht der *Sektionsmitglieder* zu, obwohl diese nur *mittelbare* bzw. *indirekte* Mitglieder des Verbandes sind[183]. Für *Genossenschaftsverbände* (Art. 921ff. OR) wird Entsprechendes angenommen[184]. *Keine* entsprechenden Verhältnisse bestehen dagegen unter *Aktiengesellschaften*; der Aktionär einer Muttergesellschaft kann daher Beschlüsse einer Tochtergesellschaft, obwohl er als deren indirekter bzw. mittelbarer Aktionär angesehen werden kann, nicht anfechten, vielmehr kann dies nur die Muttergesellschaft selbst tun. Ebensowenig haben andere „indirekte Aktionäre" ein Anfechtungsrecht, wie etwa ein Mitglied eines Vereins oder einer Genossenschaft der/die Aktionär/in ist.

Bezüglich *weiterer Personen* bestehen *keine* Ausdehnungen im Sinne des Gesagten, seien es gewöhnliche Gläubiger[185] oder Anleihensobligationäre (vgl. Art. 1157ff. OR), seien es sonstige Drittpersonen, wie namentlich Geschäftspartner aller Art. 133

bb) Verwaltungsrat bzw. Verwaltung im besonderen

Das Gesetz gewährt auch (und sogar an erster Stelle) dem Verwaltungsrat als *Organ* der *AG* bzw. der Verwaltung als *Organ* der *Genossenschaft* (aber nicht etwa der betreffenden juristischen Person als solcher) ein Anfechtungsrecht und damit prozessuale *Parteifähigkeit* (wobei diesfalls - wegen der in einem solchen Falle bestehenden Interessenkollision - der nach kantonalem Recht zuständige Richter einen unabhängigen „Vertreter" für die Körperschaft zu bestellen hat, Art. 706a Abs. 2, 891 Abs. 1 Satz 2 OR[186]). Entsprechendes (Anfechtungsrecht eines Geschäftsführungsorgans i.S.v. Art. 811/812 OR) wird aufgrund von Art. 808 Abs. 6 OR auch 134

---

[183] nicht. publ. BGE v. 2.10.1969 i.S. P.H. c. E.J. E. 2b Abs. 3 S. 7, BGE 119 II 276

[184] ZBJV 97 (1961) S. 292/293, *BE*; *GUTZWILLER*, N 27 und *MOLL*, N 8 zu Art. 891 OR.

[185] BGE 64 II 150, 151/152, AG, 115 II 473 E. 3b, AG; *FORSTMOSER/ MEIER-HAYOZ/NOBEL*, § 25 N.48, *DREIFUSS/LEBRECHT*, N 4 zu Art. 706 OR.

[186] BGE 122 III 283/284; *DREIFUSS/LEBRECHT*, N 7 zu Art. 706a OR; betr. die sachliche Zuständigkeit z.B. im Kanton Zürich vgl. § 219 Ziff. 18 ZPO ZH: Einzelrichter im summarischen Verfahren.

IV. Klagelegitimation

für die *GmbH* angenommen[187], wobei die Analogie zu Art. 706 Abs. 1 und 891 Abs. 1 Satz 1 OR (vgl. auch nachfolgend) verlangt, dass bei einer mehrstufigen Exekutive nur das *oberste* Exekutivorgan anfechtungslegitimiert ist[188]. Dieses Organ-Klagerecht schliesst ein Klagerecht des einzelnen *Organmitgliedes als solches* aus, nicht aber in seiner - allfälligen (vgl. Art. 707, 812 Abs. 1, 894 OR) - Eigenschaft als „gewöhnliches" Mitglied der Körperschaft[189], in welchem Falle aber auch kein besonderer „Vertreter" zu bestellen ist, vielmehr ist die Körperschaft durch ihre „Restexekutive" zu vertreten[190]. Daraus ergibt sich auch, dass das Organ-Klagerecht auf einem blossen *Mehrheitsbeschluss* des Organs beruhen kann[191].

135 *Anderen Organen*, wie etwa der Revisionsstelle bei der AG[192] bzw. der Kontrollstelle bei anderen Körperschaften, Ausschüssen (Art. 716a Abs. 2, 897 OR), Geschäftsführern, Verwaltungsratsdelegierten, Direktoren usw. bei AG und Genossenschaft (Art. 716b Abs. 1 und 2, 718 Abs. 2, 721, 726 Abs. 1, 898, 905 Abs. 1 OR) steht ein solches Anfechtungsrecht nicht zu; *Sonderfall*: Art. 924 Abs. 2 OR („Verwaltung" eines Genossenschaftsverbandes gegenüber seinen Mitgliedgenossenschaften, wobei hiefür die Ansicht vertreten wird, das Anfechtungsrecht stehe dem Verband als solchem zu[193]).

136 *Soweit die Liquidation nicht ohnehin durch den Verwaltungsrat (Art. 740 Abs. 1 OR) bzw. das entsprechende Organ bei der GmbH (Art. 823 OR) bzw. durch die Verwaltung (Art. 913 Abs. 1 OR) besorgt wird, wird man immerhin den Liquidatoren - als weitgehendem „Ersatz-Verwaltungsrat" (vgl. Art. 739 Abs. 2 OR) - ebenfalls die Anfechtungslegitimation zugestehen müssen*[194].

137 *Entsprechendes gilt für einen* Beistand *i.S.v. Art. 393 Ziff. 4 ZGB.*

---

[187] JANGGEN/BECKER, N 19, W. v. STEIGER, N 14, *DREIFUSS/ LEBRECHT*, N 38, a.E., zu Art. 808 OR, *WOHLMANN* 104, *GUHL/ KUMMER/DRUEY* 728.
[188] a.M. offenbar *JANGGEN/BECKER*, a.a.O.
[189] Vgl. zu beidem BGE 75 II 153/154, AG.
[190] nicht publ. BGE v. 3.4.1991 i.S. F.G. c. J.L. etc. E. 4c S. 7/8, Verein; Rep 1991 S. 464 = SZW 1993 S. 310 Nr. 145, AG; *BÜRGI*, N 57 zu Art. 706 OR, *DREIFUSS/LEBRECHT*, N 8 zu Art. 706a OR.
[191] Vgl. *BÜRGI*, N 57, a.E., zu Art. 706 OR.
[192] AB OW 1982/83 Nr. 17 S. 62; *FORSTMOSER/MEIER-HAYOZ/NOBEL*, § 25 N 51.
[193] *SCHMID*, N 9 zu Art. 924 OR.
[194] Im Ergebnis ebenso *PLANGG* 20, *ROHRER* 80.

Betr. weitere Einzelheiten hinsichtlich der - selten aktuellen[195] - 138
Aktivlegitimation der Verwaltung bei der AG vgl. die Diss. PLANGG.

Für *Vereine* ist eine Klagelegitimation des Vorstandes im Gesetz 139
nicht vorgesehen. Die Frage wurde vom Bundesgericht letztlich offen gelassen[196]. M.E. bedürfte eine derartige prozessuale „Singularität"[197], wie sie das Klagerecht bzw. die Parteifähigkeit einer nicht rechtsfähigen Personenmehrheit darstellt, einer spezifischen gesetzlichen Grundlage; mangels Bestehens einer solchen ist daher die Frage bei Vereinen zu verneinen[198].

Für die *Stockwerkeigentümergemeinschaft* wird mangels gesetzlicher 140
Grundlage ein Anfechtungsrecht des Verwalters verneint[199]. Dieser bedarf in derartigen Prozessen selbst zur Vertretung der beklagten Gemeinschaft einer besonderen Ermächtigung i.S.v. Art.. 712t Abs. 2 ZGB[200]. Auch einem Ausschuss fehlt die Aktivlegitimation[201].

b) Einschränkungen

Abgesehen vom bereits genannten allgemeinen Verbot des 141
Rechtsmissbrauchs (vgl. vorn N 82) sind hier noch einige *Sonderfälle* (mit Ausnahme des Falles der Ausschliessung und desjenigen des Eingriffs in Mitgliedschaftsrechte ebenfalls Anwendungsfälle des Rechtsmissbrauchsverbots) zu nennen.

aa) Zustimmung

Zustimmung zum angefochtenen Beschluss (einschliess- 142
lich Stimmabgabe für einen Kandidaten, dessen Wahl angefochten wird) schliesst die Aktivlegitimation zur Anfechtungsklage aus (Art.

---

[195] Vgl. immerhin etwa BGE 81 I 395.
[196] BGE v. 3.12.1945 in JdT 1946 I S. 141/142 E. 3b, welche in BGE 71 I 383ff. nicht publ. ist; im nicht publ. BGE v. 3.4.1991 i.S. F.G. c. J.L. etc. E. 3 S. 6 wurde auf sie nicht eingetreten.
[197] Vgl. *GULDENER* 127.
[198] a.M. *HEINI/SCHERRER*, N 16 zu Art. 75 ZGB; widersprüchlich *EGGER*, N 7 und 27 zu Art. 75 ZGB.
[199] AB OW 1990/91 Nr. 12 S. 59; *MEIER-HAYOZ/REY*, N 138 zu Art. 712m ZGB.
[200] PKG 1984 Nr. 26 = ZBGR 71 (1990) Nr. 30 S. 152ff.
[201] Vgl. *MEIER-HAYOZ/REY*, a.a.O.

IV. Klagelegitimation

75 ZGB, Art. 712m Abs. 2 ZGB[202]; die Geltung einer entsprechenden Regel wird auch für die Körperschaften des OR - welche keine entsprechende ausdrückliche gesetzliche Regelung enthalten, auch nicht die revidierten Art. 706/706a OR - angenommen[203]). Dabei schliesst die Zustimmung zum Sachbeschluss auch die spätere Geltendmachung ihm zugrundeliegender Formfehler aus[204].

143 Als *rechtshindernde* Tatsache ist die Zustimmung nötigenfalls von der beklagten *Körperschaft* zu *beweisen*[205].

144 *Keine* Zustimmung liegt vor bei - aus welchen Gründen auch immer erfolgter - Abwesenheit (sei es von der Versammlung überhaupt[206], sei es durch Nichtteilnahme an der betreffenden Abstimmung oder Wahl), bei Abgabe einer Stimme, die auf „Nein" oder einen anderen Kandidaten lautet, Stimmenthaltung, ungültiger Stimmabgabe (z.B. wegen Formmangels, etwa durch Nichtverwendung des vorgeschriebenen Wahlzettels).

145 *Keine Zustimmung hinsichtlich der übrigen Beschlüsse liegt vor bei Genehmigung einzelner Beschlüsse, ferner bei blosser Genehmigung der* Traktandenliste *oder bei blosser Stellung eines eigenen Antrages, es sei denn bei Fassung eines entsprechenden Beschlusses*[207]. *Je keine Zustimmung wurde zu Recht auch aus den folgenden Verhaltensweisen abgeleitet: Nichtopposition gegenüber den einzelnen Artikeln bei einer Statutenrevision, wobei diese aber bei der Schlussabstimmung als Ganzes abgelehnt wurde, Antrag auf Aufschiebung der sofortigen Inkraftsetzung der Statutenrevision, spätere vorbehaltlose Bezahlung des Mitgliederbeitrages*[208]. *Ganz allgemein ist das Verhalten (Votum, Stillschweigen) in der einer Beschlussfas-*

---

[202] Vgl. *RIEMER*, N 53/54 zu Art. 75 ZGB, *MEIER-HAYOZ/REY*, N 136 zu Art.712m ZGB.

[203] Vgl. BGE 74 II 43, AG, 99 II 57, AG; *SIEGWART*, Einl. N 79, a.E., *FORSTMOSER/MEIER-HAYOZ/NOBEL*, § 25 N 45, *MOLL*, N 9 zu Art. 891 OR, *PATRY* II S. 242.

[204] SAG 1966 S. 250/251, *LU*, betr. eine AG, RVJ 1975 S. 118, Gen.

[205] Vgl. *RIEMER*, N 57 zu Art. 75 ZGB; *a.M.* möglicherweise *MOLL*, a.a.O.

[206] Vgl. BGE 74 II 42f., AG, 90 II 347, V, 99 II 57, AG.

[207] ZR 74 Nr. 28, AG; *a.M.* betr. Genehmigung der Traktandenliste RVJ 1975 S. 118, Gen, doch war dort das Klagerecht aufgrund anderer Verhaltensweisen ohnehin ausgeschlossen, vgl. vorn bei Anm. 204 und hinten Anm. 213.

[208] BJM 1992 S. 41/42, V.

IV. Klagelegitimation

sung vorangegangenen Diskussion *nicht als Zustimmung zu qualifizieren.*

Ebenfalls *keine* Zustimmung im Sinne des Gesagten liegt vor bei einer Zustimmung unter einem *Willensmangel* (Art. 23-30 OR); betr. die *Frist* (Art. 31 OR) vgl. hinten N 203ff. 146

Hingegen ist auch eine - ausdrückliche oder stillschweigende - *nachträgliche* Zustimmung bzw. Genehmigung eine solche im Sinne des Gesagten[209]. 147

Immerhin ist in den meisten genannten Fällen der Nichtzustimmung rechtsmissbräuchliche Berufung darauf (venire contra factum proprium) *denkbar (z.b. wenn bei Erscheinen des abwesend gewesenen Anfechtungsklägers die Fassung eines anfechtbaren Beschlusses voraussichtlich hätte vermieden werden können oder wenn jemand durch sein Votum wesentlich zum Zustandekommen eines Beschlusses beiträgt, dieser dann aber ohne weiteres - zufolge Stimmenthaltung oder bei einer Nein-Stimme - anficht; auch der Anfechtungsklage desjenigen, der sich für einen Kandidat eingesetzt, beim Wahlgang aber Stimmenthaltung geübt hat[210], kann u.U. Rechtsmissbrauch entgegengehalten werden).* 148

Betr. Zustimmung bei *Willensvollstreckung* vgl. hinten N 161. Ohne eine Willensvollstreckung können Erben nur *gemeinsam* rechtsgültig zustimmen. Entsprechendes gilt auch für *andere gemeinschaftliche Mitgliedschaftsrechte* andere Gesamt-Berechtigungen oder dann Mit-Berechtigungen). 149

bb) Sonstige Fälle

Gegen Gesetz oder Statuten verstossen auch Beschlüsse, die *als solche (inhaltlich)* einwandfrei, aber unter Verletzung von *Verfahrens*vorschriften *(z.B.* Art. 67 Abs. 3 ZGB, Art. 700 OR) gefasst worden sind (vgl. vorn bei Anm. 133 und bei Anm. 169). Dabei ist der im öffentlichen Recht (Volksabstimmungen, Gemeindeversammlungen usw.) relativ häufig aktuelle Grundsatz, wonach Verfahrensmängel, soweit rechtzeitig erkennbar *und noch behebbar, vor* 150

---

[209] Vgl. BGE 46 II 316/317, Gen (i.c. verneint), und auch BGE v. 29.9.1959 in PKG 1959 Nr. 13 S. 80, Gen (Vorliegen i.c. offen gelassen, da wegen Grundlagenirrtums Genehmigung auf alle Fälle unverbindlich, vgl. hiezu auch hinten Anm. 289 und Anm. 313).

[210] Vgl. *HEINI/SCHERRER*, N 18 zu Art. 75 ZGB.

IV. Klagelegitimation

der Beschlussfassung zu rügen sind, andernfalls das Anfechtungsrecht verwirkt ist[211], aufgrund von Art. 2 Abs. 2 ZGB auch im Privatrecht als anwendbar anzusehen[212]. Beispiel: Verletzung einer statutarischen Vorschrift auf geheime Wahl oder Abstimmung.

151 Demgegenüber ist beispielsweise die „gehörige Ankündigung" im Sinne der genannten Bestimmungen offensichtlich nicht mehr verbesserbar (abgesehen vom Falle der Universalversammlung). Dennoch verlangt die privatrechtliche Praxis auch hier eine Rüge, damit das Anfechtungsrecht nicht untergeht[213]. Das ist nur dann zutreffend wenn man davon ausgeht, bereits der Verzicht darauf, die Versammlung aufzufordern, von der Fassung eines gesetzes- oder statutenwidrigen Beschlusses überhaupt abzusehen, sei rechtsmissbräuchlich bzw. es liege darin ein Verzicht auf die Geltendmachung des Mangels, was recht weit geht.

152 Bei Beschlüssen, die *als solche (inhaltlich)* gegen Gesetz oder Statuten verstossen, genügt dagegen grundsätzlich die Nichtzustimmung; eine vorgängige generelle Rüge- bzw. Protestpflicht besteht nicht[214], doch sind auch hier Fälle von rechtmissbräuchlichem Unterlassen einer Rüge denkbar, was die spätere Anfechtungslegitimation ausschliesst. Sonderfall: Art. 691 Abs. 2 und 3 OR.

153 Eine Anfechtungsklage kann auch deswegen rechtsmissbräuchlich sein, weil die Mitgliedschaft in der Körperschaft durch den Kläger überhaupt *nur zwecks Klageerhebung* bzw. Einschaltung in einen pendenten (oder bevorstehenden) Konflikt erworben wurde[215].

---

[211] Vgl. etwa BGE 121 I 1ff.
[212] Vgl. *RIEMER*, N 59 zu Art. 75 ZGB.
[213] Vgl.BGE 78 III 47, Gen; ZR 74 Nr. 28 Reg. und S. 58 Sp. 2, wo für das Anfechtungsrecht die anlässlich der Generalversammlung erhobene *Rüge* der gegen altArt. 696 OR (Auflage spätestens 10 Tage vor der GV) verstossenden Nichtvorlage des Geschäftsberichtes i.S.v. altArt. 724 OR als wesentlich angesehen wurde; RVJ 1975 S. 118: Verwirkung des Anfechtungsrechtes, da keine Einrede trotz Verletzung der 10 Tage-Frist des Art. 856 OR; RVJ 1984 S. 106/107: sinngemäss für Verwirkung des Klagerechts mangels Rüge bei einer aufgrund der Vereinsstatuten um einen Monat zu früh einberufenen Vereinsversammlung; z.T. widersprüchlich *BÜRGI*, N 28/N 59 zu Art. 706 OR, je a.E.
[214] Auch BGE 99 II 57, AG, hat nicht diese Meinung.
[215] nicht publ. BGE v. 27.3.1936 i.S. O.B. c. U.H. etc. S. 5/6 E. 1 Abs. 2, Verein; *a.M.* BGE v. 25.6.1991 in AJP 1/92 S. 111 E. 2b, welche in BGE 117 II 290ff. nicht publ. ist, AG; vgl. hiezu auch vorn bei und in Anm. 122.

IV. Klagelegitimation

Eine Anfechtungsklage ist schliesslich auch dann rechtsmissbräuchlich, wenn sie *nur zwecks Schädigung der Gesellschaft* oder *nur zwecks Erlangung von Vorteilen* für den Kläger („Abkaufen" des Klagerückzuges) erhoben wurde[216]. 154

Im Falle der Anfechtung (Art. 75 ZGB) einer *Ausschliessung aus einem Verein* (Art. 72 ZGB) ist davon auszugehen, dass die Klage *nur dem Ausgeschlossenen* zustehe, da die gegenteilige Auffassung darauf hinausliefe, dem Ausgeschlossenen die weitere Mitgliedschaft aufzuzwingen[217]. Bei der *Genossenschaft* hat denn auch bereits der Gesetzgeber das besondere Ausschliessungs-Anfechtungsrecht nur für den „Ausgeschlossenen" vorgesehen (Art. 846 Abs. 3 Satz 3 OR). Ebenso ist gegenüber allen intern endgültig entscheidenen Organen, gegen deren Entscheidungen nur bei Eingriff in *Mitgliedschaftsrechte* eine Anfechtbarkeit gegeben ist (vgl. vorn N 48), eine Anfechtungslegitimation *nur der unmittelbar betroffenen Mitglieder* anzunehmen, da die anderen Mitglieder gar nicht Adressaten eines solchen Entscheides sind[218]. 155

3. Spezialfälle

a) Verein und Stockwerkeigentümergemeinschaft

Beim *Verein* sind *sämtliche Mitgliedschaftskategorien* anfechtungslegitimiert[219], insbesondere auch *ad hoc* gemäss Art. 68 ZGB vom Stimmrecht ausgeschlossene wie auch allfällig generell - aufgrund ihrer Mitgliedschaftskategorie - stimmrechtslose Mitglieder[220]. 156

Steht mehreren Personen ein Vereins-Mitgliedschaftsrecht gemeinschaftlich zu, so wird es sich in der Regel um ein Gesamthandverhältnis nach Massgabe der jeweils einschlägigen Normen (Art. 157

---

[216] BGE v. 25.6.1991 in AJP 1/92 S. 111 E. 2b, welche in BGE 117 II 290ff. nicht publ. ist, AG.
[217] *RIEMER*, N 51 zu Art. 75 ZGB i.V.m. N 81 und 87 zu Art. 72 ZGB, mit Hinweisen.
[218] Vgl. *RIEMER*, N 20 zu Art. 75 ZGB.
[219] Vgl. im einzelnen *RIEMER*, N 51/52 zu Art. 75 ZGB.
[220] So betr. Letzteres nicht publ. BGE v. 27.3.1936 i.S. O.B. c. U. etc. S. 7 E. 2 Abs. 3.

IV. Klagelegitimation

602 Abs. 2 ZGB, Art. 543/544 OR) *handeln*[221], wobei die Anfechtungsklage nur durch bzw. für (Vertreter/Beauftragter) alle Gesamtberechtigten gemeinsam *erhoben werden kann;* auch bei einer Mit-Berechtigung kann nur durch bzw. *für alle Mitberechtigten gemeinsam gehandelt werden,* d.h. es kann der einzelne Mit-Berechtigte allein nicht gültig Anfechtungsklage erheben (notwendige Streitgenossenschaft). Bei einer allfälligen fiduziarischen *Vereinsmitgliedschaft*[222] ist nur der Fiduziar Mitglied und anfechtungslegitimiert.

158 Beim *Stockwerkeigentum* kann bei *gemeinschaftlichem* Eigentum an einer Einheit Art. 712o Abs. 1 ZGB (Ausübung des Stimmrechtes) *analog* angewendet werden[223], d.h. solche Eigentümer sind unter sich - als notwendige Streitgenossenschaft - nur *gemeinschaftlich aktivlegitimiert,* wobei sie einen Vertreter (aus ihrem Kreis oder von ausserhalb) ernennen können, der in ihrem Namen handelt. Sie können allerdings auch ohne Ernennung eines Vertreters gemeinsam Anfechtungsklage erheben.

159 Bei der *Nutzniessung* an einer *Stockwerkeigentumseinheit* erscheint dagegen eine Analogie zur „Ausübung des Stimmrechts" (Art. 712o Abs. 2 ZGB)[224] als fragwürdig, da die Stimmrechtsausübung in der Stockwerkeigentümerversammlung und die Legitimation zur Anfechtungsklage sich in Bedeutung und Auswirkungen wesentlich voneinander unterscheiden; aufgrund der gesetzlichen Regelung (Art. 712m Abs. 2 i.V.m. Art. 75 ZGB) ist nur der Eigentümer als anfechtungslegitimiert anzusehen. Da bezüglich der Stimmrechtsausübung (Art. 712o Abs. 2 ZGB) das *Wohnrecht* - als Spezialfall der Nutzniessung (Art. 776 Abs. 3 ZGB) - an einer *Stockwerkeigentumseinheit* gleich zu behandeln ist wie die Nutzniessung an einer solchen[225], muss das Gesagte auch für die hier in Frage stehende Anfechtungslegitimation gelten. *Keine* Anfechtungslegitimation kommt dem Pfand-(Hypothekar) Gläubiger zu.

---

[221] Vgl. auch *RIEMER*, N 8, 10 zu Art. 70 ZGB.
[222] Vgl. a.a.O. N 29.
[223] Weitergehend offenbar *MEIER-HAYOZ/REY*, N 37 zu Art. 712m ZGB: Aktivlegitimation des Vertreters.
[224] AB OW 1990/91 Nr. 12 S. 59; *MEIER-HAYOZ/REY*, N 137/138 zu Art. 712m ZGB.
[225] *MEIER-HAYOZ/REY*, N 13 zu Art. 712o ZGB.

b) Aktiengesellschaft

Bei der Aktiengesellschaft sind *gemeinschaftlich* (Mit- oder Gesamt-) Berechtigte (vgl. z.B. Art. 222 Abs. 2 ZGB - während sonst das eheliche Güterrecht als solches nicht zu einer gemeinschaftlichen Berechtigung führt - bzw. Art. 228 Abs. 1 ZGB, wobei Abs. 2 generell als auf eine Prozessführung nicht anwendbar angesehen wird[226]; Art. 602 Abs. 2, 646, 652/653 ZGB; Art. 544 Abs.1 OR) - abgesehen vom Fall der Sammelverwahrung[227] - nur gemeinschaftlich aktivlegitimiert und können daher auch nur gemeinschaftlich Klage erheben (notwendige Streitgenossenschaft[228]), sei es mit Hilfe eines gemeinsamen Vertreters (analog Art. 690 Abs. 1 OR) - Drittperson oder aus ihrem Kreise stammend -, sei es ohne einen solchen[229]. Die gemeinsame Klage ohne Vertreter ist - angesichts der materiell unerheblichen Auswirkungen - trotz Art. 690 Abs. 1 OR (der sich nur auf das Verhalten in der Generalversammlung bezieht) bei einer Anfechtungsklage unproblematisch, im Unterschied zu anderen Aktionärsrechten, wie namentlich die Ausübung des Stimmrechtes in der Generalversammlung. Hingegen ist es fragwürdig, analog Art. 690 Abs. 2 OR nur dem *Nutzniesser*[230] oder dann sowohl dem Eigentümer als auch dem Nutzniesser[231] die Anfechtungslegitimation zuzugestehen. Art. 690 OR bezieht sich nur auf die „Teilnahme an der Generalversammlung" (Art. 689ff. OR), d.h. insbesondere auf das Stimmrecht, Art. 706 OR hingegen auf die Anfechtungsklage, wobei diese Bestimmung bezüglich der Klagelegitimation eine besondere, eigene Regelung enthält, die, soweit vorliegend von Interesse, nur vom „Aktionär" spricht[232]; im übrigen ist auch hier auf den wesentlichen Unterschied zwischen Stimmrecht und Anfechtungsrecht hinzuweisen, wobei das Anfechtungsrecht nicht einmal ein „mit dem Stimmrecht zusammenhängendes Recht" ist (vgl. nachfolgend N 165).

160

---

[226] Vgl. *HAUSHEER/REUSSER/GEISER*, N 45 zu Art. 227/228 ZGB.
[227] Vgl. *FORSTMOSER/MEIER-HAYOZ/NOBEL*, § 45 N 9, a.E.
[228] Vgl. Rep 1976 S. 229 betr. eine Erbengemeinschaft.
[229] *a.M. BÜRGI* N 50 zu Art. 706 OR: „nur durch einen gemeinsamen Vertreter"; ebenso *ROHRER* 76/77.
[230] *FORSTMOSER/MEIER-HAYOZ/NOBEL*, § 45 N 22, *KUNZ* 63.
[231] ZR 39 Nr. 97 S. 218/219; *BÜRGI*, N 51 zu Art. 706 OR, *ROHRER* 76.
[232] Daher zu Recht *gegen* eine Anfechtungslegitimation des Nutzniessers *OKUR* 106ff.

IV. Klagelegitimation

161 Im Falle der gemeinschaftlichen Berechtigung einer *Erbengemeinschaft* ist bei Bestehen eines *Willensvollstreckers* allein dessen Entscheid bezüglich der Klage massgebend, und zwar auch hinsichtlich der die Anfechtungslegitimation ausschliessenden Zustimmung (vgl. vorn N 149) zum in Frage stehenden Beschluss[233]. Eine derartige Anfechtungsklage darf dabei durchaus zu den „Verwaltungs-" Befugnissen des Willensvollstreckers (Art. 518 Abs. 2 ZGB) gezählt werden, zumal es gegebenenfalls auch zu seinen Aufgaben gehört, an der Generalversammlung einer AG teilzunehmen[234], falls zu dem von ihm verwaltetem Nachlass entsprechende Aktien gehören. Im übrigen hat der Willensvollstrecker (auch) eine derartige Anfechtungsklage *in eigenem Namen* (sog. Prozessführungsbefugnis oder Prozessstandschaft) zu erheben, wohingegen die Erben (auch) von einer solchen Klage ausgeschlossen sind[235]. Entsprechendes gilt aber *nicht*[236] für den Inhaber der elterlichen Gewalt oder eines vormundschaftlichen Amtes (Vormund, Beirat, Beistand; vorläufiger Amtsinhaber i.S.v. Art. 386 ZGB) und auch *nicht* für den Konkursverwalter, d.h. die betreffenden Personen sind *nicht persönlich aktivlegitimiert* bzw. *klagen nicht in eigenem Namen* sondern im Namen des Vertretenen, wobei u.U. eine besondere behördliche Zustimmung erforderlich ist (vgl. bes. Art. 421 Ziff. 8 ZGB und demgegenüber Art. 304 Abs. 3 ZGB).

162 Der aus *Pfandrecht* an einer Aktie Berechtigte (Art. 899ff. ZGB, vgl. bes. Art. 905 ZGB) ist *nicht* „Aktionär" i.S.v. Art. 706 OR und daher *nicht* anfechtungslegitimiert[237]; gegenteils ergibt sich aus Art. 689b Abs. 2 OR (für Inhaberaktien), dass nur eine Anfechtung *im Namen des Aktionärs* in Frage kommt.

163 *Treuhänderische (fiduziarische)* Innehabung von Aktien, sofern gültig[238], bedeutet, *dass*[239] - und *nur*[240] - der Treuhänder (Fiduziar),

---

[233] Rep 1976 S. 229ff.
[234] ESCHER, N 7 zu Art. 518 ZGB, *PIOTET*, SPR IV/1 S. 160.
[235] Vgl. zur allgemeinen Frage BGE 116 II 134; *VOGEL*, 5. K. N 39, unter Hinweis auf die gleiche Rechtslage für den *amtlichen Erbschaftsverwalter* i.S.v. Art. 554 ZGB und für den *amtlichen Erbenvertreter* i.S.v. Art. 602 Abs. 3 ZGB.
[236] Entgegen *ROHRER* 75.
[237] *ROHRER* 76, *KUNZ* 63.
[238] Vgl. BGE 117 II 295f.; *FORSTMOSER/MEIER-HAYOZ/NOBEL*, § 45 N 36ff.

IV. Klagelegitimation

nicht der Treugeber (Fiduziant) anfechtungslegitimiert ist. Das gilt aber nicht, solange der Treuhandvertrag noch nicht vollzogen ist, ebensowenig nach seiner Aufhebung und der Rückgabe der Aktien[241].

Auch bei *Anlagefonds* ist nicht der einzelne Anleger sondern ausschliesslich die Fondsleitung zur Anfechtungsklage legitimiert (vgl. auch Art. 11 Abs. 1 AFG, a.E.). Entsprechendes gilt für *Anlagestiftungen* sowie für *Pensionskassen* aller Art. 164

Anfechtungslegitimiert sind *alle Aktionärskategorien*[242], d.h. insbesondere auch *Aktionäre i.S.v. Art. 685f OR* (Art. 685f Abs. 2 Satz 2 OR; das Anfechtungsrecht ist *kein* „mit dem Stimmrecht zusammenhängendes Recht" i.S.v. Satz 1, vgl. auch vorn N 160, a.E.[243]). 165

Hat der *Eintrag von Namenaktien ins Aktienbuch* (Art. 686, 689a Abs. 1 OR) für den Erwerb der Aktionärsstellung - im Unterschied zu einer früheren Bundesgerichtspraxis[244] - keine Konstitutivwirkung[245], so hängt davon auch nicht die Anfechtungslegitimation i.S.v. Art. 706 OR ab, d.h. es ist auch ein (noch) nicht eingetragener Aktionär - sofern er diese Rechtsstellung rechtsgültig erworben hat - anfechtungslegitimiert[246], während eine zu Unrecht eingetragene Person dies nicht ist. Entsprechendes gilt für den *Besitz an Inhaberaktien* (Art. 689a Abs. 2 bzw. altArt. 689 Abs. 4 OR), d.h. der wirkliche Aktionär/Aktieneigentümer ist anfechtungslegitimiert, auch wenn er nicht Besitzer der Aktie ist, während der unbefugte Besitzer nicht legitimiert ist[247]. 166

Inhaber von *Interimsscheinen* i.S.v. Art. 688 OR sind Aktionäre, so dass sie ebenfalls anfechtungslegitimiert sind. 167

Entsprechendes gilt für Aktionäre, deren Aktienerwerb *resolutivbedingt* ist, bis zum Eintritt der Resolutivbedingung. 168

---

[239] Vgl. BGE 81 II 541: „alle Rechte eines Aktionärs"; ebenso BGE v. 15.11.1977 in SemJud 1978 S. 520/521.
[240] Vgl. BGE 115 II 471, a.E., und implizit auch 473f.
[241] SemJud 1952 S. 108.
[242] *KUNZ* 59.
[243] Sowie *FORSTMOSER/MEIER-HAYOZ/NOBEL*, § 25 N 42, *DREIFUSS/LEBRECHT*, N 4 zu Art. 706 OR, *KUNZ* 59.
[244] BGE 65 II 225ff.
[245] BGE 117 II 311f.; *FORSTMOSER/MEIER-HAYOZ/NOBEL*, § 43 N 82ff., bes. N 84, 86.
[246] ZR 39 Nr. 97 S. 218.
[247] Vgl. BGE 112 II 360; ZR 64 Nr. 148 S. 243/244.

IV. Klagelegitimation

169 *Derivate* beinhalten lediglich obligatorische Rechte und Pflichten auf Übertragung des Eigentums an Aktien. *Vor Ausübung samt Vollzug (Erfüllung)* führen solche Rechte nicht zur Veränderung der Aktionärsstellung, so dass allein der bisherige Aktionär anfechtungslegitimiert ist.

170 Entsprechendes gilt für *andere obligatorische Rechte und Pflichten* bezüglich Aktien (Termingeschäfte; Vorverträge; Veräusserungsgeschäfte aller Art,wie z.b. Kauf-, Schenkung-, Tauschverträge oder Verträge des Familien- oder Erbrechts; Vorkaufs-, Kaufs- und Rückkaufsrechte; Verträge mit einer Suspensivbedingung vor Eintritt der Bedingung[248]).

c) *GmbH und Genossenschaft*

171 Soweit bei der Genossenschaft und bei der GmbH i.c. gleiche oder vergleichbare Verhältnisse bestehen wie bei der AG, gilt betreffend die Anfechtungsklage das zu den genannten Körperschaften Gesagte entsprechend. So ist bei der Genossenschaft ein Erwerb der Mitgliedschaft nicht von einer notariellen Beglaubigung der Unterschrift abhängig, weshalb entsprechend beigetretene Personen Genossenschafter und damit anfechtungslegitimiert sind[249]. Ferner führt der resolutiv-bedingte Mitgliedschaftserwerb bei einer Genossenschaft zur Bejahung der Aktivlegitimation, solange die Bedingung nicht eingetreten ist[250]. Ferner ändern deren allfällige *Mitgliedschaftskategorien* (mit unterschiedlichen Rechten und Pflichten) bei der Genossenschaft[251] nichts daran, dass *sämtliche* Genossenschafter anfechtungslegitimiert sind. Bei allfälligen *Nutzniessungsverhältnissen* bei GmbH und Genossenschaft bleibt das Mitglied anfechtungslegitimiert und bei allfälligen *fiduziarischen* Verhältnissen bei diesen Körperschaften ist es das (fiduziarische) Mitglied. Dem *Anteilbuch* der GmbH (Art. 790 OR) kommt die gleiche Bedeutung zu wie dem Aktienbuch.

---

[248] Vgl. betr. einen Aktienkaufvertrag vor seiner Erfüllung BGE 81 II 539 E. 3 i.V.m. 542 E. 5 Abs. 2: „alle Mitgliedschaftsrechte" kamen noch dem Verkäufer zu.
[249] BGE v. 29.9.1959 in PKG 1959 Nr. 13 S. 78/79.
[250] RVJ 1988 S. 175/176 (kantonalrechtliche Korporation).
[251] Vgl. z.B. BGE 89 II 152 E. 5.

4. Erwerb und Verlust der Mitgliedschaft

Klagelegitimiert ist - mit entsprechenden, bei ihm liegenden *Beweislasten* (Art. 8 ZGB[252]) - ein Mitglied, das *zur Zeit der Beschlussfassung* Mitglied ist[253], d.h. eine *vorher* verlorene Mitgliedschaft schliesst die Anfechtungslegitimation aus[254]; Entsprechendes gilt aber auch für eine vor Klageerhebung verlorene Mitgliedschaft, d.h. der Anfechtungskläger muss auch *zur Zeit der Klageerhebung* noch Mitglied sein[255], *ausgenommen* der Fall der Anfechtung der *eigenen Ausschliessung*, welche - innert der gesetzlichen Anfechtungsfrist - stets zulässig ist (vgl. hiezu auch nachfolgend N 173). 172

Soweit eine *Körperschaft ihre Mitglieder* ausschliessen *kann (vgl. bes. Art. 72 ZGB, Art. 794 Abs. 1 Ziff. 4,846 Abs. 3 OR), wird durch einen solchen Beschluss die Mitgliedschaft* sofort *beendet, wenn auch nur resolutiv-bedingt (die erfolgreiche Erhebung einer diesbezüglichen Anfechtungsklage hebt die Ausschliessung wieder auf und lässt die Mitgliedschaft* ex tunc *wieder aufleben, vgl. hinten N 208).* 173

Soweit ausgeschlossene Mitglieder in dieser Zeit der Wirksamkeit ihrer Ausschliessung andere *Anfechtungsklagen erheben wollen, muss ihnen dieses Recht mittels vorsorglicher Massnahme vom Richter des Ausschliessungs-Anfechtungsprozesses zuerkannt werden (vgl. hinten N 249, 5. Lemma).* 174

Bei Ausschliessung durch den Richter *(vgl. Art. 649b und 649c ZGB, Stockwerkeigentümergemeinschaft; Art. 822 Abs. 3 und 4 OR, GmbH) wird die Mitgliedschaft erst bei Eintritt der Rechtskraft des Urteils beendet*[256]. 175

---

[252] BGE v. 19.2.1980 in SemJud 1981 S. 39, AG.
[253] BGE 48 II 362/363 (als allgemeines Prinzip), BGE v. 19.2.1980 in Sem Jud 1981 S. 39, AG; vgl. auch BGE 112 II 359/360, AG, 115 II 472 E. 2d, a.E., AG; *FORSTMOSER/MEIER-HAYOZ/NOBEL*, § 25 N 43, a.A., *RIEMER*, N 50 zu Art. 75 ZGB.
[254] Vgl. BGE 48 II 362/363: „noch Mitglied".
[255] BGE 72 II 102 i.V.m. 97 betr. einen Austritt aus einer Genossenschaft, BGE v. 19.2.1980 in SemJud 1981 S. 39, AG; *RIEMER*, N 48, *HEINI/SCHERRER*, N 17 zu Art. 75 ZGB, *ROHRER* 73; *a.M. KOLLER* 55.
[256] Betr. den Fall einer *Widerklage auf Ausschliessung* als Reaktion auf eine *Klage auf Anfechtung* eines GmbH-Beschlusses - wobei die Widerklage nach dem soeben Gesagten die Weiterverfolgung der Anfechtungsklage nicht ausschloss - vgl. ObG ZH und BGE v. 11.6.1963 in ZR 62 Nr. 91, wobei E. 4 auch in BGE 89 II 134ff. publ. ist.

IV. Klagelegitimation

176 Dass eine erst *zwischen Beschlussfassung und* - fristgerechter (vgl. hinten N 185ff.) - *Klageerhebung* - derivativ oder originär - *erworbene* Mitgliedschaft die Klagelegitimation ausschliesst[257], erscheint in Fällen von Rechtsmissbrauch als zutreffend (vgl. vorn N 153), nicht aber in sonstigen Fällen[258], d.h. bei schützenswerten Interessen (vgl. vorn N 82ff.); solche können gegeben sein, zumal ja das anfechtende Mitglied nicht etwa nur seine eigenen Interessen wahrnimmt, vielmehr diese Anfechtungsklage auch der Wahrung der Gesellschaftsinteressen dient (vgl. vorn N 1 Satz 1 sowie Anm. 21), welche grundsätzlich auch ein neu eingetretenes Mitglied zu wahren legitimiert ist.

177 Für den Fall von Erwerb und Verlust der Mitgliedschaft zwischen Klageerhebung und Rechtskraft des Anfechtungsurteils gehen die Ansichten in der Literatur zum materiellen Recht auseinander[259].

178 Zur Beantwortung dieser Frage ist von Folgendem auszugehen: Eine allfällige (vgl. Art. 70 Abs. 3 ZGB) *Universalsukzession* auf Klägerseite führt aufgrund des Bundesrechts (Art. 560 ZGB, Art. 748-751, 914/915 OR) ohne weiteres auch zum Übergang der Aktivlegitimation auf den Universalsukzessor in einem derartigen Anfechtungsprozess. Bei einer allfälligen (vgl. Art. 70 Abs. 3 ZGB und demgegenüber z.B. Art. 783ff. OR) *Einzelrechtsnachfolge* (gewillkürte Nachfolge aufgrund eines Veräusserungsgeschäftes) ist davon auszugehen, dass es dem *bisherigen (ehemaligen)* Mitglied am Rechtsschutzinteresse zur Weiterführung eines Prozesses um die „Rechtmässigkeit des korporativen Lebens" (vgl. vorn N 1) fehlt, so dass seine Klage abzuweisen ist. Es kann sich daher nur die Frage

---

[257] Vgl. *BÜRGI*, N 50 zu Art. 706 OR: „im Zeitpunkt der Anfechtung und der GV Aktionär ist"; *RIEMER*, N 50 zu Art. 75 ZGB.

[258] Für Klagelegitimation auch *v. GREYERZ* 193, *DREIFUSS/LEBRECHT*, N 5 zu Art. 706 OR, *DRUEY* 152, *KOLLER* 55, *ROHRER* 73/74.

[259] *BÜRGI*, a.a.O., *SCHUCANY*, N 1 Abs. 2 zu Art. 706 OR, *DREIFUSS/ LEBRECHT*, N 5 zu Art. 706 OR, verlangen Beibehaltung der Aktionäreigenschaft, bis zum rechtskräftigen Urteil" (entsprechend: *MOLL*, N 9 zu Art. 891 OR, *HEINI/SCHERRER*, N 17 zu Art. 75 ZGB, *ROHRER* 73) und gehen im übrigen von gesetzlicher Vererbung des Prozessführungsrechtes aus (was auch für sonstige Universalsukzessionen gilt, *SCHUCANY* a.a.O.); dabei soll aber nach *DREIFUSS/ LEBRECHT* (N 5 zu Art. 706 OR) die Frage der *Weiterführung des Prozesses* auch bei einer *Veräusserung* der Aktien der Entscheidung des Aktien*erwerbers* überlassen sein.

stellen, ob das *neue* Mitglied in die prozessuale Rechtsstellung des bisherigen eintreten kann. Es handelt sich dabei um einen Anwendungsfall des allgemeinen Problems der *Einzelrechtsnachfolge* in einen Prozess. Ob dies zulässig ist, wird in der kantonalen Gesetzgebung und Praxis sowie in der prozessrechtlichen Literatur verschieden beantwortet, wobei - ohne dass allerdings der hier in Frage stehende Fall erwähnt würde - *nicht* von einer *bundes*rechtlichen Grundlage ausgegangen wird[260]. Vielfach wird nur ein Eintritt *mit Zustimmung der Gegenpartei* zugelassen (vgl. bes. § 49 Abs. 2 ZPO ZH); das Bundesgericht hat zwar einen gewillkürten Parteiwechsel ohne Zustimmung des Beklagten als gegen Artikel 4 BV verstossend angesehen, jedoch für den Fall der Rechtsnachfolge *vor Prozessbeginn*, wobei es diese Besonderheit betont hat[261]. Bei einem Klägerwechsel während *pendentem* Anfechtungsprozess wird weder das Erfordernis der Zustimmung der Gegenpartei noch das betreffende Nichterfordernis als geradezu willkürlich angesehen werden können (hingegen wäre dies bei einer Nichtzulassung trotz Zustimmung der Gegenpartei der Fall), so dass die Beantwortung der betreffenden Frage dem anwendbaren kantonalen Prozessrecht überlassen bleibt. Angesichts des Zieles der Anfechtungsklage (vgl. vorstehend N 176) wünschbar ist allerdings, dass das kantonale Recht eine Weiterführung des angehobenen Anfechtungsprozesses auch ohne Zustimmung der beklagten Körperschaft zulässt.

---

[260] Vgl. BGE 118 Ia 131 E. 2a; *GULDENER* 237, *HABSCHEID* N 292ff., *VOGEL,* 5. K. N 102ff., *WALDER* 175ff., § 15 lit. A, *FRANK/STRÄULI/MESSMER,* N 1ff. zu § 49 ZPO ZH, je mit zahlreichen Verweisungen.

[261] BGE 118 Ia 131/132 E. 2b.

B. Passivlegitimation

179 Passivlegitimiert ist bei der Anfechtungsklage, wie allgemein anerkannt ist, immer und ausschliesslich die in Frage stehende Gesellschaft bzw. *Körperschaft* als solche (vgl. Art. 706 Abs. 1 OR[262], Art. 891 Abs. 1 OR; Entsprechendes gilt aber auch für Verein und Stockwerkeigentümergemeinschaft[263] sowie gemäss Art. 808 Abs. 6 OR für die GmbH).

180 *Nicht* passivlegitimiert sind die Mitglieder, welche den Beschluss gefasst haben[264]; sie können aber allenfalls der beklagten Körperschaft nach Massgabe des anwendbaren Prozessrechtes als Nebenintervenienten beitreten (vgl. nachfolgend lit. C). *Nicht* passivlegitimiert sind auch Körperschaftsorgane[265], also auch nicht analog Art. 706 Abs. 1/808 Abs. 6/891 Abs. 1 OR die Exekutive[266] oder etwa die Generalversammlung im Falle der Aktivlegitimation der Exekutive.

181 *Betr. das Verhältnis zwischen Anfechtungsklage und Auflösung der beklagten Körperschaft vgl. vorn N 61.*

182 *Betr. die anfechtungsbeklagte Körperschaft als Widerklägerin (sofern nach kantonalem Prozessrecht zulässig) vgl. hinten N 319.*

C. Nebenintervention, Streitverkündung

183 Eine *Nebenintervention* wird in derartigen Anfechtungsprozessen - nach Massgabe des anwendbaren Prozessrechtes - allgemein als zulässig angesehen[267], wobei es sich um *weitere Anfechtungslegitimierte* (vgl. vorn lit. A) handeln kann, die *auf Seiten des*

---

[262] Und hiezu auch BGE 122 III 283.
[263] Vgl. betr. diese BGE 119 II 408, RVJ 1996 S. 255; MEIER-HAYOZ/ REY, N 139 zu Art. 712m ZGB; betr. die Vertretung der Stockwerkeigentümergemeinschaft durch den *Verwalter* vgl. vorn N 140.
[264] BGE 119 II 408, Stw, 122 III 283, AG; Rep 1942 S. 79, 82/83, bestätigt durch nicht publ. BGE v. 26.11.1941, AG; RVJ 1996 S. 255, Stw.
[265] Rep 1969 S. 261, Gen; vgl. auch die Verneinung der Passivlegitimation des Verwalters der Stockwerkeigentümergemeinschaft - selbst im Falle des Art. 712r Abs. 2 ZGB - in RVJ 1996 S. 255f.
[266] Vgl. SJZ 81 (1985) Nr. 21 S. 115, OW = SAG 1985 S. 186 und 1987 S. 175, betr. eine AG, wobei es i.c. nicht um eine Anfechtungsklage ging.
[267] BÖCKLI Rz 1915, FORSTMOSER/MEIER-HAYOZ/NOBEL, § 25 N 70.

Anfechtungsklägers intervenieren[268], oder auch um „*Mehrheitsmitglieder*" (die den angefochtenen Beschluss gefasst haben), welche die *beklagte Körperschaft unterstützen wollen*[269].
Ebenso fällt eine *Streitverkündung* in Betracht[270]. 184

---

[268] GVP ZG 1987/88 S. 125f., AG; *VOGEL* ‚5. K. N 69, *DREIFUSS/ LEBRECHT*, N 24 zu Art. 706 OR, *ROHRER* 89ff.

[269] Vgl. BGE 80 I 390/391, AG, BGE v. 29.9.1959 in PKG 1959 Nr. 13 S. 78, Gen, BGE 122 III 283f., AG (unter gleichzeitiger Ablehnung einer entsprechenden selbständigen Feststellungsklage solcher Personen); GVP ZG 1987/88 S. 126, AG; *BÖCKLI* Rz 1918a, *DREIFUSS/ LEBRECHT*, a.a.O.

[270] Vgl. ZR 69 Nr. 101 S. 261, AG = SAG 1972 S. 85ff.; *FORSTMOSER/ MEIER-HAYOZ/NOBEL*, a.a.O.; *a.M. BÖCKLI*, a.a.O.

V. Klagefrist

A. Allgemeines

Damit die Körperschaft, alle Beteiligten (Mitglieder, Organe) und auch Dritte möglichst bald wissen, ob ein bestimmter Beschluss unanfechtbar geworden und damit verbindlich und ein allfälliger Mangel geheilt ist[271] (Rechts- und Verkehrssicherheit[272]), statuiert das Gesetz für alle Körperschaften bezüglich der Anfechtbarkeit eine Frist (betr. den Zusammenhang zwischen einer allfälligen körperschaftsinternen *Weiterzugsfrist* und der – körperschaftsexternen – Klagefrist vgl. vorn N 50; betr. die Rechtslage während laufender – körperschaftsexterner – Klagefrist, d.h. bei nicht oder noch nicht erhobener Anfechtungsklage, sowie während eines allfällig pendenten Anfechtungsprozesses vgl. hinten N 208).

185

B. Dauer und Beginn

Während die Rechtsnatur dieser Frist (Verwirkungsfrist, vgl. nachfolgend lit. D) bei allen Körperschaften dieselbe ist, unterscheiden sich Dauer und Beginn wesentlich voneinander: Bei *AG, GmbH* und *Genossenschaft* beträgt die Frist *zwei Monate* und läuft – ungeachtet der Kenntnisnahme – *ab Datum der Generalversammlung bzw. der dortigen Beschlussfassung* (Art. 706a Abs. 1, 808 Abs. 6, 891 Abs. 2, 892 Abs. 4 OR); bei *Verein* und *Stockwerkeigentümergemeinschaft* beträgt sie *einen Monat* und läuft *ab dem Datum, da der Anfechtende vom Beschluss Kenntnis erhalten hat* (Art. 75, 712m Abs. 2 ZGB), also nicht notwendigerweise ab Datum der Beschlussfassung[273]. Letztere Berechnungsweise bedeutet, im Unterschied zur ersteren, dass die Daten von Fristbeginn und -ende nicht notwendigerweise für alle Mitglieder die gleichen sind (für an der

186

---

[271] BGE 71 II 198, V, 86 II 87, AG, 86 II 169, AG (wenn auch i.c. verneint, da Beschluss während laufendem Anfechtungsprozess durch AG selbst wieder aufgehoben), 91 I 362, AG.

[272] Vgl. BGE 85 II 538, V, und bes. BGE 86 II 88, AG, sowie BGE 110 II 390, AG.

[273] BGE 90 II 346/347, V.

V. Klagefrist

Versammlung Anwesende beginnt die Frist an diesem Tag, für die anderen ab der *Möglichkeit der Kenntnisnahme*[274], wobei ohne eine solche Möglichkeit die Frist nicht zu laufen beginnt[275]).

187 *Soweit bei der GmbH und bei der* Genossenschaft schriftliche Beschlüsse *(Urabstimmungen) gefasst werden (Art. 777 Ziff. 3, 808 Abs. 2 und Abs. 3 Satz 2 OR; Art. 880, 891 Abs. 1 OR), würde an sich auch bei ihnen die Anfechtungsfrist nach der Beschlussfassung (Art. 891 Abs. 2 i.V.m. Abs. 1 OR; ebenso Art. 808 Abs. 6 i.V.m. Art. 706a Abs. 2 OR, wobei hier die Verweisung auf die „Generalversammlung" – die AG kennt nur diese Beschlussfassungsform – nicht wörtlich genommen werden kann) zu laufen beginnen, d.h. nach* Auszählung aller Stimmen *(keinesfalls massgebend kann der Eingang der Stimmen sein; zwar ist der Beschluss an sich bereits in jenem Zeitpunkt gefasst, doch ist sein Inhalt noch niemandem bekannt). Es ist jedoch problematisch, einen Fristenlauf bereits in einem Zeitpunkt einsetzen zu lassen, in welchem die potentiellen Anfechtungskläger (oder jedenfalls ein Teil derselben) vom Inhalt des Beschlusses normalerweise noch gar keine Kenntnis erlangt haben (und – im Unterschied zur Beschlussfassung einer Generalversammlung – auch nicht ohne weiteres hätten erlangen können). Es erscheint daher als zutreffend, die Frist ab der statutengemässen (oder übungsgemässen)* Bekanntgabe *an die Mitglieder laufen zu lassen*[276] *bei der Genossenschaft also z.B. ab Bekanntgabe (Erscheinungsdatum) im Genossenschaftsorgan*[277] *oder in einem Aushang, bei der GmbH u.U. durch individuelle Mitteilung*[278]. *Letzteres könnte allerdings dazu führen, dass – wie bei Verein und Stockwerkeigentümergemeinschaft (vgl. vorstehend N 186) – die Frist nicht für alle Mitglieder gleichzeitig zu laufen beginnt. Im übrigen bedeutet das Gesagte, dass bei GmbH und Genossenschaft u.U. eine* statutarische Beeinflussung *des Fristenlaufs möglich ist.*

---

[274] Vgl. *RIEMER,* N 72 zu Art. 75 ZGB.
[275] Vgl. BGE 63 II 358, V.
[276] *GUTZWILLER* und *MOLL,* je N 23 zu Art. 891 OR, *GERWIG* 288/289.
[277] *GUTZWILLER,* a.a.O.; ebenso bereits BGE 46 II 317, wobei allerdings damals noch keine gesetzliche Regelung für Genossenschaften bestand
[278] So offenbar auch *DREIFUSS/LEBRECHT,* N 38 zu Art. 808 OR: „wenn der Gesellschafter vom Ergebnis der Abstimmung tatsächlich Kenntnis erhalten hat"; *JANGGEN/BECKER,* N 23 zu Art. 808 OR: „mit der schriftlichen Mitteilung des Abstimmungsergebnisses".

All dies gilt im übrigen auch bei Delegiertenversammlungen von Genossenschaften (Art. 892 OR) und Vereinen, soweit es um Genossenschafter oder Vereinsmitglieder geht, welche nicht Delegierte sind[279]. 188

Der Zeitpunkt der Bekanntgabe muss im übrigen auch bei der Beschlussfassung in einer Versammlung massgebend sein, falls das Resultat aus irgendeinem Grund nicht im Rahmen der Versammlung sondern später bekanntgegeben wird. Nicht massgebend (auch nicht gegenüber einem an der Versammlung nicht Anwesenden) ist die schriftliche Bekanntgabe des Beschlusses, wenn dieser an einer Versammlung mündlich bekanntgegeben worden war[280]. 189

Hinsichtlich der Partizipanten einer AG wird angenommen, bei ihnen beginne die Frist, wie bei den Aktionären, nach Massgabe von Art. 706a Abs. 1 OR zu laufen[281]*, was im Hinblick auf die gesetzliche Pflicht zur „unverzüglichen" Auflage der GV-Beschlüsse (Art. 656d Abs. 2 OR) und der dementsprechend nahezu gleichen Dauer der Frist wie für die Aktionäre (vgl. hiezu auch Art. 656a Abs. 2 OR und vorn N 130) als zutreffend erscheint (wird allerdings im Einzelfall das Gebot der „Unverzüglichkeit" verletzt, so muss sich die Frist entsprechend verlängern).* 190

C. Beweislast

Die Beweislast für die Einhaltung der Frist trägt der *Anfechtungskläger*[282], diejenige für die Einrede einer *Verspätung* die beklagte *Körperschaft*[283]. 191

---

[279] Betr. die stillschweigende Bejahung eines Anfechtungsrechts von Vereinsmitgliedern, die nicht Delegierte sind, vgl. BGE 57 II 123ff., 85 II 536 E. 2 und auch *RIEMER*, N 52 zu Art. 75 ZGB.
[280] *GUTZWILLER*, N 16 zu Art. 891 OR.
[281] *HESS*, N 5 zu Art. 656d OR, und offenbar auch *BÖCKLI* Rz 517.
[282] Vgl. SemJud 1989 S. 278, Gen; *RIEMER*, N 75 zu Art. 75 ZGB.
[283] BGE 46 II 317/318, Gen; *RIEMER*, a.a.O.

V. *Klagefrist*

D. Rechtsnatur

192 Wie allgemein anerkannt ist, ist die Frist bei allen Körperschaften eine *Verwirkungsfrist*[284]. Das bedeutet, dass bei entsprechenden tatbeständlichen Grundlagen ihre Einhaltung – im Unterschied zur Verjährungsfrist (Art. 142 OR) – vom Richter *von Amtes wegen* geprüft werden muss[285], wobei auch Art. 127-141 OR grundsätzlich unanwendbar sind; die Nichteinhaltung führt von Amtes wegen zu einer *Abweisung* der Klage (und nicht etwa zu einem Nichteintreten auf diese), ohne dass seitens der Körperschaft gültig auf die Beachtung der Frist verzichtet bzw. diese nachträglich verlängert werden könnte[286]. Ferner bedeutet das Gesagte, dass es bei der Verwirkungsfrist – wiederum im Unterschied zur Verjährungsfrist (Art. 134/135) – *Hinderung, Stillstand oder Unterbrechung nicht gibt*[287]; anderseits sind bei der Verwirkungsfrist auch Art. 137/138 OR nicht anwendbar, so dass bei gültiger Klageanhebung – vgl. hiezu nachfolgend N 199ff. – innert der Verwirkungsfrist diese definitiv gewahrt ist.

193 In anderen Bereichen wird dagegen eine analoge Anwendung von Verjährungsrecht bejaht: So kann – entsprechend Art. 129 und 141 Abs. 1 OR – auch die Verwirkungsfrist zum voraus nicht rechtsgeschäftlich gültig verkürzt oder verlängert werden, und es kann auch nicht im voraus gültig auf ihre Geltendmachung verzichtet werden, so dass sowohl alle entsprechenden statutarischen als auch alle individuellen Vereinbarungen nichtig wären (vgl. auch vorn N 3 und N 8); hingegen ist eine nachträgliche – d.h. nach der Beschlussfassung – individuelle Verkürzung der Frist zulässig, sei es durch nachträgliche „Zustimmung" zum Beschluss entsprechend Art. 75 ZGB – d.h.

---

[284] BGE 46 II 318, Gen, 51 II 239, 70 II 66 E. 2, 76 II 241/242, 85 II 536 E. 3 (alles V), 81 II 538, 91 II 303 letzter Abs., 110 II 387, 389/390 E. 2b (alles AG); AB ObG BL 1948 Nr. 1 S. 29 = SJZ 47 (1951) S. 13 Nr. 3, V, SemJud 1989 S. 278, Gen.

[285] BGE 85 II 536 E. 3, V; AB ObG BL 1948 Nr. 1 S. 29 = SJZ 47 (1951) S. 13 Nr. , V, SemJud 1989 S. 278, Gen.

[286] BGE 85 II 537/538, V (betr. eine prozessuale Erklärung); RB ObG TG 1954 Nr.4 S. 53, V.

[287] Vgl. betr. die fehlende Unterbrechung BGE 51 II 240, V; ZR 70 Nr. 34, AG.

ausdrückliche oder stillschweigende Genehmigung[288] –, sei es durch nachträglichen Verzicht auf Erhebung einer Anfechtungsklage oder Rückzug derselben[289] Sodann ist der *Begriff der „Klage"* i.S.v. Art. 135 Ziff. 2 OR (Unterbrechung der Verjährung) auch für die Klage zur Unterbrechung einer Verwirkungsfrist massgebend[290]. Angesichts der in der neueren bundesgerichtlichen Praxis stark ausgedehnten analogen Anwendbarkeit von *Art. 139 OR (Nachfrist* bei Unzuständigkeit usw.) auf Verwirkungsfristen[291], ist auch die frühere Verneinung dieser Analogie bei einer Anfechtungsklage i.S.v. Art. 75 ZGB[292] als überholt anzusehen[293]. Immerhin darf bei Verein und Stockwerkeigentümergemeinschaft auch die Nachfrist nicht länger als *einen Monat* dauern[294], d.h. sie ist wesentlich kürzer als diejenige gemäss Art. 139 OR, während bei den Körperschaften des OR *in der Regel* die Frist von 60 Tagen gemäss Art. 139 OR unmittelbar massgebend ist, da sie *in der Regel* kürzer ist als die zweimonatige gesetzliche Anfechtungsfrist (vgl. Art. 132 OR, welche Bestimmung analog auch für Verwirkungsfristen gilt[295], i.V.m. Art. 77 Abs. 1 Ziff. 1 und 3 OR[296]); da allerdings Art. 139 OR und Art. 706a Abs. 1/808

[288] BGE 46 II 316/317, wenn auch i.c. beides verneint, und dazu auch vorn N 147.
[289] Stillschweigender Verzicht auf die Anfechtungsklage in BGE v. 29.9.1959 in PKG 1959 Nr. 13 S. 80/81, Gen, verneint, da i.c. ein Zuwarten innert der noch laufenden Anfechtungsfrist nicht so ausgelegt werden durfte.
[290] BGE 110 II 387ff., AG.
[291] Vgl. BGE 93 II 369/370, 100 II 284, 108 III 42ff., 109 III 52, 112 III 123.
[292] BGE 51 II 239/240 (und ebenso RB ObG TG 1954 Nr. 4 S. 53); bundesgerichtliche Begründung: „widerspricht dem Wesen der Verwirkungsfrist" (vgl. auch BGE 61 II 150).
[293] Grundsätzlich für eine Analogie bei Art. 75 ZGB auch *HEINI/SCHERRER,* N 22 zu Art. 75 ZGB, und bei Art. 706 OR offenbar ZR 68 Nr. 94 S. 261 = SJZ 65 (1969) S. 293 Nr. 138 (wenn auch i.c. Ansetzung einer Nachfrist zufolge mangelnder Sorgfalt des Klägers verweigert); für analoge Anwendbarkeit bei Art. 706 OR auch RdJ NE 1977-81 I S. 84/85 und grundsätzlich auch RVJ 1983 S. 96 = SAG 1985 S. 187 Nr. 22; *DREIFUSS/LEBRECHT,* N 6 zu Art. 706a OR; zweifelnd *ROHRER* 110 Anm. 243.
[294] Vgl. BGE 109 III 52, 112 III 123.
[295] BGE 42 II 333/334, 81 II 137.
[296] Ungenau BGE 51 II 240, wo im Zusammenhang mit Art. 139 OR von einer „Nachfrist von zwei Monaten" gesprochen wird.

Abs. 6/891 Abs. 2 OR zu *nahe beieinander liegenden* Fristabläufen führen (ausnahmsweise sogar zu gleichen) und die Anwendung von Art. 139 OR vorliegend ohnehin keine direkte ist, ist es m.E. auch vertretbar, bei den Körperschaften des OR die Nachfrist gleich lange laufen zu lassen wie die ursprüngliche, gesetzliche Anfechtungsfrist von zwei Monaten.

194 Schliesslich hat das Bundesgericht die auf *Art. 2 Abs. 2 ZGB* abgestützte Regel, wonach ein *vom Schuldner veranlasstes Fristversäumnis* u.U. zu einer Unbeachtlichkeit seiner Verjährungseinrede führt[297], schon vor langer Zeit richtigerweise auch auf Verwirkungsfristen angewendet[298] Bei Körperschaftsbeschlüssen ist das ebenfalls zu bejahen, und es kann eine derartige Fristwiederherstellung etwa dann aktuell sein, wenn der potentielle Anfechtungskläger seitens der Körperschaft bzw. ihrer massgebenden Personen durch Inaussichtstellen eines Widerrufs[299] (insbesondere auch bei einem förmlichen Wiedererwägungsgesuch, vgl. zu diesem hinten N 196), einer Ergänzung oder einer bestimmten („wohlwollenden") Interpretation (bzw. eines entsprechenden Vollzuges) des in Frage stehenden Beschlusses von der Anfechtung desselben abgehalten wurde, und u.U. auch dann, wenn dies dadurch geschehen ist, dass er über die Frage der Anfechtbarkeit überhaupt getäuscht wurde (namentlich indem ein Beschluss *in* bzw. *mit* diesem selbst für „unanfechtbar" erklärt wurde, vgl. hiezu auch vorn N 2).

---

[297] Vgl. BGE 113 II 269, mit Hinweisen.
[298] Vgl. BGE 61 II 150 betr. altArt. 308 ZGB und ebenso BGE 83 II 98, 101 II 88; andere Begründung – nämlich analoge Anwendung von Art. 45 Abs. 3 VVG – aber in der Regel wohl mit gleichem Ergebnis BGE 51 II 240 betr. Art. 75 ZGB; vgl. auch *JANGGEN/BECKER,* N 22, a.E., zu Art. 808 OR, betr. „Arglist" und ebenso *RIEMER,* N 65 zu Art. 75 ZGB.
[299] Vgl. BGE 86 II 169, AG (i.c. war aber bereits Anfechtungsklage erhoben worden).

E. Berechnung

Die Berechnung der Frist richtet sich, wie sich aus bereits Gesagtem ergibt, primär nach *Art. 132 i.V.m. Art. 77/78 OR*[300], wobei Art. 78 Abs. 1 OR ergänzt wird durch *Art. 1 BG über den Fristenlauf an Samstagen* (SR 173.110.3) mit seiner Gleichbehandlung von Samstag und Sonntag. Die Frage, ob ein „staatlich anerkannter Feiertag" vorliege (Art. 78 Abs. 1 OR), richtet sich nach dem Recht am Ort des für die Anfechtungsklage sachlich und örtlich zuständigen Gerichtes[301]; ohne eine solche Verweisung – insbesondere im Bereiche der kantonalen Vorschriften über Gerichtsferien und Fristwiederherstellung – sind dagegen kantonale Bestimmungen für bundesrechtliche Fristen unbeachtlich[302]. Im Hinblick auf den zwingenden Charakter der hier in Frage stehenden Anfechtungsfristen (vgl. vorn N 8) kann Art. 78 Abs. 2 OR (betr. den dispositiven Charakter) vorliegend keine Geltung haben. Für den Fall, dass die Anfechtungsklage im Direktprozess vom Bundesgericht beurteilt wird (Art. 41 Abs. 1 lit. c letzter Abs. OG, vgl. auch hinten N 225) ist Art. 34 Abs. 1 OG (Gerichtsferien) auf die Anfechtungsfrist nicht anwendbar, da sich diese Bestimmung nur auf gesetzliche oder richterliche Fristen des OG selbst bezieht[303], ebensowenig Art. 35 OG (Wiederherstellung), da diese Bestimmung auf Fristen des materiellen Rechts ebenfalls nicht anwendbar ist[304].

195

---

[300] Vgl. z.B. betr. Art. 77 Abs. 1 Ziff. 3 OR BJM 1966 S. 189, Gen, RVJ 1988 S.176 (kantonalrechtliche Korporation), Rep 1989 S. 506, AG; eingehend zur Fristberechnung *RIEMER*, N 66ff. zu Art. 75 ZGB.

[301] Vgl. BGE 40 III 132/133, 59 III 97, 83 IV 186/187; *GULDENER* 266 Anm. 5;betr. diese Zuständigkeiten im einzelnen vgl. hinten N 224ff. und N 219ff.

[302] BGE 101 II 88/89, 119 II 435, 123 III 69; *VOGEL*, 9. K. N 110/110a, 12. K. N 23.

[303] *POUDRET,* Art. 34 OJ, n. 2.1.

[304] BGE 101 II 88.

F. Fristwahrung

196 Zur Fristwahrung genügen aussergerichtliche Erklärungen gegenüber der Körperschaft (Protesterklärungen, einschliesslich solcher in der Generalversammlung selbst, Diskussion, Korrespondenzen und dgl.) nicht, ebensowenig ein formelles *Wiedererwägungsgesuch* an diese[305]; unerlässlich ist vielmehr die *fristgerechte Anhebung einer gerichtlichen Klage* (d.h. spätestens um 24.00 Uhr am letzten Tag der Frist), wobei sich der Begriff der Klageanhebung nach Bundesrecht[306] und das Formelle der Anhebung (Schriftlichkeit, Mündlichkeit usw.) nach dem kantonalen Prozessrecht am Orte des zuständigen Gerichtes richtet, sofern nicht die Zuständigkeit des Bundesgerichtes (Direktprozess) gegeben ist (vgl. diesfalls Art. 21 Abs. 1 BZP: Klageanhebung „durch Einreichung der Klageschrift beim Bundesgericht").

197 Bei schriftlicher Klageanhebung muss die betreffende Eingabe – sofern sie nicht unmittelbar dem Gericht übergeben wird – spätestens zum genannten Zeitpunkt *einer schweizerischen Poststelle übergeben werden*[307]. Darunter fällt auch eine mit postalischen Aufgaben betraute *Bahnstation* (Art. 138 Abs. 2 PVV, SR 783.01)[308] und selbst der rechtzeitige *Einwurf in einen Briefkasten*, wobei allerdings bei einer nach Ablauf der Frist erfolgten Stempelung der Anfechtungskläger die Rechtzeitigkeit des Einwurfs anderweitig beweisen muss[309].

198 Bei *Personen im Ausland* genügt es zur Fristwahrung, „wenn die Eingabe am letzten Tag der Frist bei einer schweizerischen diplomatischen oder konsularischen Vertretung eintrifft" (Art. 12 IPRG).

---

[305] BGE v. 30.3.1944 in ZBJV 80 (1944) S. 284 letzter Abs. (auch erwähnt in BGE 71 II 195), V.

[306] Vgl. *VOGEL*, 9. K. N 109, 12. K. N 24.

[307] Vgl. allgemein BGE 84 II 198, 97 I 6f., 98 Ia 249, 104 Ia 4f. und speziell betr. Art. 706 OR ZR 76 Nr. 18 E. 4; missverständlich BJM 1966 S. 189, Gen, betr. das Abstellen auf den Eingang der Klage beim Gericht, doch war die Frist i.c. auf alle Fälle gewahrt.

[308] RVJ 1974 S. 112ff. (betr. Art. 75 ZGB), und zwar aufgrund der kantonalen ZPO, weshalb das Bundesgericht insofern auf die Berufung nicht eintrat und die Rechtzeitigkeit der Klageanhebung bejahte, nicht publ. BGE v. 1.11.1973 i.S. F.etc. c. A. S. 8 E. 2 Abs. 3 und 4.

[309] Vgl. zur allgemeinen Frage BGE 109 Ia 183ff.

V. Klagefrist

Was im einzelnen unter „*gerichtlicher Klageanhebung*" zu verstehen ist, ist in zweierlei Hinsicht fraglich: 199
- Die Anrufung des *Sühnbeamten (Friedensrichters)*, d.h. die Stellung des Gesuchs um Durchführung einer Sühnverhandlung, genügt zur Wahrung der Frist nur, wenn gemäss dem betreffenden kantonalen Zivilprozessrecht ein genügend enger Zusammenhang zwischen dem Sühnverfahren und dem eigentlichen Gerichtsverfahren besteht, indem „nach dem Scheitern des Versuches entweder der Sühnbeamte die Streitsache von Amtes wegen an das Gericht weiterzuleiten hat oder der Kläger zur Vermeidung von Rechtsnachteilen gehalten ist, den Richter binnen bestimmter Frist anzurufen, und er es auch tatsächlich binnen dieser Frist tut"[310]. Besteht der genannte enge Zusammenhang nicht, so muss zur Fristwahrung die Klageanhebung nötigenfalls direkt beim Gericht erfolgen (unmittelbar oder über die Post) und das Sühnverfahren allenfalls nachgeholt werden. 200
- Ein Begehren um Erlass *vorsorglicher Massnahmen (vor* Anhebung der Anfechtungsklage im Hauptprozess) würde vom Bundesgericht anscheinend dann und nur dann als fristwahrend (bezüglich der Anfechtungsklage) angesehen, wenn die Anträge mit denjenigen im Hauptprozess übereinstimmen, d.h. wenn „le juge des mesures provisoires fût requis de prononcer une annulation provisoire de la décision de l'assemblée générale"[311]. Die bundesgerichtliche Argumentation überzeugt allerdings nicht, da solche Begehren um vorsorgliche Massnahmen *formell* in der Regel nicht auf vorsorgliche Aufhebung des angefochtenen Beschlusses gerichtet sein werden, *materiell* jedoch stets, denn die vorsorgliche Verhinderung des Vollzuges dieses Beschlusses ist sachlich einer vorsorglichen Aufhebung desselben gleichzustellen. 201

Im übrigen ist darauf hinzuweisen, dass auf jeden Fall, d.h. auch bezüglich der auf normalem Wege angehobenen Anfechtungsklage, die Frist *nur hinsichtlich der bis zu ihrem Ablauf geltend gemachten Anfechtungsgründe* (Verletzung von objektivem und/oder körper- 202

---

[310] BGE 81 II 538, AG (Rechtsnachteil i.c. nach aargauischem Zivilprozessrecht bejaht), 85 II 536/537, V (Rechtsnachteil i.c. nach damaligem zürcherischem Zivilprozessrecht verneint; gegenteilig nach heute geltender ZPO, vgl. BGE v. 21.10. 1980 in ZR 80 Nr. 61 S. 174/175).
[311] BGE 110 II 391, AG; *a.M. VOGEL,* 12. K. N 29a.

V. Klagefrist

schaftsinternem Recht) als gewahrt anzusehen ist, während hinsichtlich allfällig später noch geltend gemachter Anfechtungsgründe das Anfechtungsrecht verwirkt ist[312].

203 *Zustimmung* zu einem GV-Beschluss schliesst eine Anfechtungsklage des Zustimmenden aus (vgl. vorn N 142). Erfolgt allerdings diese Zustimmung unter einem *Willensmangel* (Art. 23-30 OR), so kann die Zustimmung – selbstverständlich nur, wenn sie ohne den Willensmangel nicht erteilt worden wäre – ihrerseits für unverbindlich erklärt werden[313]. Dabei kann aber eine Kollision zwischen der diesbezüglichen Frist (ein Jahr, Art. 31 OR) und der Anfechtungsfrist von Generalversammlungsbeschlüssen (ein oder zwei Monate) entstehen[314]. Da bei letzteren Fristen der Gedanke der Rechts- und Verkehrssicherheit eine zentrale Rolle spielt (vgl. vorn N 185), ist m.E. mit der herrschenden Lehre[315] davon auszugehen, dass jedenfalls bei der Möglichkeit einer Unverbindlicherklärung der Zustimmung *innert der gesellschaftsrechtlichen Anfechtungsfrist* (Erkennen des Irrtums oder der Täuschung, Wegfall der Furcht) dieser gegenüber der Jahresfrist Vorrang zukommt, d.h. als *lex specialis* zu betrachten ist. Die gesellschaftsrechtliche Anfechtungsklage muss mithin in solchen Fällen innert ihrer gesetzlichen Frist angehoben werden, und im Rahmen dieses Verfahrens ist auch der in Frage stehende Willensmangel geltend zu machen. Für den Fall, dass eine Unverbindlicherklärung der Zustimmung wegen Willensmängeln erst *nach Ablauf der gesellschaftsrechtlichen Anfechtungsfrist* möglich wird, wird in der Literatur die Ansicht vertreten, auch dem Willensmangel kön-

---

[312] BGE 86 II 87/88, AG.
[313] So auch BGE v. 29.9.1959 in PKG 1959 Nr. 13 S. 80, Gen, betr. eine nachträgliche Genehmigung.
[314] Nicht aktuell war diese Frage im zit. BGE v. 29.9.1959, da innert der Zweimonate-Frist geklagt worden war.
[315] *HOMBURGER/MOSER* 151, *FORSTMOSER/MEIER-HAYOZ/NOBEL,* § 25 N 45 Anm. 49, *BÖCKLI,* Rz 1316e, 1909c, *MOLL,* N 11 zu Art. 891 OR, *RIEMER,* N 55 und *HEINI/SCHERRER,* N 19 zu Art. 75 ZGB; a.M. *W. v. STEIGER,* N 17 zu Art. 808 OR, und offenbar auch *FELDMANN* 107,119: Jahresfrist gemäss Art. 31 OR; unklar *KOLLER* 56, wonach sich der Aktionär innert Jahresfrist auf den Irrtum berufen „und zudem" innert der Zweimonate-Frist den Beschluss anfechten müsse.

ne diese Verwirkungsfrist entgegengehalten werden[316]. Das kann allerdings zu sehr stossenden Ergebnissen führen. M.E. sind hier ähnliche Überlegungen am Platze, wie sie für vom Schuldner veranlasste Fristversäumnisse gelten (vgl. vorn N 194 und auch den Gedanken des „Verleitens" in Art. 28 OR), wobei die Jahresfrist gemäss Art. 31 OR ebenfalls nicht in Betracht fällt.

Die Bejahung eines Willensmangels im Zusammenhang mit der Zustimmung zu einem Beschluss hat zur Folge, dass *gegebenenfalls* geltend gemacht werden kann, aufgrund der nunmehr weggefallenen Stimme(n) erreiche der Beschluss ein gesetzliches oder statutarisches Mehr nicht mehr und sei *schon allein deshalb* nicht mehr verbindlich (und zwar nach der hier vertretenen Auffassung *nichtig*, vgl. hinten N 277; in der übrigen Literatur wird hier vielfach von blosser Anfechtbarkeit ausgegangen[317]). Falls der Willensmangel sich nicht im Sinne des Gesagten effektiv auf das *Mehr* auswirkt, hat er auf alle Fälle zur Folge, dass für den Betreffenden die Anfechtungslegitimation „wiederhergestellt" wird, so dass er *gegebenenfalls* die gleichen Verstösse geltend machen kann wie jedes Mitglied, das von Anfang an nicht zugestimmt hat. 204

In der Praxis scheinen allerdings die hier in Frage stehenden Probleme keine grosse Rolle zu spielen. Die wenigen publizierten Entscheide betr. Willensmängel bei Generalversammlungsbeschlüssen ergingen nicht im Zusammenhang mit entsprechenden Anfechtungsklagen, vielmehr bezogen sie sich auf Forderungsklagen[318]. 205

---

[316] *HOMBURGER/MOSER* 152, *FORSTMOSER/MEIER-HAYOZ/NOBEL*, a.a.O., und offenbar auch *DRUEY* 138.

[317] *HOMBURGER/MOSER* 149, *MOLL*, N 12 zu Art. 891 OR, *KOLLER* 55/56.

[318] Vgl. BGE 65 II 4, 15/16, 17/18 (und dazu auch BGE 95 II 327 E. IV. 1.) betr einen Déchargebeschluss einer AG; ZR 24 Nr. 107 S. 226 Sp. 2 (Drohung gegenüber nicht zustimmenden Vereinsmitgliedern, „man schlage ihnen den Grind voll"), VAR 29 Nr. 59 S. 128 E. 6 = SJZ 26 (1929/30) Nr. 72 S. 366 E. 6 (fehlerhafte Information von Vereinsmitgliedern durch den Vorstand über die Tragweite eines Beschlusses; i.c. verneint).

VI. Prozessuale Fragen des Anfechtungsprozesses

A. Rechtsnatur, Inhalt (Ziel) und Rechtswirkungen von Anfechtungsklage und -urteil

Mit der Fassung eines Beschlusses einer Körperschaft (betr. den Sonderfall der *nichtigen* Beschlüsse vgl. hinten N 298ff., 307/308) wird dieser sofort verbindlich und – vorbehältlich eines allfällig notwendigen (aber eben sofort zulässigen) Handelsregister-[319] bzw. Grundbucheintrages – sofort vollziehbar bzw. vollstreckbar. Beides steht jedoch aufgrund der Anfechtbarkeit unter einer entsprechenden Resolutivbedingung[320], welche befristet ist (betr. den – selten aktuellen – Fall des *Widerrufs* des Beschlusses – ebenfalls eine Resolutivbedingung – vgl. vorn N 83; betr. Resolutiv- und Suspensivbedingungen als Bestandteile des Beschlussesinhalts vgl. vorn N 73). 206

Wird von der Möglichkeit der Erhebung einer Anfechtungsklage innert Frist kein Gebrauch gemacht, so fällt die Resolutivbedingung dahin und die Verbindlichkeit und Vollstreckbarkeit des Beschlusses wird eine unbedingte (betr. – selten aktuelle – Fälle von Fristwiederherstellung vgl. vorn N 194 und N 203, a.E.). 207

Wird von der Anfechtungsklage innert Frist Gebrauch gemacht, so hat dies – ebensowenig wie die gesetzliche Anfechtungsfrist als solche – als solche keinen Suspensiveffekt[321], vielmehr wird diesfalls der erwähnte „resolutive Schwebezustand" fortgesetzt[322], und zwar bis zur rechtskräftigen Erledigung der Anfechtungsklage. Dabei bedeutet die Gutheissung derselben den Eintritt der Resolutivbedingung[323], und der angefochtene Beschluss wird *ex tunc* (d.h. rückwirkend auf den Zeitpunkt seiner Fällung) – samt entsprechender nachfolgender Korrektur des Handelsregisters- oder Grundbucheintrages (z.B. Löschung des Handelsregistereintrages betr. einen neuen Sitz 208

---

[319] BGE 84 II 38ff., AG, 110 II 390/391, AG.
[320] Vgl. BGE 78 III 45, Gen: „resolutiver Schwebezustand".
[321] Vgl. RIEMER, N 79 S. 871 zu Art. 75 ZGB.
[322] Vgl. BGE 110 II 390/391, AG.
[323] Vgl. BGE 110 II 390 E. 2c, AG.

einer AG[324]) – *aufgehoben*[325], wohingegen die Abweisung der Anfechtungsklage den angefochtenen Beschluss zu einem unbedingten werden lässt.

209 Soll die sofortige Verbindlichkeit und/oder Vollstreckbarkeit (Vollzug) eines Beschlusses (samt allfälligem Handelsregister- oder Grundbucheintrag) trotz der grundsätzlichen Möglichkeit späterer Rückgängigmachung (was jedoch bezüglich des gutgläubigen Rechtserwerbs Dritter nicht möglich ist[326]) aufgeschoben oder beschränkt werden (Suspensiveffekt), so sind (falls die Körperschaft es nicht freiwillig tut, was zulässig ist; auch kann ein Gericht oder eine Verwaltungsbehörde ein mit dem betreffenden Beschluss im Zusammenhang stehendes Verfahren bis zur definitiven Klärung der Rechtslage *sistieren*[327]) – vorprozessual (während noch laufender Anfechtungsfrist, vgl. hiezu auch vorn N 201) oder prozessual (im Hauptprozess, d.h. gleichzeitig mit oder nach Erhebung der Anfechtungsklage) – beim Richter entsprechende *vorsorgliche Massnahmen* zu beantragen (vgl. hiezu hinten N 246ff.).

210 Ist die Anfechtungsklage ihrer Natur nach auf *Aufhebung* des betreffenden Beschlusses gerichtet, so ist sie als *Gestaltungsklage* und ein allfälliges gutheissendes Urteils als *Gestaltungsurteil* zu qualifizieren[328], stellt doch eine derartige Aufhebung offensichtlich eine Rechtsänderung dar. Diese ist aber auf die Aufhebung *beschränkt* (vgl. auch Art. 706 Abs. 3/808 Abs. 6 und Art. 891 Abs. 3 OR, wo nur von „aufhebt" gesprochen wird; Entsprechendes gilt aber auch für Verein und Stockwerkeigentümergemeinschaft), d.h. es können mit dieser Anfechtungsklage nicht gültig auch richterliche Änderungen des angefochtenen Beschlusses bzw. dessen vollständige oder

---

[324] Vgl. BGE v. 22.11.1939 in SAG 1939/40 S. 179, a.E.
[325] Vgl. BGE 97 I 487, AG, 97 II 188f, AG, 116 II 716 E. 4b, Gen (wonach dies in der Regel selbst bei Aufhebung eines Fusionsbeschlusses – „Wiederaufleben" der aufgelösten Gesellschaft – der Fall ist), 122 III 281, AG; ZR 74 Nr. 34 S. 66, V.
[326] Vgl. etwa W. v. STEIGER, N 16 zu Art. 808 OR.
[327] Vgl. zu beidem KOLLER 52 und zu ersterem auch DRUEY 155.
[328] BGE 110 II 390 E. 2c, AG, 122 III 281, AG; ZR 74 Nr. 34 S. 66, V, BJM 1957 S. 140, V; BÜRGI, N 69 zu Art. 706 OR, FORSTMOSER/MEIER-HAYOZ/NOBEL, § 25 N 71, MEIER-HAYOZ/FORSTMOSER, § 20 N 44, RIEMER, N 79 zu Art. 75 ZGB (mit Hinweisen auf die prozessrechtliche Literatur).

VI. Prozessuale Fragen des Anfechtungsprozesses

teilweise Ersetzung durch das richterliche Urteil beantragt werden[329], ebensowenig die Verurteilung der Körperschaft zur Fassung eines bestimmten Beschlusses[330] oder besondere richterliche Feststellungen, auch wenn sie mit der Aufhebung in Zusammenhang stehen[331]. Diese Anfechtungsklage hat mithin nur *kassatorische* Wirkung[332], d.h. der Richter darf nicht anstelle der Körperschaft bzw. ihres zuständigen Organs entscheiden (auch nicht im Sinne einer *Konversion*, analog § 140 BGB); die Körperschaft ist aber an die *Begründung* des gerichtlichen Urteils *gebunden*[333].

Die bloss kassatorische Wirkung der *Anfechtungsklage* schliesst aber nicht aus, dass diese nach den Vorschriften über die sog. *objektive Klagenhäufung* mit anderen – *auch sonst gegenüber der Körperschaft zulässigen* – Klagen (Leistungs- oder Feststellungsklagen) bzw. entsprechenden Rechtsbegehren *verbunden* wird.

211

---

[329] Vgl. BGE 72 II 108, Gen (wenn auch i.c. nicht im Zusammenhang mit einer Aufhebung), 75 II 154 E. 2b Abs. 3, AG, 86 II 163, AG, 118 II 14, V; ZR 81 Nr. 91 = SJZ 79 (1983) S. 161ff. Nr. 27 = SAG 1983 S. 126ff., AG: keine richterlichen Stimmrechtsregelungen sowie Abberufungen von Verwaltungsratsmitgliedern (*Bemerkung:* Letzteres könnte – im Ergebnis – nur bei erfolgreicher Anfechtung eines allfälligen *Wahl*beschlusses bewirkt werden, während i.c. ein die Abberufung ablehnender Beschluss angefochten wurde); AB OW 1990/91 Nr. 12 S. 61, Stw: keine richterliche Kompetenz, in Verbindung mit der Aufhebung eines Wahlbeschlusses den Kläger als gewählt zu erklären; vgl. auch hinten Anm. 341.

[330] v. GREYERZ 194, FORSTMOSER/MEIER-HAYOZ/NOBEL/, § 25 N 72, OKUR 130f.

[331] So hat es das Bundesgericht im Zusammenhang mit einer Klage auf Anfechtung der Ausschliessung aus einem Verein (Art. 72/75 ZGB) sogar abgelehnt, auf den über die Aufhebung des Beschlusses hinausgehenden Antrag auf Feststellung der weiterdauernden Mitgliedschaft des Klägers einzutreten, BGE v. 18.4.1988 i.S.X.S.A. c. S. E. 2, welche in BGE 114 II 193ff. nicht publ. ist.

[332] BGE 118 II 14, V, 122 III 284/285, AG; ZR 39 Nr. 32 S. 76, AG, BJM 1987 S. 210, Gen.

[333] BGE 118 II 14, V; RIEMER, N 82 zu Art. 75 ZGB; missverständlich BGE 75 II 154 E. 2b Abs. 4, AG, und dementsprechend auch der diesbezügliche Hinweis in BGE 122 III 285, AG.

VI. Prozessuale Fragen des Anfechtungsprozesses

Beispiele:

212
- *Anfechtung eines statutarischen Dividendenentzugsbeschlusses einer AG und Klage auf Leistung der statutenkonformen Dividende*[334]*, wobei aber die Gutheissung auch der Leistungsklage voraussetzt, dass kein besonderer GV-Beschluss mehr erforderlich ist, der Leistungsumfang aufgrund der Statuten vielmehr feststeht*[335]*;*
- *Anfechtung eines statutenwidrigen GV-Beschlusses einer AG betr. Verwaltungsratstantiemen und Klage auf Leistung der statutenkonformen Tantiemen*[336]*;*
- *Anfechtung der Ausschliessung aus einem Verein (Art. 72, 75 ZGB) und Klage auf Leistung von Schadenersatz und Genugtuung*[337]*; Entsprechendes gilt bei Anfechtung anderer persönlichkeitsverletzender – oder sonst eine unerlaubte Handlung beinhaltender – Vereinsbeschlüsse*[338]*;*
- *Anfechtung eines statutenwidrigen GV-Beschlusses einer AG betr. Gruppenvertreter im Verwaltungsrat und Klage auf Feststellung betr. die Verbindlichkeit der Gruppenvorschläge*[339]*; in gleichem Sinne bereits ein früherer Entscheid*[340]*, in welchem Falle zusätzlich auch die (Leistungs-) Klage auf Einberufung einer ao. Generalversammlung gutgeheissen wurde;*
- *Anfechtung des Beschlusses einer Stockwerkeigentümergemeinschaft und (Leistungs-) Verpflichtung derselben zur Erstellung eines Reglementes i.S.v. Art. 712g Abs. 3 ZGB*[341]*.*

---

[334] BGE 53 II 266f. (i.c. Gutheissung beider Klagen bzw. Begehren), 54 II 23/24 (i.c. Abweisung).

[335] BGE 53 II 266; ZR 39 Nr. 32 S. 77; in gleichem Sinne BJM 1963 S. 167 = SAG 1964 S. 21ff., AG: keine richterliche Korrektur des erfolgreich angefochtenen Bilanzgenehmigungsbeschlusses, ausgenommen bei Vorliegen sämtlicher Grundlagen für eine richtige Bilanzierung.

[336] BGE 75 II 154ff. E. 3 (i.c. Gutheissung beider Klagen bzw. Begehren, wobei auch hier der Umfang der Leistung aufgrund der Statuten feststand).

[337] Vgl. BGE 85 II 539.

[338] Vgl. RIEMER, N 145/146 zu Art. 75 ZGB.

[339] BGE 107 II 179ff. (i.c. Gutheissung der Anfechtungsklage und weitgehende Gutheissung der Feststellungsklage).

[340] BGE 66 II 43ff.

[341] RVJ 1985 S. 93ff., unter Ablehnung einer Reglementierung durch den Richter selbst (vgl. hiezu auch MEIER-HAYOZ/REY, N 96 zu Art. 712g ZGB).

VI. Prozessuale Fragen des Anfechtungsprozesses

Das hat das Bundesgericht im zit. BGE v. 18.4.1988, in welchem Falle der Kläger von Anfang an effektiv auch die fragliche Feststellung beantragt hatte, übersehen.

Im übrigen hat auch die blosse *Teil*aufhebung eines angefochtenen Beschlusses (vgl. nachfolgend N 217) eine Art *Änderung* nämlich bezogen auf den gefassten Beschluss *als Ganzes* zur Folge[342].

Betr. „Beschlussfeststellungsklagen" vgl. hinten N 320ff.

Soweit schliesslich die Aufhebung sachlich eine „Rückweisung an die Körperschaft zu neuer Entscheidung" bedeutet (was nicht notwendigerweise der Fall ist; die Angelegenheit kann auch für die Körperschaft mit der gerichtlichen Aufhebung ihres Beschlusses erledigt sein, z.B. bei Kassierung der Wahl eines Exekutivmitgliedes, das zusätzlich zur statutarisch vorgesehenen Zahl von Exekutivmitgliedern gewählt wurde), kann immerhin eine solche *aufgrund des früheren Verhaltens der Körperschaft als sinnlos erscheinen* (so namentlich bei Missachtung der Begründung eines in derselben Sache ergangenen früheren Urteils); diesfalls muss es aufgrund von *Art. 2 Abs.2 ZGB (Rechtsmissbrauchsverbot)* zulässig sein, dass der Richter auf entsprechenden Antrag des Klägers anstelle der Körperschaft auch in der Sache selbst entscheidet[343].

Zulässig ist im übrigen auch eine auf *teilweise* Aufhebung des angefochtenen Beschlusses gerichtete Anfechtungsklage (auch als blosses Eventualbegehren zu einem Begehren auf vollständige Aufhebung), und es kann der Richter eine solche Klage – ganz oder ihrerseits teilweise – gutheissen[344]; ebenso kann der Richter eine auf vollständige Aufhebung gerichtete Klage nur *teilweise* gutheissen[345].

213

214

215

216

217

---

[342] PATRY II S. 244/245 und ders., L'action en annulation, S. 34/35, OKUR 131/132.

[343] *Ohne den genannten Vorbehalt* – vielmehr generell im Falle rechtsmissbräuchlicher Unterlassung durch *Ablehnung* eines Minderheitsantrags seitens der Mehrheit – für eine positive Entscheidung des Richters – wenn auch „nur" Verurteilung der AG zu einer bestimmten Beschlussfassung – SCHLUEP 214f.; generell *gegen* derartige Entscheidungen des Richters anstelle der Generalversammlung OKUR 132ff., ROHRER 114f., unter Einschluss des Falles der *Unterlassung* jeglichen Beschlusses durch die Generalversammlung, vgl. hiezu vorn N 51ff.

[344] BGE 84 II 555, AG.

[345] BGE 86 II 86 E. 5 Abs. 3 i.V.m. S. 79/80, AG, 117 II 314/315, AG; SAG 1966 S. 255, *LU* (betr. den Wahlbeschluss einer AG), BJM 1987 S.

VI. Prozessuale Fragen des Anfechtungsprozesses

Vorausgesetzt ist allerdings in allen Fällen dieser Art, dass der Beschluss *sachlich teilbar* ist[346] (zu bejahen etwa bei einem Beschluss, der zwei Vereins- oder Genossenschaftsmitglieder ausschliesst; zu verneinen etwa bei einem Beschluss betr. Genehmigung von Jahresrechnung und Bilanz), wobei Art. 20 Abs. 2 OR (Teilnichtigkeit von Verträgen) analog angewendet werden kann[347] (wäre also der teilweise aufzuhebende Beschluss ohne diesen Teil überhaupt nicht gefasst worden, so ist er ganz aufzuheben; Letzteres allerdings nur, sofern auch ein entsprechendes Begehren gestellt wurde, während andernfalls die Klage vollumfänglich abzuweisen ist).

218 Entsprechend ihrem Wesen als Gestaltungsklage[348] – und im Unterschied zu anderen Klagen[349] – wirkt die *Gutheissung* der Anfechtungsklage (im Gegensatz zu deren Abweisung[350]) *erga omnes*, d.h. auch für diejenigen Körperschafter, welche keine Anfechtungsklage erhoben haben (vgl. Art. 706 Abs. 5/808 Abs. 6, Art. 891 Abs. 3 OR[351], wobei Entsprechendes auch für Vereinsmitglieder und Stockwerkeigentümer gilt; aus der *erga omnes*-Wirkung leitet im übrigen das Bundesgericht auch die Unzulässigkeit einer vergleichsmässigen Erledigung der Anfechtungsklage ab[352]).

---

346 210/211, Gen; *BÖCKLI* Rz 1915, *RIEMER*, N 83 und *HEINI/SCHERRER*, N 29 zu Art. 75 ZGB.
347 So sinngemäss – und i.c. bejahend – auch BGE 117 II 314/315, AG.
348 BGE 122 III 285, AG.
349 Vgl. aber immerhin auch die gegenteilige Praxis zur Ungültigkeitsklage i.S.v. Art.519 ZGB: BGE 81 II 36.
350 Vgl. BGE 89 II 434/435; 90 I 119.
351 BGE 122 III 284, AG; *BÜRGI*, N 72 zu Art. 706 OR, *FORSTMOSER/MEIER-HAYOZ/NOBEL*, § 25 N 64, *JANGGEN/BECKER*, N 27 zu Art. 808 OR, *F.v.STEIGER* 121.
352 Und zu dieser Frage auch BGE 122 III 281.
    Vgl. BGE 80 I 390f., AG, 110 II 390, a.E., AG, und dazu auch hinten N 233.

B. Örtliche Zuständigkeit (Gerichtsstand)

Die Anfechtungsklage ist bei der *Stockwerkeigentümergemeinschaft* am *Orte der gelegenen Sache* (Art. 712 1 Abs. 2 ZGB)[353], bei den *Vereinen* und den *Körperschaften des OR* an deren *Sitz* (Art. 56 ZGB, Art. 626 Ziff. 1, 776 Ziff. 1, 832 Ziff. 1 OR) zu erheben[354]. Bei im Handelsregister eingetragenen Körperschaften ist für den Sitz der *Handelsregistereintrag* massgebend[355]. 219

Bei *Sitzverlegung* und entsprechendem Handelsregistereintrag vor Rechtshängigkeit der Anfechtungsklage (z.B. wenn gerade der Sitzverlegungsbeschluss angefochten wird und der neue Sitz bereits eingetragen ist; während laufender Anfechtungsfrist bezüglich eines bestimmten Beschlusses kann aber auch ein *späterer* oder ein *früherer* Sitzverlegungsbeschluss samt Handelsregistereintrag die örtliche Zuständigkeit bezüglich der Klage gegen den Beschluss, der angefochten werden soll, verändern) ist diese am *neuen* Gerichtsstand zu erheben, vor dem Handelsregistereintrag dagegen am *alten*[356]. Bei nicht im Handelsregister eingetragenen Vereinen kommt es statt auf den Handelsregistereintrag auf den Zeitpunkt der Statutenänderung oder der Verlegung der Verwaltungsortes (Art. 56 ZGB) oder dann der Grundlagen des „fliegenden Sitzes" an. Die Anfechtung eines *Fusionsbeschlusses* kann am Gerichtsstand der betreffenden (aufzulösenden) Körperschaft erfolgen (vgl. für die AG Art. 748 Ziff. 4, 749 Abs. 2 OR, für die Genossenschaft Art. 914 Ziff. 4 OR[357]). 220

Die hier in Frage stehende Anfechtungsklage ist in keinem Falle[358] eine Klage aus dem Geschäftsbereich bzw. Geschäftsbetrieb einer *Zweigniederlassung* (Art. 642 Abs. 3, 782 Abs. 3, 837 Abs. 3 OR), so dass der betreffende Gerichtsstand nicht in Betracht fällt. Hingegen schliesst das Bundesgericht einen zweiten, vom kantonalen Prozessrecht anerkannten Gerichtsstand am *Ort der tatsächlichen Ver-* 221

---

[353] PKG 1992 Nr. 20 S. 93; *MEIER-HAYOZ/REY*, N 143 zu Art. 712m ZGB.
[354] Vgl. BGE 84 II 41, AG: „Sitz und Gerichtsstand"; nicht publ. BGE v. 10.2.1966 i.S. F.P. c. T. E. 2b Abs. 3 S. 6, Verein; RVJ 1983 S. 93, AG.
[355] Vgl. BGE 84 II 41/42, AG.
[356] BGE 84 II 42, 43 E. 5, AG.
[357] Und dazu BGE 97 II 188 sowie *ROHRER* 100, *KUNZ* 136.
[358] Vgl. *ROHRER* 101, *KUNZ* 132.

waltung nicht aus[359]. Im übrigen steht auch hinsichtlich der Anfechtungsklage die Zuständigkeit am Sitz unter dem Vorbehalt des *Rechtsmissbrauchs* i.S.v. Art. 2 Abs. 2 ZGB[360], was etwa im erwähnten Fall des Sitzverlegungsbeschlusses/Handelsregistereintrages während laufender Frist bezüglich eines früheren Beschlusses aktuell sein kann.

222 Nicht massgebend für die örtliche Zuständigkeit ist der Ort der Beschlussfassung oder der Sitz/Wohnsitz des Anfechtungsklägers.

223 Die genannten Zuständigkeiten sind nicht als zwingend bzw. exklusiv anzusehen[361], so dass auch eine abweichende Zuständigkeit *vereinbart (forum prorogatum;* durch Aufnahme in die betreffenden Statuten[362] oder durch individuelle Vereinbarung mit den Mitgliedern, sei es generell, sei es nach Fällung eines bestimmten Beschlusses mit dem/den anfechtungswilligen Mitglied/ern) oder durch *vorbehaltlose Einlassung* begründet werden kann.

C. Sachliche Zuständigkeit, einschliesslich Direktprozess am Bundesgericht und Schiedsgericht

1. Allgemeines

224 Die sachliche Zuständigkeit (Einzelrichter, Kollegium, allfälliger Instanzenzug; allfällige Zuständigkeit eines allfälligen *Handelsgerichtes*[363]) bestimmt sich vorab nach dem *kantonalen* Recht (Gerichtsorganisations- und Verfahrensrecht).

---

[359] BGE 84 II 43 E. 5, AG.
[360] Vgl. allgemein *RIEMER*, Kommentar zu den Allg. Bestimmungen über die juristischen Personen, N 12 zu Art. 56 ZGB.
[361] Vgl. *GULDENER* 95, 263 betr. „Klagen aus dem Mitgliedschaftsverhältnis" bzw. betr. das „Rechtsverhältnis zwischen der juristischen Person und ihren Mitgliedern", *VOGEL*, 4. K. N 79c betr. „Streitigkeiten zwischen einer juristischen Person und ihren Mitgliedern"; *ROHRER* 99/100, *KUNZ* 128.
[362] Vgl. *GULDENER* und *VOGEL*, je a.a.O.
[363] Vgl. etwa *HAUSER/HAUSER*, N 4 lit. b, a.E., zu alt § 78 GVG ZH, betr. Bejahung der Zuständigkeit bei „Streitigkeiten zwischen einer juristischen Person des Handelsrechtes und einem Mitglied aus dem Mitgliedschaftsverhältnis" und dazu z.B. ZR 88 Nr. 71, 90 Nr. 61, 94 Nr. 88 betr. die implizite Bejahung der Zuständigkeit bezüglich Anfechtungsklagen

2. Direktprozess am Bundesgericht

Nach Massgabe von Art. 41 Abs. 1 lit. c letzter Abs. OG ist 225 auch bei Anfechtungsklagen ein Direktprozess vor Bundesgericht möglich[364]. Es kann allerdings auch, namentlich bei Vereinen, eine nicht vermögensrechtliche Streitigkeit vorliegen (vgl. hinten N 236ff), was einen Direktprozess ausschliesst[365].

3. Schiedsgericht

a) Gemäss Schiedskonkordat

aa) Schiedsfähigkeit

Die Schiedsfähigkeit von Anfechtungsklagen der hier in 226 Frage stehenden Art wird von der Praxis seit jeher fast ausnahmslos bejaht[366]. Entsprechendes gilt für die Literatur[367]. Immerhin ist auch

---

[364] bei Aktiengesellschaften und ebenso ZR 62 Nr. 90 = SJZ 60 (1964) S. 91 Nr. 57 = SAG 1964 S. 83 betr. eine GmbH.
Vgl. z.B. BGE 117 II 290 betr. eine AG.

[365] Vgl. BGE 112 II 191/192, 120 II 416 E. 2c; *POUDRET*, N 4. 2 Abs. 3 S. 73 zu Art. 41 OG.

[366] BGE 71 II 180/181 (Ausschliessung aus einer Genossenschaft), 119 II 276/ 277 (Verbandsstrafe bei einem Verein); ZBJV 79 (1943) S. 565ff. = SAG 1943/44 S. 167ff. (Sanierungsbeschluss einer AG), ZBJV 124 (1988) S. 311ff. (Verbandsstrafe bei einem Verein), ZR 47 Nr. 4 (AG; Fusionsvertrag, Herabsetzung des Gesellschaftskapitals und des Neuwerts der Aktien, Statutenänderung, Neuwahlen), Rep 1954 S. 402 = SJZ 51 (1955) S. 300 Nr. 156 (AG, Entschädigung an Verwaltungsräte), RdJ NE 1958-62 I S.190ff. = SJZ 56 (1960) S. 314f. Nr. 110 (Berufsverband, Verbandstarif), RdJ NE 1977-81 I S. 75ff. (AG, Wahlen), Rep 1946 S. 139 und BJM 1985 S. 52/53 (je Ausschliessung aus Genossenschaft), BJM 1993 S. 203ff. (*allgemein* – und eingehend – betr. Anfechtbarkeit von GV-Beschlüssen, i.c. betr. AG), GVP SG 1964 Nr. 8 S. 24/25 = SJZ 64 (1968) Nr. 176 S. 321 = SAG 1969 S. 106ff. (AG; betr. altArt. 699 OR), SJZ 58 (1962) S. 307/308 Nr. 176 (*Schiedsgerichtsentscheid*; Genossenschaft, Rechtsgleichheit bei den Benutzungsrechten); *einschränkend* SemJud 1960 S. 121ff., AG, und dementsprechend auch *PATRY* II S. 245/246 und ders.,,L'action en annulation, S. 22ff., *OKUR* 115ff.

[367] Vgl. die Zusammenstellung bei *RIEMER*, N 85 zu Art. 75 ZGB, unter Hinweis auf einzelne abweichende Auffassungen (weitere Hinweise auf

darauf hinzuweisen, dass sowohl nach den früheren kantonalen Regelungen[368] als auch nach Art. 5 Schiedskonkordat (SR 279; heute für alle Kantone in Kraft) *freie Verfügbarkeit* über den Anspruch Voraussetzung der Schiedsfähigkeit ist, welche ihrerseits vom Bundesgericht für derartige Klagen – wenn auch nur im Zusammenhang mit ihrer Vergleichsfähigkeit – verneint worden ist[369]. Zu beachten ist auch, dass die eingangs genannten bundesgerichtlichen Urteile - im Unterschied zu einem Teil der kantonalen Entscheide – sich auf Fälle bezogen, in denen die *individuelle Rechtsstellung des Anfechtenden* im Vordergrund stand (Sanktionen ihm gegenüber) und damit – wenn auch nur von seiner Seite[370] – auch die freie Verfügbarkeit[371]. Was hingegen die Interessen der übrigen Mitglieder der Körperschaft (vgl. betr. die *erga omnes*-Wirkung des Anfechtungsurteils vorn N 218) betrifft[372], so ist darauf hinzuweisen, dass im Falle der Zustimmung zu einer *statutarischen* Schiedsklausel (vgl. hiezu nachfolgend lit. bb) die Zustimmung auch diese „Drittwirkung" umfasst.

bb) Form der Schiedsabrede

227   Hinsichtlich der Form der Schiedsabrede (Schiedsvertrag bei einer bestehenden Streitigkeit oder Schiedsklausel für künftige Streitigkeiten, Art. 4 Schiedskonkordat), schreibt Art. 6 Abs. 1

[368] zustimmende Literatur in BJM 1993 S. 205); ferner *DREIFUSS/LEBRECHT*, N 29 zu Art. 706 OR, *MOLL*, N 31 zu Art. 891 OR, *BÖCKLI* Rz 1919/1919a, *FORSTMOSER/MEIER-HAYOZ/NOBEL*, § 25 N 67, *HEINI/SCHERRER*, N 28 zu Art. 75 ZGB;*STAUFFER* 213ff., *ROHRER* 101ff.; weitgehend *a.M. KUNZ* 179.
Vgl. *RIEMER*, Schiedsfähigkeit von Klagen des ZGB, in: Recht und Rechtsdurchsetzung, Festschrift für Hans Ulrich Walder zum 65. Geburtstag, Zürich 1994, S. 371/372.

[369] BGE 80 I 390; hiezu kritisch BJM 1993 S. 203/204; vgl. aber auch die Kautelen betr. eine *vergleichsweise* Erledigung bei *BÖCKLI* Rz 1919a: auch bei Vergleich *begründeter* Schiedsspruch der Schiedsrichter als Prozesserledigung (vgl.aber auch hinten N 233).

[370] Vgl. *RIEMER*, zit. Festschrift Walder, S. 377.

[371] So ausdrücklich BGE 71 II 180/181 betr. die Ausschliessung aus einer Genossenschaft.

[372] Vgl. die daraus abgeleiteten Einwände an der Schiedsfähigkeit bei *HINDERLING*, Die private Schiedsgerichtsbarkeit nach Basler ZPO und Konkordat, BJM 1972 S. 117/118, und bei *HABSCHEID*, Statutarische Schiedsgerichte und Schiedskonkordat, SAG 1985 S. 163ff.

Schiedskonkordat die Schriftform (Art. 13ff. OR) vor, wobei sich diese bei der statutarischen Schiedsklausel „aus der schriftlichen Erklärung des Beitritts zu einer juristischen Person ergeben ... kann ..., sofern diese Erklärung ausdrücklich auf die in den Statuten oder in einem sich darauf stützenden Reglement enthaltene Schiedsklausel Bezug nimmt" (Abs. 2). Die Erzwingung der Einhaltung dieser Formvorschrift[373] ist bei *Aktiengesellschaften* im Falle der Schiedsklausel unmöglich[374], ausgenommen bezüglich der Gründer (vgl. Art. 629/630 OR[375]) und bei Kapitalerhöhung (Art. 652 i.V.m. Art. 630 OR); im Hinblick auf Art. 685b Abs. 7 und 685d Abs. 1 OR können dagegen spätere Aktienübertragungen selbst bei Namenaktien nicht – im Sinne einer Vinkulierung – statutarisch von der schriftlichen Zustimmung zu einer Schiedsklausel abhängig gemacht werden. All dies schliesst selbstverständlich eine freiwillige Beachtung von Art. 6 Abs. 2 Schiedskonkordat nicht aus; Entsprechendes gilt für den Abschluss eines allfälligen Schiedsvertrages (nach Fällung des angefochtenen Beschlusses und während noch laufender Anfechtungsfrist). Bei den *übrigen Körperschaften* ist es demgegenüber möglich, den späteren Beitritt so auszugestalten, dass er von der Einhaltung der genannten Formvorschrift abhängig gemacht wird.

cc) Sonstiges

Von den sonstigen Bestimmungen des Schiedskonkordates ist vorliegend besonders Art. 13 („Anhängigkeit") erwähnenswert, welcher im Falle von Schiedsgerichten die Wahrung der bundesrechtlichen Anfechtungsfrist spezifiziert.

b) Gemäss Art. 178 IPRG (Internationales Schiedsgericht)

Sofern das Schiedsgericht seinen Sitz in der Schweiz hat und bei Abschluss der Schiedsvereinbarung (wobei unter den Begriff „Schiedsvereinbarung" auch die „Schiedsklausel" im Sinne des Schiedskonkordates fällt[376]) wenigstens eine Partei ihren Wohnsitz oder ihren gewöhnlichen Aufenthalt nicht in der Schweiz hatte (was

---

[373] Für strikte Einhaltung derselben BGE 110 Ia 109/110, Stw.
[374] *FORSTMOSER/MEIER-HAYOZ/NOBEL*, § 8 N 86; vgl. auch *BÖCKLI* Rz 1919, *GUHL/KUMMER/DRUEY* 683.
[375] Und dazu auch *DREIFUSS/LEBRECHT*, N 30/31 zu Art. 706 OR.
[376] Vgl. sinngemäss *VOLKEN*, N 3 zu Art. 178 IPRG.

VI. Prozessuale Fragen des Anfechtungsprozesses

beides bei den hier in Frage stehenden Anfechtungsklagen nur auf den Anfechtungskläger zutreffen kann, nicht auf die beklagte juristische Person des schweizerischen Rechts, die ihren Sitz stets in der Schweiz haben muss[377]), sind auf das Schiedsverfahren *Art. 176ff. IPRG* und nicht die Bestimmungen des Schiedskonkordates anwendbar (Art. 176 Abs. 1 IPRG[378]), es sei denn, es liege ein Ausschluss i.S.v. Art. 176 Abs. 2 IPRG vor. Dabei ist die Subsumtion von „Aufnahme der Schiedsklausel in die Statuten" unter „Abschluss der Schiedsvereinbarung" i.S.v. Art. 176 Abs. 1 IPRG[379] insofern nicht zutreffend, als es sich um eine *nach* dieser „Aufnahme" erworbene bzw. entstandene Körperschaftsmitgliedschaft handelt; diesfalls muss der dannzumalige Zeitpunkt für die Frage des ausländischen Wohnsitzes oder gewöhnlichen Aufenthaltes massgebend sein.

230   Im Geltungsbereich des IPRG ist der Bereich der *Schiedsfähigkeit anders konzipiert* („jeder vermögensrechtliche Anspruch", Art. 177 Abs. 1 IPRG[380]) und die *Formvorschriften* bezüglich der „Schiedsvereinbarung" sind *weniger streng* (vgl. Art. 178 Abs. 1 IPRG) als gemäss Schiedskonkordat. Allerdings gilt bei *Vereinen* die Anfechtungsklage (Art. 75 ZGB) als nicht vermögensrechtliche Streitigkeit[381], so dass eine Schiedsfähigkeit i.S.v. Art. 176 Abs. 1/177 Abs. 1 IPRG nicht gegeben ist. Es muss daher auch bei internationalen Fällen gegebenenfalls die Schiedsgerichtsbarkeit gemäss interkantonalem Schiedskonkordat (dessen Schiedsfähigkeit eben anders konzipiert ist, vgl. Art. 5 Schiedskonkordat und hiezu auch vorstehend N 226) vereinbart werden (vgl. Art. 176 Abs. 2 IPRG[382]).

---

[377]   Vgl. *RIEMER,* Kommentar zu den Allg. Bestimmungen über juristische Personen, Syst. Teil N 196.

[378]   Vgl. BGE 119 II 275 E. 3a betr. das TAS/Tribunal Arbitral du Sport, wobei sich der im Ausland wohnende Kläger jährlich dem Gericht unterstellt hatte, S. 272ff.

[379]   Vgl. *DREIFUSS/LEBRECHT,* N 29 zu Art. 706 OR.

[380]   Auch hier weitgehend *gegen* Schiedsfähigkeit für Anfechtungsklagen *KUNZ* 181.

[381]   Vgl. – betr. Art. 43a ff. OG – hinten N 242 sowie *RIEMER,* Schiedsfähigkeit von Klagen des ZGB bei internationalen Schiedsgerichten (Art. 177 Abs. 1 IPRG), in Rechtsschutz. Festschrift zum 70. Geburtstag von Guido von Castelberg, Zürich 1997, S. 216.

[382]   Und hiezu auch meine Ausführungen a.a.O. S. 213/214.

c) Gemäss New Yorker Übereinkommen von 1958

Wie Art. 1 Abs. 1 Schiedskonkordat setzt auch ein 231
Schiedsgericht i.S.v. Art. 176ff. IPRG den Sitz dieses Gerichtes in
der Schweiz voraus (vgl. vorstehend lit. b). Ist letzteres nicht der
Fall, so ist gegebenenfalls auch auf die hier in Frage stehenden Klagen[383] das New Yorker Übereinkommen vom 10. Juni 1958 (SR
0.277.12) anwendbar[384], dessen Formvorschriften sich mit denjenigen von Art. 178 Abs. 1 IPRG decken[385].

D. Verfahrens- und Erledigungsart

Ob in derartigen Anfechtungsprozessen die *Offizialmaxime* 232
gilt, ist *umstritten*[386].

Immerhin ist für das Bundesgericht[387] die *erga omnes*-Wirkung 233
des Urteils ein Grund, um eine Prozesserledigung durch *Vergleich*
auszuschliessen[388]. Dieses Problem kann aber auch durch einen *Ratifikationsvorbehalt* zugunsten der Generalversammlung (oder eines
anderen zuständigen Organs) gelöst werden[389], wäre diese doch u.U.
sogar befugt, ihre Beschlüsse wieder aufzuheben (vgl. vorn N 83).

---

[383] Vgl. *DREIFUSS/LEBRECHT*, N 32 zu Art. 706 OR.
[384] Vgl. BGE 121 III 41 E. 2a, 122 III 141/142 E. 2a.
[385] BGE 121 III 43/44 E.2c.
[386] Verneinend: BGE 80 I 390, AG; Bericht ObG SO 1970 Nr. 15 S. 75/76,
V; GVP ZG 1993/94 S. 122, AG; bejahend – wegen fehlender Anerkennungs- bzw. Verfügungsbefugnis des Exekutivorgans – *GULDENER*,
S. 151 und bes. 171, *VOGEL*, 6. K. N 51, *WALDER* 206, § 18 N 11;
vgl. auch *HABSCHEID* N 537.
[387] *a.M. GUHL/KUMMER/DRUEY* 683.
[388] BGE 80 I 390f., AG (mit entsprechender Verweigerung des Handelsregistereintrages), bestätigt in BGE 110 II 390, a.E., AG, und 122 III
283/284, AG; vgl.auch die dementsprechenden Kautelen für ein
Schiedsgericht in SemJud 1960 S. 126, AG, sowie bei *BÖCKLI* Rz
1919a und im übrigen zu dieser Frage vorn N 226.
[389] *FORSTMOSER/MEIER-HAYOZ/NOBEL*, § 25 Anm. 69.

VI. Prozessuale Fragen des Anfechtungsprozesses

234 Für eine Prozesserledigung aufgrund einer *Anerkennung* seitens der Exekutive gilt Entsprechendes[390], wohingegen der Anfechtungskläger frei ist, seine Klage *zurückzuziehen*[391].

235 Betr. *Gegenstandslosigkeit* der Klage vgl. vorn N 83.

E. Streitwert

236 Nach bundesgerichtlicher Praxis liegt bei der *aktienrechtlichen* Anfechtungsklage letztlich *stets* (nicht in Betracht gezogen wurde der Fall des Art. 620 Abs. 3 OR, der u.U. gegenteilig zu lösen ist, vgl. auch nachfolgend N 241 und Anm. 402 betr. Art. 828 Abs. 1 OR/Art. 92 Abs. 2 HRV) eine *vermögensrechtliche* Streitigkeit (Art. 46 OG, vgl. auch vorn N 225 betr. Art. 41 Abs. 1 lit. c, letzter Abs. OG) vor[392], also z.B. auch beim mitgliedschaftlichen Vertretungsrecht im Verwaltungsrat, obwohl es dabei *vordergründig* nicht um pekuniäre Interessen geht[393].

237 Dabei ist für die *Streitwertberechnung* nicht das individuelle Interesse des Klägers an der Gutheissung seiner Klage, vielmehr das Gesamtinteresse der beklagten AG am Ausgang des Prozesses massgebend (welches je nach dem konkreten Anfechtungsfall stark unterschiedlich ist), hebt doch ein allfällig die Anfechtungsklage gutheissendes Urteil den angefochtenen Beschluss insgesamt (gegenüber der AG und allen Aktionären) auf[394].

---

[390] So an sich auch GVP ZG 1993/94 S. 122f., AG, aber *für* Zulässigkeit einer Anerkennung; ebenso *DRUEY* 156/157; *gegen* Anerkennung *BÖCKLI* Rz 1918a.

[391] Ungenau: „mangelnde Dispositionsbefugnis der Parteien" bei Anfechtungsklagen (*DREIFUSS/LEBRECHT,* N 28 zu Art. 706 OR), weshalb auch der Hinweis auf die Aussichtslosigkeit des Sühnverfahrens unzutreffend ist; entgegen *BÖCKLI* Rz 1918a führt auch der Klagerückzug grundsätzlich zu einem Sachurteil, welches in materielle Rechtskraft erwächst (vgl. *GULDENER* S. 204, 238, 402/403, *VOGEL,* 9. K. N 70/71, *WALDER* 266, § 26 N 81, *HABSCHEID* § 40 N 479).

[392] BGE v. 19.2.1980 in SemJud 1981 S. 40.

[393] BGE 66 II 46f., 107 II 181.

[394] BGE 47 II 435, 51 II 68/69 (i.c. Gen), 54 II 23, 66 II 46/47, 48, 75 II 152, BGE v. 5.2.1960 E. 1 (in BGE 86 II 95ff. nicht publ), BGE 92 II 246.

Beispiele:
- *Bei Anfechtung des Beschlusses über die Verwendung des Reingewinns ist der Betrag der insgesamt geforderten zusätzlichen Dividenden massgebend[395] bzw. der zusätzlichen Verwaltungsratstantiemen[396].*
- *Bei Anfechtung eines Déchargebeschlusses ist der in Frage stehende Haftungsbetrag massgebend[397].*
- *Bei Anfechtung der Wahl eines Vertreters einer bestimmten Aktionärsgruppe ist deren maximaler statutarischer Anspruch auf Dividende massgebend[398].*
- *Bei Anfechtung eines Bilanzgenehmigungsbeschlusses sind die strittigen Bilanzposten massgebend, nämlich ein noch offener Aktienliberierungsbetrag und die Eliminierung eines bestimmten Passivpostens aus der Bilanz[399].*

Gleiche Grundsätze müssen für die *GmbH* massgebend sein[400].

Auch die Anfechtungsklage gegenüber Beschlüssen der *Stockwerkeigentümergemeinschaft* ist – anders als allenfalls aus Art. 712m Abs. 2 ZGB geschlossen werden könnte – stets vermögensrechtlicher Natur[401].

Bei der *Genossenschaft* würde das Bundesgericht in Fällen, da sich „die Mitgliedschaft ... nicht im wirtschaftlichen Interesse erschöpft, sondern daneben einen ideellen Gehalt einschliesst" (d.h. einen solchen, der über die „Hauptsache" i.S.v. Art. 828 Abs. 1 OR hinausgeht), eine *nicht vermögensrechtliche Streitigkeit* (Art. 44 OG

---

[395] BGE 47 II 435, 54 II 23.
[396] BGE 75 II 152.
[397] BGE 51 II 69 (i.c. Gen).
[398] BGE 66 II 48.
[399] BGE 92 II 246.
[400] Vgl. BGE v. 11.6.1963 in ZR 62 Nr. 91 S. 293 E. 1a (welche in BGE 89 II 134ff. nicht publ. ist): „wenn sich der Zweck der Gesellschaft wie im vorliegenden Falle im Betrieb eines nach kaufmännischer Art geführten Gewerbes erschöpft" (genauer wäre allerdings das Abstellen auf den *wirtschaftlichen Zweck* gewesen, der bei der GmbH *stets* gegeben ist, Art. 772 Abs. 3 OR); im übrigen wurde i.c. der Streitwert nach Massgabe des Wertes des Gesellschaftsanteils (Mitgliedschaft) berechnet (a.a.O. S. 293/294 E. 1b).
[401] BGE 108 II 77; RVJ 1985 S. 88.

Ingress) annehmen, andernfalls (wie namentlich bei Versicherungsgenossenschaften und Krankenkassen) eine *vermögensrechtliche*[402].

242 Im Falle der Anfechtungsklage beim *Verein* scheint das Bundesgericht generell eine *nicht vermögensrechtliche* Streitigkeit anzunehmen, d.h. nicht nur im Zusammenhang mit der Mitgliedschaft[403], sondern auch im Zusammenhang mit „Vereinsbeschlüssen" überhaupt[404]; damit werden aber Erwägungen zum *Streitwert* (entsprechend der AG sei auch bei Vereinen „das Gesamtinteresse" des beklagten Vereins massgebend[405]) gegenstandslos. Allerdings sind auch bei Vereinen rein vermögensrechtliche Streitigkeiten denkbar, insbesondere bei Kartellvereinen.

F. Finanzielle Folgen

243 Die Frage der finanziellen Folgen richtet sich auch in einem Anfechtungsprozess der vorliegenden Art grundsätzlich nach kantonalem Recht bzw. im bundesgerichtlichen Verfahren nach Art. 149ff. OG. Dabei wird normalerweise die unterliegende Partei kosten- und entschädigungspflichtig (vgl. für das bundesgerichtliche Verfahren Art. 156 Abs. 1, 159 Abs. 2 OG). Hievon macht der neue Art. 706a Abs. 3 OR für die *AG* (und dementsprechend – Art. 808 Abs. 6 OR – auch für die *GmbH*; für die *anderen Körperschaften* gilt aber nach wie vor die eingangs erwähnte allgemeine Regelung, vgl. auch vorn N 15) eine Ausnahme: Die „Kosten" sind bei *Abweisung* der Anfechtungsklage (nicht aber bei Gutheissung oder Nichteintreten, in welchen Fällen die eingangs genannte allgemeine Regelung gilt; betr. Gegenstandslosigkeit – die von Art. 706a Abs. 1 OR ebenfalls nicht erfasst wird, sondern den allgemeinen diesbezüglichen Regeln unterliegt – vgl. vorn N 83) vom Richter „nach seinem Er-

---

[402] BGE 80 II 75/76 betr. Ausschliessung aus einer Krankenkasse, wobei aber i.c. der Streitwert nach Massgabe der *individuell* noch offenen Bezugsberechtigung berechnet wurde; vgl. auch BGE 108 II 79, mit Hinweis auf abweichende Auffassungen; bei *gemeinnützigen* Genossenschaften i.S.v. Art. 92 Abs. 2 HRV müsste stets eine *nicht vermögensrechtliche* Streitigkeit angenommen werden.
[403] Vgl. BGE 108 II 9, 108 II 78/79.
[404] BGE 108 II 17/18.
[405] BGE 97 II 112.

messen", d.h. nach „Billigkeitsgrundsätzen"[406] auf *beide* Parteien, AG und Anfechtungskläger, zu „verteilen", mithin nach Massgabe von *Art. 4 ZGB*, der seinerseits die Massgeblichkeit aller objektiv relevanten Umstände des Einzelfalles beinhaltet. Der Gesetzgeber wollte damit das – angesichts der Art der Streitwertberechnung (vgl. vorstehend N237/238) – u.U. sehr hohe Prozessrisiko des Anfechtungsklägers, namentlich eines „Minderheits- oder Kleinaktionärs", reduzieren, wenn auch nicht beseitigen[407]. Dabei erfasst der Begriff „Kosten" auch die *Prozessentschädigung* an die Gegenpartei[408], andernfalls wäre die genannte *ratio legis* von Art. 706a Abs. 3 OR (Reduktion des Prozessrisikos) weitgehend illusorisch. Dabei sprechen aber sowohl diese *ratio legis* als auch der Gesetzeswortlaut (es wird *allgemein* von „die Kosten" gesprochen[409]) dafür, dass auch die *eigenen* Parteikosten des Anfechtungsklägers (einschliesslich Parteientschädigung an ihn) unter das richterliche „Ermessen" fallen und daher im Sinne des Gesagten „verteilt" werden können[410]. Nur die *ratio legis* (nicht aber der Gesetzeswortlaut) sprechen dafür, bei Vorliegen entsprechender Ermessensfaktoren die Kosten *vollumfänglich* der beklagten AG aufzuerlegen[411].

Als Ermessens- bzw. Billigkeitsfaktoren werden u.a. genannt: Informationsbemühungen beider Parteien vor der Klageerhebung, Erfolgsaussichten bei Klageeinleitung[412], Umfang der unmittelbaren eigenen finanziellen Interessen des Klägers sowie dessen finanzielle Verhältnisse[413]; aber auch die Frage der Vertretbarkeit des klägerischen Rechtsstandpunktes („knappes" Unterliegen) muss von Bedeutung sein, ferner die Frage der Präzision bzw. Interpretationsbedürftigkeit eines angefochtenen Beschlusses (z.B. betr. eine Statutenre-

244

---

[406] BB1 1983 II S. 840 (bundesrätliche Botschaft) betr. Art. 706 Abs. 4 Entwurf, welchem unverändert Art. 706a Abs. 3 OR entspricht.
[407] Vgl. BB1 1983 II S. 839/840.
[408] *FORSTMOSER/MEIER-HAYOZ/NOBEL*, § 25 N 82, *SCHMID* 345/346; *a.M. KUNZ* 94.
[409] Vgl. auch BB1 1983 II S. 839, a.E.: „die Prozesskosten".
[410] *a.M. FORSTMOSER/MEIER-HAYOZ/NOBEL*, a.a.O. letzter Satz.
[411] *CASUTT* 84; *a.M. KUNZ* 94/95.
[412] Vgl. betr. letzteres namentlich auch BB1 1983 II S. 840; ähnlich übrigens auch Art. 756 Abs. 2 OR („aufgrund der Sach- und Rechtslage begründeten Anlass zur Klage"), im Unterschied zu Art. 697g OR.
[413] *FORSTMOSER/MEIER-HAYOZ/NOBEL*, § 25 N 83, *DREIFUSS/LEBRECHT*, N 10 zu Art. 706a OR, *CASUTT* 87ff.

vision). Teilweise handelt es sich dabei um Faktoren, die im bisherigen Recht bzw. nach wie vor allgemein im Prozessrecht im Zusammenhang mit der Frage der Prozessführung „in guten Treuen" (vgl. für das bundesgerichtliche Verfahren Art. 156 Abs. 3, 159 Abs. 3 OG und z.B. §§ 64 Abs. 3, 68 Abs. 1 ZPO *ZH*) massgebend waren bzw. sind.

245   Allfällige *Sicherheitsleistungen* bzw. *Kautionen* (gemäss kantonalem Zivilprozessrecht) des Anfechtungsklägers fallen an sich nicht unter Art. 706a Abs. 3 OR, doch muss dieser bundesrechtlichen Bestimmung bei Festsetzung der Höhe Rechnung getragen werden, um nicht ihre Anwendung *a priori zu vereiteln*[414].

G.   Vorsorgliche Massnahmen (einstweiliger Rechtsschutz)

246   Im Zusammenhang mit der körperschaftlichen Anfechtungsklage dienen vorsorgliche Massnahmen (einstweiliger Rechtsschutz; dieser kann nötigenfalls zunächst sogar *superprovisorisch* – d.h. ohne Anhörung der Gegenpartei – gewährt werden[415]) dazu, die *sofortige Verbindlichkeit* und/oder *Vollstreckbarkeit* (materieller und allfälliger registermässiger *Vollzug*) eines Körperschaftsbeschlusses bis zum rechtskräftigen Urteil im Anfechtungsprozess (Hauptprozess) – auch wenn aufgrund desselben ein aufgehobener Beschluss samt seinem allfälligen registermässigen Vollzug in der Regel rückgängig gemacht werden kann (Rückabwicklung; Löschung eines allfälligen Registereintrages, vgl. vorn N 208) – aufzuschieben[416] oder zu beschränken, sei es, dass dieser Beschluss erst anfechtbar ist (laufende Verwirkungsfrist), sei es, dass er schon – fristgerecht – angefochten wurde; in ersterem Falle geht es um vor-

---

[414]   In gleichem Sinne *FORSTMOSER/MEIER-HAYOZ/NOBEL*, § 25 N 85a (genannt wird allerdings nur die Sicherheitsleistung betr. vorsorgliche Massnahmen; vgl. hiezu nachfolgend N 248), *KUNZ* 95/96 (dieser Autor aber gerade nur betr. die Hauptklage, nicht betr. vorsorgliche Massnahmen, vgl. S. 159/160).

[415]   Vgl. etwa ZR 90 Nr. 61 S. 208, SJZ 91 (1995) Nr. 20 S. 196/197, *ZH*, RVJ 1993 S. 241 (je betr. richterliche Sperrung des Handelsregisters – nach einem Einspruch i.S.v. Art. 32 Abs. 2 HRV – bei einer AG).

[416]   „paralyser", BGE 110 II 391.

VI. Prozessuale Fragen des Anfechtungsprozesses

prozessuale, in letzterem Falle um prozessuale vorsorgliche Massnahmen (vgl. vorn N 209; betr. die Frage der Wahrung der Anfechtungsfrist mittels vorprozessualer vorsorglicher Massnahmen vgl. vorn N 201).

Für den Erlass dieser Massnahmen sind namentlich folgende Aspekte zu beachten[417]: Die vorsorglichen Massnahmen beruhen hinsichtlich der hier in Frage stehenden Anfechtungsklage teils – bezüglich der Aufrechterhaltung des bestehenden Zustandes[418] – auf dem *kantonalen* Prozessrecht[419], teils – Zu- oder Aberkennung subjektiver Rechte[420] – auf dem Bundesprivatrecht. Sie können keinesfalls weitergehen als das, was der Kläger bei einem für ihn positiven Ausgang des Anfechtungsprozesses (Hauptprozess) erreichen kann[421], woraus sich auch ergibt, dass der Kreis der Aktivlegitimierten im Massnahmeverfahren demjenigen im Hauptverfahren entsprechen muss, d.h. alle und nur die im Hauptverfahren Aktivlegitimierten sind es auch im Massnahmeverfahren. Es muss zudem – im Rahmen eines *summarischen* Verfahrens[422] – eine erhebliche Wahrscheinlichkeit für ein Obsiegen des Klägers im Hauptprozess *glaubhaft* gemacht werden[423], d.h. dessen Ausgang darf nicht aussichtslos[424] oder wenig aussichtsreich sein[425]; es muss auch eine sog. *Nachteilsprognose* vorgenommen werden, d.h. die möglichen Nachteile des Anfechtungsklägers aus der Nichtanordnung der vorsorglichen Massnahmen für den Fall seines späteren Obsiegens im Haupt-

247

---

[417] Vgl. *GULDENER* 574ff., § 66, *WALDER* 357ff., § 32, *HABSCHEID* 361ff., § 50, *VOGEL* 12. K. N 189ff., *I. MEIER* 68ff.
[418] Vgl. *VOGEL*, a.a.O. N 207.
[419] So auch BGE 71 II 218/219, AG, und insbesondere für den Fall des *Art. 32 Abs. 2 HRV* BGE v. 31.1.1940 in Rep 1940 S. 130ff. (Zf in SAG 1940/41 S. 147), BGE 97 I 486, 97 II 190f., 110 II 391 (je AG).
[420] Vgl. *VOGEL*, a.a.O.
[421] *I. MEIER* 69.
[422] Vgl. *VOGEL,* 12. K. N 212.
[423] BGE 97 I 486/487; vgl. auch BGE v. 31.1.1940 in Rep 1940 S. 133/134 E. 4.
[424] Vgl. z.B. Rep 1954 S. 401 = SJZ 51 (1955) S. 300 Nr. 156 und auch Rep 1979 S. 318ff. betr. das Fehlen von Indizien für Gesetzes- oder Statutenverletzungen bei Aktiengesellschaften.
[425] Vgl. z.B. ZR 80 Nr. 43, bes. S. 136/137: „sehr geringe" Erfolgsaussichten, da nach bundesgerichtlicher Praxis (vgl. hiezu aber hinten N 330ff.) Anfechtungsklage gegenüber der ebenfalls erhobenen Verantwortlichkeitsklage subsidiär; *VOGEL*, 12. K. N 211.

VI. Prozessuale Fragen des Anfechtungsprozesses

prozess sind den möglichen Nachteilen der Körperschaft aus der Anordnung für den Fall ihres späteren Obsiegens im Hauptprozess gegenüberzustellen[426].

248 Der Hauptprozess (Anfechtungsprozess) ist nicht allzu selten überhaupt nur dann sinnvoll, wenn mittels vorsorglicher Massnahmen einstweiliger Rechtsschutz gewährt wird; Beispiele: Der Vollzug eines Fusionsbeschlusses kann ausnahmsweise trotz aller Bemühungen nicht mehr rückgängig gemacht werden[427]; bei einem Beschluss betr. Zustimmung zu irgendeinem sonstigen Vertrag (vgl. vorn N 74) ist der gutgläubige Vertragspartner bei einem anschliessenden Vertragsabschluss geschützt[428]; Mitgliedschaftsrechte eines ausgeschlossenen Mitgliedes können – ausgenommen im rein pekuniärem Bereich – nicht nachgeholt werden[429]. Angesichts dieser *faktisch nicht allzu seltenen untrennbaren rechtlichen Verknüpfung* zwischen den beiden Verfahren muss daher auf eine allfällige *Kautions-(Sicherheits-) und Schadensersatzleistung* gemäss kantonalem Zivilprozessrecht, die bei solchen Verfahren des einstweiligen Rechtsschutzes häufig aktuell ist, *Art. 706a Abs. 3 OR analog* anwendbar sein, würde doch andernfalls nicht selten gegen dessen ratio (Reduktion des Prozessrisikos, vgl. vorn N 243) verstossen und damit – was dem Gesetzgeber anscheinend entgangen ist – die Erhebung der Anfechtungsklage überhaupt *vereitelt*[430].

249 Im einzelnen fallen bei der vorliegenden Anfechtungsklage insbesondere folgende vorsorglichen Massnahmen als einstweiliger Rechtsschutz in Betracht (nötigenfalls in Verbindung mit einer Androhung i.S.v. *Art. 292 StGB* betr. „Ungehorsam gegen amtliche Verfügungen"):

---

[426] Vgl. BGE 97 I 487/488; *I. MEIER* 70f., *VOGEL*, a.a.O. N 209/210.
[427] BGE 116 II 716 E. 4b, Gen.
[428] Vgl. *RIEMER*, N 79 zu Art. 75 ZGB S. 871.
[429] Vgl. für den Verein *RIEMER*, N 94 zu Art. 72 ZGB.
[430] Für eine Berücksichtigung von Art. 706a Abs. 3 OR bei der Sicherstellungspflicht *FORSTMOSER/MEIER-HAYOZ/NOBEL*, § 25 N 85a; zurückhaltender *I. MEIER* 72; ablehnend KUNZ 159/160; vgl. im übrigen auch vorn N 245.

VI. Prozessuale Fragen des Anfechtungsprozesses

- *Verbot der Anwendung einer gesetzeswidrigen Statutenbestimmung*[431] *oder von Anwendung bzw. Ausführung eines gesetzesoder statutenwidrigen sonstigen Beschlusses;*
- *Sperrung des Handelsregisters (vgl. im einzelnen Art. 32 Abs. 2 HRV*[432]*); betr. eine beschränkte Überprüfung durch den Handelsregisterführer selbst (von Amtes wegen) gemäss bundesgerichtlicher Praxis vgl. vorn N 1. Betr. Einsprachen gegen vollzogene Eintragungen vgl. Art. 32 Abs. 1 HRV sowie – im Falle von Nichtigkeit – hinten N 307.*
- *Suspendierung der Wirkungen eines Fusionsbeschlusses bei einer nicht im Handelsregister eingetragenen Krankenkassen-Genossenschaft*[433]*;*
- *Bei Beschlüssen von Stockwerkeigentümergemeinschaften wie auch von Vereinen und Körperschaften des OR: Grundbuchsperre*[434]*; ferner auch eine Verfügungsbeschränkung i.S.v. Art. 960 Abs. 1 Ziff. 1 ZGB*[435] *wie auch eine vorläufige Eintragung i.S.v. Art. 961 Abs. 1 Ziff. 1 ZGB*[436]*. Anfechtungskläger sind deswegen persönlich legitimiert, auch eine vorsorgliche Massnahme gemäss Art. 960/961 ZGB zu beantragen, weil sie auch legitimiert sind, Beschlüsse der verschiedensten Art betr. Grundstücke ihrer Körperschaft (einschliesslich solche betr. Rechtsgeschäfte mit Drit-*

---

[431] Vgl. z.B. hinten Anm. 536 betr. einen entsprechenden Nichtigkeitsfall.
[432] Und dazu z.B. BGE v. 31.1.1940 in Rep 1940 S. 133/134 E. 4 betr. Wahlbeschlüsse einer AG (i.c. Sperrung mangels genügender Erfolgsaussichten im Hauptprozess abgelehnt; keine materielle Überprüfung durch das Bundesgericht;Zf in SAG 1940/41 S. 14f.), BGE 84 II 35/36, 42 betr. einen Sitzverlegungsbeschluss einer AG, BGE 97 I 481ff. betr. Genehmigung eines Fusionsvertrages/Fusionsbeschluss einer AG (i.c. Sperrung verweigert, da bei vorläufiger Prüfung Erfolgsaussichten im Hauptprozess verneint), BGE 110 II 388, 391 betr. Aktionärsrechte bei Kapitalerhöhung; SOG 1985 S. 17ff. Nr. 4 betr. Statutenänderung einer AG (i.c. mangels Erfolgsaussichten im Hauptprozess und mangels Schadensgefahr abgelehnt); SJZ 91 (1995) Nr. 20 S. 196ff., ZH, betr. Statutenänderung einer AG (i.c. Gutheissung des Begehrens); betr. die u.U. sehr kurze Zeitspanne (Minuten) zwischen Beschlussfassung und Anmeldung der Eintragung vgl. *KUNZ* 173.
[433] Vgl. BGE 116 II 714 lit. C Abs. 2, 717/718 (i.c. ablehnend).
[434] Gemäss BGE 111 II 45f. E. 3 allgemein zulässig, sofern eine gesetzliche Grundlage im kantonalen Recht besteht.
[435] So auch ZBGR 30 (1949) Nr. 35 S. 80ff., *LU*, Gen.
[436] So – für beides – implizit AGVE 1991 Nr. 4 S. 31/32 E. 3c, Gen.

ten) anzufechten (vgl. vorn N 74/75), obwohl sie weder bezüglich der Grundstücke persönlich berechtigt noch an den Rechtsgeschäften persönlich beteiligt sind; es muss daher auf ihren Antrag auch eine diesbezügliche Sicherungsmassnahme angeordnet werden können.

- *Verbot der Publikation der Ausschliessung aus einem Verein vor der entsprechenden gerichtlichen Prozesserledigung[437]; Verpflichtung des Vereins, das betreffende Mitglied bis zum rechtskräftigen Urteil weiterhin seine mitgliedschaftlichen Benutzungsrechte ausüben zu lassen, z.B. Teilnahme an Sportwettkämpfen[438], wobei vorsorgliche Massnahmen dieser Art sich u.U. auf Art. 28c – 28f ZGB stützen können. Die vorgenannten vorsorglichen Massnahmen kommen im übrigen bezüglich aller Körperschaften in Frage, welche* Verbandsstrafen, *einschliesslich* Ausschliessungen, *verhängen können, und zwar auch hinsichtlich der Zuerkennung der* Ausübung anderer mitgliedschaftlicher Rechte *(Mitverwaltungsrechte, wie namentlich Stimm- und Wahlrecht, und selbst Schutzrechte, vgl. vorn N 174). Es besteht allerdings auch die Möglichkeit, durch geeignete* statutarische Regelungen *derartige vorsorgliche Massnahmen zu vermeiden[439].*

- *Verbot an eine statutenwidrige gewählte Exekutive, nach aussen tätig zu werden[440]. Das Verbot, nach aussen tätig zu werden (das verhindern soll, dass Rechtsgeschäfte mit gutgläubigen Vertragspartnern trotz Gutheissung der Anfechtungsklage verbindlich*

---

[437] Vgl. SJZ 52 (1956) S. 125 Nr. 66, ZH.
[438] Vgl. SJZ 75 (1979) Nr. 13 S. 75, ZH (i.c. im Zusammenhang mit einer Aufnahmesperre); ZBJV 124 (1988) S. 311ff., BE (i.c. im Zusammenhang mit einer Wettkampfsperre und Publikation derselben), SJZ 84 (1988) Nr. 13 S. 85ff., BE (i.c. im Zusammenhang mit einer Wettkampfsperre).
[439] Vgl. RIEMER, N 94 zu Art. 72, N 79 zu Art. 75 ZGB, ferner vorn N 3 und N 9.
[440] Vgl. ZR 74 Nr. 34, 83 Nr. 128 S. 313/314, Rep 1977 S. 75/76 (je betr. Vereinsvorstände, wobei im mittleren Falle – was alles auch für andere Körperschaften in Frage kommt – weitere Verbote ausgesprochen wurden: In der gegenwärtigen Zusammensetzung zu tagen, Beschlüsse zu fassen, über das Vereinsvermögen zu verfügen und Vereinsversammlungen einzuberufen; sinngemäss wohl ebenso BGE 71 II 218/219, AG, betr. die angefochtene Wahl einer Verwaltung, unter Ablehnung einer Beistandsbestellung i.S.v. Art. 393 Ziff. 4 ZGB).

bleiben[441]*), kann sich auch auf den* Abschluss ganz bestimmter Rechtsgeschäfte *beziehen, wobei es nicht ausgeschlossen ist, auch potentielle Vertragspartner in das Verbot miteinzubeziehen*[442] *oder es ihnen – zwecks Zerstörung ihres guten Glaubens (vgl. Art. 718a Abs. 2, 814 Abs. 1, 899 Abs. 2 OR) – wenigstens mitzuteilen.*
– *Verbot der Fassung eines Wahlbeschlusses*[443].

Mangels Vorliegens eines Endentscheides i.S.v. Art. 48 OG sind 250 Entscheide über vorsorgliche Massnahmen auch bei Anfechtungsklagen nur mittels *staatsrechtlicher Beschwerde* (Art. 4 BV bzw. Art. 87 OG), nicht mittels Berufung (Art. 43ff. OG), ans *Bundesgericht* weiterziehbar[444].

---

[441] Vgl. ZR 74 Nr. 34 S. 66/67, 83 Nr. 128 S. 314 (je V).
[442] Vgl. allgemein *VOGEL*, 12. K. N 214.
[443] AB OW 1990/91 Nr. 12 S. 59ff. (Stw; i.c. Begehren abgelehnt).
[444] BGE 97 I 485/486, AG, 97 II 187ff., AG, 116 II 717/718, Gen.

VII. Anfechtungsklage im Verhältnis zur Klage auf Nichtigerklärung

A. Allgemeines

Die bisher behandelte Klage *(Anfechtungsklage)* beruht auf dem Gedanken, dass einerseits mit ihrer Hilfe *fehlerhafte* Beschlüsse von Körperschaften gerichtlich aufgehoben werden können, sofern die Klage innert der gesetzlichen (Verwirkungs-) Frist erhoben wurde, dass aber anderseits – im Sinne einer *lex specialis* zu Art. 20 OR (vgl. vorn N 1) – auch solche fehlerhaften Beschlüsse „geheilt", d.h. – wie von Anfang an einwandfreie Beschlüsse – vollumfänglich verbindlich werden, sofern keine Anfechtungsklage (oder diese verspätet) erhoben wird. 251

Dieses Konzept ist indessen in jenen Fällen ungenügend, in welchen Beschlüsse der hier in Frage stehenden Art mit *schwerwiegenden Fehlern* behaftet sind, welche eine derartige „Heilung" als unerwünscht, d.h. – entsprechend Art. 20 OR – die Möglichkeit einer jederzeitigen späteren Korrektur mittels *Klage auf Nichtigerklärung* als unerlässlich erscheinen lassen. 252

Letzteres ist in Lehre und Rechtsprechung, insbesondere auch in der bundesgerichtlichen, seit langem anerkannt[445], besass aber bis zur jüngsten Revision des Aktienrechts bei keiner Körperschaft eine besondere gesetzliche Grundlage (gegenteils bestimmt – der nach wie vor geltende – Art. 691 Abs. 3 OR betr. unbefugte Teilnahme an der GV der AG in einem Falle, in welchem Nichtigkeit an sich indiziert wäre – vgl. hinten N 277/278 -, dass die betreffenden Beschlüsse bloss anfechtbar seien). 253

Das revidierte Aktienrecht enthält nunmehr in Art. 706b OR *Beispiele* („insbesondere") von nichtigen Beschlüssen der Generalversammlung, worauf auch in *Art. 714 OR* (nichtige Beschlüsse des *Verwaltungsrates*) verwiesen wird (weitere Beispiele: Art. 729c Abs. 2 OR, 1. Teil, wie auch Art. 908 Abs. 2 OR). Diese neue Regelung 254

---

[445] Vgl. eingehend RIEMER, N 89ff. zu Art. 75 ZGB.

VII. Anfechtungsklage im Verhältnis zur Klage auf Nichtigerklärung

beantwortet allerdings *bei weitem* nicht alle Fragen, welche sich in der bisherigen Praxis zu diesem Problemkreis gestellt haben[446].

255   Es ist daher bei der AG nach wie vor (auch) auf die – für alle Körperschaften grundsätzlich (aber nicht in allen Einzelheiten) gleichen – ungeschriebenen Regeln zurückzugreifen (was die bloss beispielhafte Aufzählung in Art. 706b OR ohne weiteres zulässt), während bei allen übrigen Körperschaften nach wie vor nur solche in Frage stehen (wobei allerdings Art. 706b OR auch bei ihnen teilweise als Orientierungshilfe dienen bzw. grundsätzlich analog angewendet werden kann, vgl. hiezu aber auch hinten N 285; ob sich die Verweisung in Art. 808 Abs. 6 OR – GmbH – auch auf Art. 706b OR bezieht[447], ist nach dem Gesagten ohne praktische Bedeutung[448], im Unterschied zur analogen Anwendung von Art. 706/706a OR, vgl. hiezu vorn N 14). Entsprechendes gilt für nichtige Beschlüsse von Exekutivorganen.

256   Im einzelnen wird zwischen *formellen* Mängeln (nachfolgend lit. B; solche sind in Art. 706b OR überhaupt nicht enthalten, vgl. auch hinten lit. C Ziff. 1) und *inhaltlichen (materiellen)* Mängeln (nachfolgend lit. C) des nichtigen Beschlusses unterschieden[449].

257   Im übrigen ist eine Klage auf Nichtigerklärung nicht nur gegenüber Beschlüssen aller Art der hier in Frage stehenden *Körperschaften des ZGB* (*Verein, Stockwerkeigentümergemeinschaft*) und *des OR* (*AG, GmbH, Genossenschaft*) möglich, sondern auch gegenüber Beschlüssen aller Art von *Rechtsgemeinschaften des OR* (vgl. vorn N 19-22 lit. a-c), von *Körperschaften des kantonalen Privatrechts* (vgl. vorn N 24 lit. e; im Verhältnis zu Nichtmitgliedern muss dabei Art. 20 OR direkt anwendbar sein), und *Körperschaften des Bundesprivatrechtes mit besonderen Zwecken* (vgl. vorn N 26 lit. g); sie kommt selbst gegenüber Beschlüssen von Exekutivorganen von *Stiftungen* (vgl. vorn N 23 lit. d) in Frage, während bei *Körperschaften des öffentlichen Rechts* (vgl. vorn N 25 lit. f) nur eine analoge Anwendung in Frage stehen kann.

---

[446]   Was die „Kühnheit" der gesetzlichen Regelung (*BÖCKLI* Rz 1923) doch etwas relativiert; ähnlich *FORSTMOSER/MEIER-HAYOZ/NOBEL*, § 25 Anm. 93.
[447]   Vgl. *DREIFUSS/LEBRECHT*, N 31, 40 zu Art. 808 OR.
[448]   In gleichem Sinne *WOHLMANN* 104.
[449]   Besonders eingehend betr. diese Unterscheidung *STRUB* 74ff./107ff. und 117ff.

B. Formelle Mängel

1. Allgemeines

Formell nichtige Körperschaftsbeschlüsse[450] liegen vor, wenn *gar keine Körperschaft* besteht (nachfolgend Ziff. 2) oder *gar keine Mitgliederversammlung* im Rechtssinne (Entsprechendes gilt für andere Organe) den Beschluss gefasst hat (nachfolgend Ziff. 3) oder *gar kein Beschluss zustande gekommen* ist (nachfolgend Ziff. 4); innerhalb aller dieser Kategorien *formeller* Mängel (vor allem aber in den Kategorien Ziff. 3 und 4) – im Unterschied zu den *inhaltlichen* Mängeln (vgl. hinten N 288, 290) – können nicht nur Fälle vorkommen bei denen *Gesetzes*verletzungen (und zwar auch Verletzungen von *dispositivem* Gesetzesrecht) die Nichtigkeit bewirken, sondern auch solche, bei welchen *Statuten*verletzungen diese Folge haben[451].

258

Auch wenn keiner der genannten Mängel besteht, kann darüberhinaus ein Formmangel vorliegen, nämlich die Nichteinhaltung einer gesetzlich vorgeschriebenen Form (Art. 11 Abs. 2 OR; nachfolgend Ziff. 5).

259

2. Keine Körperschaft

Solange die Körperschaft nicht ihre Rechtsfähigkeit erworben hat (Stockwerkeigentümergemeinschaft: ihre beschränkte Rechtsfähigkeit, Art. 712*l* ZGB), d.h. vor dem Handelsregistereintrag

260

---

[450] Deren Bedeutung von *SCHUCANY*, N 2 lit. Aa zu Art. 706 OR, noch stark unterschätzt wurde.

[451] Vgl. betr. die potentielle Massgeblichkeit auch der Statuten – i.c. nicht aktuell – BGE 71 I 388, V; unzutreffend BGE v. 22.11.1939 in SJZ 36 (1939/40) S. 275 = SAG 1939/40 S. 178, AG, BGE 80 II 275, Gen, BGE 93 II 31, 35 E. 4, Gen;LGVE 1988 I Nr. 34 S. 56/57, AG, wonach – unter Hinweis auf altArt.706 OR – Statutenverletzungen bzw. Verletzungen von dispositivem Gesetzesrecht nie die Nichtigkeit eines Beschlusses herbeiführen könnten; ebenso sind insofern auch die Ausführungen in der Literatur betr. Verletzung „statutarischer Rechte" bzw. von dispositivem Gesetzesrecht (vgl. *BÜRGI*, N 33 zu Art. 706 OR, *FORSTMOSER/MEIER-HAYOZ/NOBEL*, § 25 N 19, *v. GREYERZ* 195, *F. v.STEIGER* 124) zu präzisieren.

VII. Anfechtungsklage im Verhältnis zur Klage auf Nichtigerklärung

(Art. 643 Abs. 1, 783 Abs. 1, 838 Abs. 1 OR) bzw. dem Abschluss des Gründungsvorganges (Art. 60 ZGB[452]) bzw. dem Grundbucheintrag (Art. 712d Abs. 1 ZGB), können ihre (zukünftigen) Mitglieder (oder ihre zukünftigen Organträger) noch gar keine entsprechenden, gemäss Körperschaftsrecht anfechtbaren Beschlüsse fassen; *als Körperschaftsbeschlüsse* sind solche Beschlüsse daher nichtig. Das schliesst für diesen Zeitraum Beschlüsse nach den Regeln über die einfache Gesellschaft (vgl. Art. 62 ZGB) oder die gewöhnliche Miteigentümergemeinschaft (vgl. Art. 712d Abs. 2 Ziff. 1 ZGB) nicht aus (betr. deren Anfechtbarkeit vgl. vorn N 19/20, 22).

261 Als Körperschaftsbeschlüsse nichtig sind auch Beschlüsse der (ehemaligen) Mitglieder (oder ihrer ehemaligen Organträger) nach dem Untergang der Rechtsfähigkeit (vgl. für den Fall der Auflösung mit Liquidation Art. 746, 823, 913 Abs. 1 OR[453]; für die Fälle der Auflösung ohne Liquidation gilt Entsprechendes) bzw. der beschränkten Rechtsfähigkeit (vgl. Art. 712f ZGB).

3. Keine Mitgliederversammlung

262 Liegt gar keine Mitgliederversammlung im Rechtssinne vor (oder keine sonstige Versammlung, deren Beschlüsse an sich anfechtbar wären, vgl. vorn 47, 48), so können auch keine gemäss Körperschaftsrecht anfechtbaren Beschlüsse gefasst werden; entsprechende gemeinsame Willensäusserungen der Teilnehmer sind vielmehr nichtig. Dabei bestehen zahlreiche Fallgruppen, wie sich aus den nachfolgenden Ausführungen ergibt.

a) Versammlung von Nichtmitgliedern

263 Beschliessen Personen, die nicht Mitglieder der betreffenden Körperschaft sind (insbesondere auch solche, die es noch nicht oder nicht mehr sind), so liegt bezüglich derselben ein nichtiger Beschluss vor, wie etwa dann, wenn Strohmänner-Aktionäre diese Ei-

---

[452] Vgl. dazu *RIEMER,* N 101/102 zu Art. 60 ZGB: In der Regel mit Unterzeichnung der Statuten oder des diesbezüglichen Protokolls der Gründungsversammlung; ausnahmsweise mit Ablauf eines statutarischen Aufschubs der Gründung oder dgl.

[453] Ferner *RIEMER,* N 136 zu Art. 76-79 ZGB: Massgebend ist grundsätzlich der Abschluss der Vermögensverwendung i.S.v. Art. 57 ZGB.

VII. Anfechtungsklage im Verhältnis zur Klage auf Nichtigerklärung

genschaft im Zeitpunkte ihrer Beschlussfassung bereits verloren haben[454].

b) Einberufung durch eine hiefür nicht zuständige Person

Wird das Gremium, das Beschlüsse zu fassen hat, durch eine hiefür weder nach Gesetz noch nach den individuellen Statuten (diese sind nur massgebend, sofern sie eine zulässige Abweichung von der gesetzlichen Regelung enthalten) zuständige Person oder Personengruppe (Organ) einberufen (eine solche Unzuständigkeit ist auch gegeben wenn nur *ein* Mitglied und sei es auch der Präsident – oder ein *Teil* der Mitglieder eines an sich zur Einberufung zuständigen Organs einberuft, es sei denn, die Einberufung beruhe auf einem gültigen Mehrheitsbeschluss), so vermag dies gar keine Mitglieder- oder sonstige Versammlung im Rechtssinne herbeizuführen, so dass die solcher Art „zusammengerufenen" Personen auch keine Beschlüsse im Rechtssinne fassen können. „Beschliessen" sie daher etwas, so ist dies als „Beschluss" der betreffenden Körperschaft nichtig[455]. 264

Kein solcher Fall liegt aber vor, wenn die an sich nicht zuständige Person mit – ausdrücklicher oder stillschweigender – *vorgängiger Ermächtigung* der zuständigen Person(en) bzw. des zuständigen Organs einberuft oder von dieser(en) Person(en) bzw. von diesem Organ die Einberufung – ausdrücklich oder stillschweigend – *nachträglich genehmigt* wird[456]. 265

Auch involviert die *Leitung* der Versammlung durch eine hiefür nicht zuständige Person keine Nichtigkeit der Beschlüsse, auch nicht i.S.v. nachfolgend Ziff. 4[457]. 266

---

[454] Rep 1945 S. 421/422 = SJZ 43 (1947) S. 224 Nr. 104.
[455] Vgl. BGE 71 I 388, V (Einberufung der GV durch Geschäftsführer statt Vorstand), 72 II 106, Gen (GV nicht vom Vorstand einberufen, daher „private Zusammenkunft"), 78 III 46/47, Gen (einzelnes Vorstandsmitglied, nicht Verwaltung; i.c. verneint), 115 II 473 E. 3b, AG; VAR 43 Nr. 1 S. 3/4, V, ZR 86 Nr. 38 S. 84, AG.
[456] Vgl. BGE 71 I 388, V, 78 III 46/47, Gen.
[457] Vgl. BGE v. 22.11.1939 in SJZ 36 (1939/40) S. 276 betr. Leitung einer GV durch einen Nichtaktionär; vgl. im übrigen im Zusammenhang mit der Leitung der Versammlung auch *FREI* 47, wonach ein Vorsitzender u.a. die Aufgabe habe, einen tumultuösen Versammlungsverlauf – der zu nichtigen Beschlüssen führen würde – zu verhindern.

c) Informelle Versammlungen

267 Informelle „Zusammenkünfte" von Mitgliedern oder von irgendwelchen Organträgern der Körperschaft können keine „Beschlüsse" im Rechtssinne fassen, als solche sind sie vielmehr nichtig[458]. Solche informellen Versammlungen können ganz unabhängig von formellen erfolgen (etwa im Zusammenhang mit Pressekonferenzen, Informationstagungen, Vereinsveranstaltungen usw.), aber auch vor Beginn oder nach dem Ende von formellen Versammlungen (oder während Unterbrechungen von solchen); an der genannten Nichtigkeit ändert dies nichts.

268 Nach Massgabe von Art. 701/809 Abs. 5/884 OR (*Universalversammlung*; vgl. zu dieser im übrigen auch nachfolgend N 274) oder analog diesen Bestimmungen[459] kann allerdings eine informelle Zusammenkunft in eine formelle Versammlung „umfunktioniert" werden.

d) Nichteinladung oder Nichtzulassung von teilnahmeberechtigten Personen

269 Werden teilnahmeberechtigte Personen, sofern sie Stimm- und/oder diskussionsberechtigt sind (Letzteres muss genügen, da auch mit einem blossen Diskussionsvotum ein Wahl- oder Abstimmungsergebnis beeinflusst werden kann), schuldhaft nicht zur Teilnahme an der Versammlung eingeladen (oder zeitlich oder örtlich oder bezüglich des Einberufungsmittels oder der Einberufungsfrist so fehlerhaft, dass – im Unterschied zu nachfolgend lit. e – *effektiv* von Nichteinladung gesprochen werden muss), oder werden solche Personen, obwohl sie erschienen sind, schuldhaft nicht zur Versammlung zugelassen, so kann ebenfalls nicht von einer Mitgliederversammlung (oder einer sonstigen Versammlung) im Rechtssinne gesprochen werden, so dass entsprechende Beschlüsse ebenfalls nichtig sind[460].

---

[458] Ebenso *FREI* 46 bei Fehlen eines entsprechenden *„animus"*.
[459] Vgl. *RIEMER*, N 85 zu Art. 67 und N 52 zu Art. 69 ZGB, betr. GV und Vorstand des *Vereins, WERNLI*, N 8 zu Art. 715 OR, betr. *Verwaltungsrat* der AG, *MEIER-HAYOZ/REY*, N 21 zu Art. 712n ZGB, betr. *Versammlung der Stockwerkeigentümer*.
[460] BGE 78 III 46/47, Gen, 115 II 473 E. 3b, AG, nicht publ. BGE v. 16.2.1984 i.S. G.c.A. E. 2a und b und E. 3, Verein, ZR 83 Nr. 128 E.

VII. Anfechtungsklage im Verhältnis zur Klage auf Nichtigerklärung

e) Sonstige Missachtung von Einberufungsvorschriften?

Bei sonstiger, weniger gravierender Verletzung gesetzlicher oder statutarischer Einberufungsvorschriften (Einberufungsform bzw. -mittel, Einberufungsfrist, Einberufungszeitpunkt oder -ort; *Inhalt der Einberufung*, wie namentlich *ungenügende Traktandierung* usw.) wird in der Regel *Anfechtbarkeit*, nicht Nichtigkeit der auf dieser Basis gefassten Beschlüsse angenommen[461].

Ausnahmsweise[462] kommt aber auch bezüglich des *Inhalts der Einberufung Nichtigkeit* in Frage, und zwar wenn durch die Verlet-

270

271

[VII. 1 S. 314/315, V, je betr. Nichteinladung, und ebenso PKG 1992 Nr. 20 S. 92, 1993 Nr. 3 S. 12/13, je Stw, SAG 1969 S. 212ff., ZH, AG, bei einem statutarisch nicht vorgesehenen Einladungsmittel; *BÜRGI*, N 11 zu Art. 706 OR, *FORSTMOSER/MEIER-HAYOZ/NOBEL*, § 25 N 124 sowie Anm. 90, *DREIFUSS/LEBRECHT*, N 18 zu Art. 706b OR, *FREI* 40/41, *ROHRER* 38, betr. Nichteinladung; *BÖCKLI* Rz 1303 und *DREIFUSS/LEBRECHT*, N 11 u Art. 706b OR, betr. Einberufung *ohne* Angabe von Zeit oder Ort der Versammlung; *unzutreffend* BGE v. 22.11.1939 in SJZ 36 (1939/40) S. 275 = SAG 1939/40 S. 179, AG, betr. Verneinung der Nichtigkeit bei Abhaltung der GV an einem anderen Ort und zu einer anderen Zeit als in der Einladung angegeben (das wäre allenfalls bei einem *späteren* Zeitpunkt als in der Einladung angegeben zutreffend gewesen, vgl. auch *FORSTMOSER/MEIER-HAYOZ/NOBEL*, § 25 N 124); unzutreffend auch ZR 83 Nr. 128 E. VII. 2 S. 315: blosse Anfechtbarkeit bei Nichtzulassung; fragwürdig sodann die blosse Anfechtbarkeit in Extraits FR 1972 S. 24ff. = SAG 1974 S. 170ff.: zeitliche Vorverlegung der GV einer AG, wobei der Kläger mit einer entsprechenden Publikation im SHAB nicht mehr rechnen musste.

461 BGE v. 22.11.1939 in SJZ 36 (1939/40) S. 275 = SAG 1939/40 S. 179, AG, BGE 80 II 275, AG, Gen, 103 II 141, AG, 114 II 197ff., V; RB KassG ZH 1997 Nr. 27, AB OW 1982/83 Nr. 17 S. 63 = SAG 1985 S. 185 Nr. 15, AG, PKG 1993 Nr. 3 S. 13ff., Stw, RVJ 1988 S. 175, kt. Korp. (offengelassen in BGE 78 III 47, Gen, betr. Traktandierung, wobei *in diesem Falle* auch auf die fehlende Rüge an der Versammlung hingewiesen, d. h. ein *Rechtsmissbrauch* – vgl. vorn N 150 – angedeutet wurde); *BÜRGI*, N 28 zu Art. 706 OR, *RIEMER*, N 106, 112 zu Art.75 ZGB, *MEIER-HAYOZ/FORSTMOSER*, § 20 N 48, *FORSTMOSER/ MEIER-HAYOZ/NOBEL*, § 23 N 77ff., § 25 N 21, 124, *BÖCKLI* Rz 1932a und auch *DREIFUSS/LEBRECHT*, N 17 zu Art. 700 OR, betr. Traktandierung (wobei aber bei Verletzung der Frist des Art. 700 Abs. 1 OR *generell* Nichtigkeit angenommen wird, Rz 1303 bzw. N 11 zu 706b OR, was m.E. bezüglich geringen Verkürzungen zu weit geht), *FREI* 40.

462 Entgegen MaxLU 1971 S. 3 Nr. 1 = SJZ 69 (1973) S. 94 Nr. 62 betr. Art. 66/67 ZGB jedoch nicht als Regel.

zung die gehörige Vorbereitung und/oder Teilnahme von Mitgliedern schuldhaft (oder auch bloss objektiv) geradezu *vereitelt* wurde[463], wie etwa bei Einberufung *ohne* Traktandierung[464] oder Vorenthalten der für die Ausübung des Stimm- und Wahlrechts notwendigen Informationen[465].

272 Umgekehrt kann auch die Verletzung von Einberufungsvorschriften lediglich solcher Art sein, dass sie sich auf das Ergebnis nicht ausgewirkt hat und auch nicht auswirken konnte. Entsprechend der allgemeinen Regel (vgl. vorn N 80) ist diesfalls *nicht einmal Anfechtbarkeit* gegeben[466].

f) Unzulässige Ersatzformen

273 Ersatzformen der hier in Frage stehenden Versammlungen von Personen (Delegiertenversammlungen, schriftliche Abstimmungen – Zirkulationsbeschlüsse usw. – auf Einstimmigkeits- oder Mehrheitsbasis bzw. Urabstimmungen) bedürfen entweder der *unmittelbaren gesetzlichen Grundlage* (vgl. Art. 66 Abs. 2 ZGB, Art. 712m Abs. 2 i.V.m. Art. 66 Abs. 2 ZGB, Art. 713 Abs. 2 OR) oder einer entsprechenden *zulässigen Analogie* (wie etwa bei der analogen Anwendung von Art. 66 Abs. 2 ZGB auf den Vereins*vorstand*[467]) oder dann einer *zulässigen statutarischen Grundlage*[468]. Ohne eine

---

463 Vgl. BÖCKLI Rz 1932a.
464 BÖCKLI Rz 1303, *DREIFUSS/LEBRECHT*, N 11 zu Art. 706b OR, OKUR 66; *Ausnahmen*: nur gemäss Art. 67 Abs. 3 ZGB bzw. Art. 712m Abs. 2 ZGB sowie bei einer Universalversammlung (vgl. hiezu vorn N 268).
465 *HEINI/SCHERRER*, N 33, a.E., zu Art. 75 ZGB.
466 Vgl. BGE 114 II 199, V; RVJ 1984 S. 106 E. 4a, V, BJM 1989 S. 88 = SAG 1988 S. 188ff., AG, PKG 1993 Nr. 3 S. 13, Stw; *a.M.* BGE v. 19.2.1980 in SemJud 1981 S. 40, AG (vgl. hiezu vorn Anm. 121).
467 Vgl. *RIEMER,* N 45 zu Art. 69 ZGB.
468 Vgl. *RIEMER,* N 33ff., N 42ff. zu Art. 66, N 57 S. 558 zu Art. 69 ZGB, betr.Delegiertenversammlungen, schriftliche Mehrheitsentscheidungen bzw. Urabstimmungen anstelle der GV im Verein und schriftliche Mehrheitsentscheidungen anstelle von Vorstandssitzungen im Verein; *MEIER-HAYOZ/REY*, N 121ff. zu Art. 712m ZGB, betr. schriftliche Mehrheitsbeschlüsse bzw. Urabstimmungen bei der Stockwerkeigentümergemeinschaft; Art. 777 Ziff. 3, 808 Abs. 2 OR betr. schriftliche Mehrheitsbeschlüsse bei der GmbH; Art. 880, 892 OR betr. schriftliche Mehrheitsbeschlüsse, Delegiertenversammlungen bei der Genossenschaft.

VII. Anfechtungsklage im Verhältnis zur Klage auf Nichtigerklärung

solche Grundlage (d.h. bei fehlender wie auch bei an sich vorhandener, aber unzulässiger statutarischer Grundlage, wie namentlich – nach wie vor – alle statutarischen Ersatzformen im Sinne des Gesagten für die Generalversammlung der AG^{469}, ferner Delegiertenversammlungen bei der Stockwerkeigentümergemeinschaft)[470] sind gefasste Beschlüsse nichtig[471].

Entsprechendes wird für die *Universalversammlung* (vgl. vorstehend N 267/268) angenommen, falls – jedenfalls zur Zeit der Beschlussfassung – nicht sämtliche Stimmberechtigten anwesend oder gültig vertreten sind[472]. 274

4. Kein Beschluss

Abgesehen vom – selbstverständlichen – Fall, dass *überhaupt nicht gefasste* Beschlüsse als solche ausgegeben und protokolliert werden[473], sind folgende Beschlüsse als nichtig anzusehen: 275

a) Beschlussunfähigkeit

Wird gesetzlich (vgl. Art. 712p ZGB; auch ein auf die Mitglieder *insgesamt* bezogenes gesetzliches Beschluss*fassungs*quorum – vgl. z.B. Art. 712g Abs. 3 ZGB, Art. 784 Abs. 2, 889 Abs. 1 OR und im einzelnen nachfolgend lit. b – involviert ein gesetzliches 276

---

[469] Vgl. BGE 67 I 347, ZR 81 Nr. 17 S. 45 = ZBGR 63 (1982) S. 365 = SAG 1982 S. 27ff., *DREIFUSS/LEBRECHT*, N 18 zu Art. 706b OR, *BÖCKLI* Rz 1932a, *FORSTMOSER/MEIER-HAYOZ/NOBEL*, § 25 N 121, betr. Zirkulationsbeschlüsse.

[470] *MEIER-HAYOZ/REY*, N 83/84 zu Art. 712m ZGB.

[471] BGE 67 I 347, a.E., AG, 71 I 387/388, AG.

[472] Vgl. Rep 1959 S. 384 = SAG 1960/61 S. 25, AG, ZR 81 Nr. 17 S. 44f. = ZBGR 63 (1982) S. 364f. Nr. 58 = SAG 1982 S. 27ff., AG; *BÜRGI*, N 6 zu Art. 701 OR, *FORSTMOSER/MEIER-HAYOZ/NOBEL*, § 23 N 6, § 25 N 119, *DREIFUSS/LEBRECHT*, N 18 zu Art. 706b OR, *BÖCKLI* Rz 1932a, *ROHRER* 35; ferner hinten N 308; widersprüchlich BGE 86 II 97/99: Anfechtbarkeit i.S.v. Art.706 OR/Zustimmung zum Entscheid der Vorinstanz, welche aber die Nichtigkeit des betreffenden GV-Beschlusses festgehalten hatte, vgl. S. 97 lit. C und im übrigen zu diesem Urteil auch hinten N 550 (dieser Fall kann allerdings auch zur Kategorie „kein Beschluss/Beschlussunfähigkeit" – nachfolgend Ziff. 4 lit. a – gezählt werden).

[473] *BÖCKLI* Rz 1932a.

Anwesenheits- bzw. Beschluss*fähigkeits*quorum⁴⁷⁴) oder – zulässigerweise – statutarisch vorgesehen, dass eine Versammlung nur „beschlussfähig" ist, wenn eine bestimmte Mindestanzahl oder ein bestimmter Mindestanteil der stimmberechtigten Mitglieder anwesend oder vertreten ist (Anwesenheits- bzw. Beschlussfähigkeitsquorum, und zwar unter Einschluss der dies involvierenden Beschluss*fassungs*quoren, welche im übrigen auch auf *statutarischem* Wege eingeführt werden können), so müssen in Verletzung eines solchen Quorums gefasste Beschlüsse als nichtig angesehen werden⁴⁷⁵. Eine Versammlung, die gar nicht beschluss*fähig* ist, *kann* eben von vorneherein gar keine Beschlüsse fassen.

b) Nichterreichen des erforderlichen Mehrs

277 Wenn ein Antrag (Sachantrag, Wahlvorschlag usw.) – aus irgendeinem Grunde ⁴⁷⁶ – nicht das erforderliche Mehr der Stimmen (gesetzliches; allfällig davon abweichendes statutarisches, sofern Abweichungen zulässig sind; einfaches; qualifiziertes, d.h. sog. Beschlussfassungsquorum, einschliesslich Einstimmigkeit) erreicht (das ist beim einfachen Mehr schon bei Stimmengleichheit der Fall), sei das Mehr auf die anwesenden und vertretenen Stimmen, sei es auf die Mitglieder insgesamt bezogen, so ist gar kein Beschluss – der durch die Vorschriften der genannten Art (einschliesslich bloss *statutarischer) definiert* wird – zustandegekommen bzw. ist ein solcher „Beschluss" nichtig⁴⁷⁷.

---

⁴⁷⁴ Vgl. auch BGE 78 III 43 Abs. 3 Satz 1, Gen, und *RIEMER,* N 63 zu Art. 67 ZGB.

⁴⁷⁵ Vgl. *MEIER-HAYOZ/REY,* N 147, 2. Lemma, zu Art. 712m ZGB, *RIEMER,* N 108 und *HEINI/SCHERRER,* N 33 zu Art. 75 ZGB; ebenso offenbar *DRUEY* 148 Anm. 64; nur bei „Offensichtlichkeit" der Beschlussunfähigkeit für Nichtigkeit *BÖCKLI* N 1932a; generell für blosse Anfechbarkeit *FREI* 45/46, *OKUR* 67, *ROHRER* 34.

⁴⁷⁶ Vgl. etwa *RIEMER,* N 110 zu Art. 75 ZGB.

⁴⁷⁷ BGE 78 III 43/44, Gen; ZR 81 Nr. 17 S. 45 = ZBGR 63 (1982) Nr. 58 S. 364 = SAG 1982 S. 27ff., AG; *BÜRGI,* N 11 zu Art. 706 OR, *SCHUCANY,* N 2 zu Art. 706 OR S. 141/142, *DREIFUSS/LEBRECHT,* N 18 zu Art. 706b OR, *MEIER-HAYOZ/REY,* N 147, 2. Lemma, zu Art. 712m ZGB, *RIEMER,* N 109/110 zu Art. 75 ZGB, *MOLL,* N 18 zu Art. 891 OR, *PEYER* 13; *a.M.* BGE 80 II 278, Gen, 86 II 88, AG; unentschieden BGE 93 II 35, Gen, wobei immerhin das Regest deutlich festhält, ein Beschluss sei „nichtig ..., wenn er unter Verletzung zwingender

VII. Anfechtungsklage im Verhältnis zur Klage auf Nichtigerklärung

Der *Gesetzgeber* hat allerdings (nur bei der *AG*) in zwei Sonderfällen blosse Anfechtbarkeit (in ersterem Falle auch dies nicht notwendigerweise, vgl. hiezu auch vorn N 79) angeordnet: Art. 691 Abs. 3 OR[478], Art. 706 Abs. 2 Ziff. 4 OR. 278

Nichterreichen des erforderlichen Mehrs im Sinne des eingangs Gesagten liegt im übrigen auch vor, wenn das Mehr nur durch die Stimme(n) eines nicht oder nicht gültig vertretenen Urteilsunfähigen (Art. 18 ZGB) *erreicht wurde*[479]. 279

c) *Nichtzulassung von diskussions- und/oder stimmberechtigten Personen*

Soweit *an der Versammlung anwesende* stimm- und/oder diskussionsberechtigte Personen schuldhaft nicht zur Ausübung ihres Diskussions- bzw. Wahl- oder Stimmrechtes zugelassen werden, kann ebenfalls nicht von einem Versammlungsbeschluss im Rechtssinne gesprochen werden[480]. 280

---

[478] Vorschriften über die Beschlussfassung zustande gekommen ist", S. 31, vgl. auch E. 4d und e S. 39/40, wobei allerdings i.c. effektiv ein besonderer Fall eines formellen Mangels vorlag, vgl. hinten Ziff. 5 lit. b; für blosse Anfechtbarkeit auch PKG 1991 Nr. 59 S. 194, 1992 Nr. 8 S. 37/38, 39, ZR 89 Nr. 67 = ZBGR 72 (1991) Nr. 43 S. 215ff. (je Stw) sowie ZR 69 Nr. 101 S. 264 = SAG 1972 S. 85ff. im Falle falscher Zuordnung bzw. Zählweise von Stimmen (vgl. hiezu auch hinten Anm. 570); *GUTZWILLER*, N 32 zu Art. 891 OR, *HEINI/SCHERRER*, N 33 zu Art. 75 ZGB, *FREI* 58, *ROHRER* 33, *DRUEY* 144; widersprüchlich *v. GREYERZ* 192.

Vgl. die ausdrückliche Verneinung einer Nichtigkeit in BGE 96 II 23 (wie übrigens auch in ZR 86 Nr. 38 S. 84) und dementsprechend ohne weiteres für blosse Anfechtbarkeit BGE 110 II 198, a.E., 122 III 281; unzutreffend BGE 115 II 473 E.3b (Nichtigkeit, wenn „Nichtaktionäre an der Beschlussfassung entscheidend mitgewirkt haben") und dementsprechend auch *BÜRGI*, N 11 zu Art. 706 OR.

[479] So sinngemäss auch *JANGGEN/BECKER,* N 24 zu Art. 808 OR: „nichtig der Beschluss, auf den die Stimme eines geisteskranken Gesellschafters wesentlichen Einfluss gehabt hat."

[480] Für Nichtigkeit dagegen offenbar nur, wenn „einer entscheidenden Zahl von Aktionären das Recht zur Mitwirkung am Beschluss verwehrt oder eingeschränkt ...wird", *FORSTMOSER/MEIER-HAYOZ/NOBEL*, § 25 N 34 und in gleichem Sinne N 122; ebenso *FREI* 42/43.

d) Unzuständigkeit

281   Fasst ein Körperschaftsorgan in einer Angelegenheit Beschluss, die weder aufgrund des Gesetzes noch aufgrund einer – zulässigen – statutarischen Kompetenzzuweisung (betr. unzulässige statutarische Kompetenzzuweisungen vgl. z.B. Art. 698 Abs. 2, 716a OR; betr. zulässige z.B. Art. 65 Abs. 1 i.V.m. Art. 63 ZGB: statutarische Zuweisung der Ausschliessungskompetenz an den Vorstand) in seinen Kompetenzbereich fällt, vielmehr in denjenigen eines andern Organs, stellt sich ebenfalls die Frage, ob ein solcher Beschluss nichtig oder bloss anfechtbar ist. Die bundesgerichtliche Praxis ist uneinheitlich[481]. Nichtigkeit ist auf jeden Fall dort anzunehmen, wo unübertragbare bzw. unentziehbare Kompetenzen eines Organs (vgl. bes. Art. 698 Abs. 2, 716a, 810 Abs. 1, 879 Abs. 2 OR[482]) in Frage stehen[483], sei es, dass die Übertragung auf *statutarischem* Wege vorgenommen worden war, sei es, dass sie – stillschweigend oder ausdrücklich im Rahmen einer bestimmten Beschlussfassung (eigentliche „Anmassung") – *ad hoc* erfolgt. Diese Nichtigkeitsfälle sind verwandt mit solchen betreffend „unzulässige Ersatzformen" (vgl. vorn N 273). Aber auch dort, wo eine Kompetenzübertragung an sich zulässig wäre, jedoch nicht (oder nicht in zulässiger Weise) vorgenommen wurde, ist m.E. Nichtigkeit sachlich angemessener: Bei Kompetenzanmassung fehlt es dem Beschluss des betreffenden Organs an einer wesentlichen formellen *Grundlage*. Immerhin erscheint dabei eine Kompetenzanmassung des *obersten* Organs der Körperschaft (Generalversammlung oder ihre Ersatzformen) als weniger gravierend als eine solche eines andern Organs (Exekutive usw.), weshalb in ersterem Fall auch die Annahme blosser Anfechtbarkeit als vertretbar erscheint[484].

---

[481]   Für Anfechtbarkeit BGE 63 II 357/358, V, 100 II 387, AG (und ebenso W. v.STEIGER, N 14 zu Art. 808 OR); sinngemäss für Nichtigkeit BGE 80 II 81 E. 4 Abs. 3 i.V.m. S. 73 lit. C, Gen; ebenso SemJud 1936 S. 542 = SJZ 33 (1936/37) S. 170 Nr. 115, V; widersprüchlich *FORSTMOSER/MEIER-HAYOZ/NOBEL*, § 25 N 22 und N 127.

[482]   Sowie für den Verein *RIEMER*, N 15-17 vor Art. 64-69 ZGB, und für die Stockwerkeigentümergemeinschaft *MEIER-HAYOZ/REY*, N 59/60 zu Art. 712m ZGB.

[483]   Vgl. denn auch *HOMBURGER*, N 392ff. zu Art. 714 OR, betr. Art. 706b Ziff. 3 OR.

[484]   Vgl. auch *RIEMER*, N 112 zu Art. 75 ZGB S. 884.

5. Nichteinhaltung einer gesetzlich vorgeschriebenen Form

a) Formvorschriften i.e.S.

Das Gesetz enthält für zahlreiche Beschlüsse von Körperschaften besondere Formvorschriften (vgl. Art. 647 Abs. 1, 650 Abs. 2, 652g Abs. 2, 653g Abs. 1, 736 Ziff. 2, 784 Abs. 1, 820 Ziff. 2 OR: *öffentliche Beurkundung* bei AG und GmbH, wobei diese Bestimmungen bei im *Ausland* errichteten öffentlichen Urkunden durch Formvorschriften des Art. 30 HRV ergänzt werden; Art. 834 Abs. 1 OR und Art. 60 Abs. 2 ZGB: *Schriftlichkeit* der Statuten bei Genossenschaft und Verein, welche auch für Statuten-*Änderungs*beschlüssen gelten muss). Solche Formvorschriften sind ebenfalls Anwendungsfälle von Art. 11 Abs. 2 OR[485], und dementsprechend hat ihre Missachtung ebenfalls Nichtigkeit (sog. Formnichtigkeit) zur Folge[486]. Allerdings können im Einzelfall die allgemein dieser Rechtsfolge entgegenzuhaltenden Vorbehalte aktuell werden[487]; ferner können spezifisch gesellschaftsrechtliche Schranken aktuell werden, wie namentlich allfällige Heilung durch (allfällig erfolgten) Handelsregistereintrag[488].

282

Für den Fall, dass der Körperschaftsbeschluss – ausnahmsweise – unmittelbar externe Rechtswirkungen erzeugen soll (vgl. vorn N 75) *und wegen des betreffenden Rechtsgeschäftes* formbedürftig ist, kann bei Nichtbeachtung solcher Formvorschriften ebenfalls Nichtigkeit des Beschlusses gegeben sein (samt den allgemeinen Vorbehalten).

283

---

[485] Vgl. *SCHMIDLIN*, N 179/180, *JÄGGI*, N 17 zu Art. 11 OR.

[486] Vgl. betr. nicht öffentlich beurkundete GV-Beschlüsse einer AG Rep 1935 S. 226 = SJZ 32 (1935/36) S. 137 Nr. 106, ZBJV 72 (1936) S. 506, Rapport VS 1964 Nr. 14 S. 66ff. (i.c. als Anfechtungsfall behandelt); *FORSTMOSER/MEIER-HAYOZ/NOBEL*, § 25 N 117, *PEYER* 14f., *ROHRER* 38/39; a.M. *FREI* 59/60; vgl. im übrigen zur allgemeinen Frage auch *SCHMIDLIN*, a.a.O. N 110.

[487] Vgl. im einzelnen *SCHMIDLIN*, a.a.O. N 110ff.

[488] Vgl. etwa BGE 78 III 43ff., Gen, welche Erwägungen *mutatis mutandis* auch für Formmängel im Sinne des vorstehend Gesagten gelten müssen.

b) Erlassart

284 Ein Beschluss kann auch insofern einen Formfehler (vgl. auch Art. 4ff. GVG, SR 171.11: „Form der Erlasse") aufweisen, als er nicht die vom Gesetz geforderte Erlassart (*formelle Einfügung in die Statuten*, vgl. Art. 627 OR, bes. Ziff. 1, Art. 777, 833 OR) aufweist, sei es, dass er als *selbständiger* Erlass *neben* den Statuten (aber auf gleicher Stufe bzw. im gleichen „Rang"), sei es, dass er als bloss statutenausführender Erlass (falsche Stufe bzw. „Rang") konzipiert ist. Auch solche Beschlüsse sind aus formellen Gründen nichtig[489].

C. Materielle (inhaltliche) Mängel

1. Allgemeines

285 Wie bereits erwähnt (vgl. vorn N 256) handelt es sich bei den gesetzlichen Beispielen in Art. 706b Ziff. 1-3 OR ausschliesslich um solche für materielle (inhaltliche) Mängel eines GV-Beschlusses (auch bei der Verletzung der „Grundstrukturen der Aktiengesellschaft", Ziff. 3, 1. Teil, womit an sich auch die *formellen*, organisatorischen *Strukturen* gemeint sind[490], geht es nicht unmittelbar um den individuellen, an einem formellen Mangel leidenden Beschluss i.S.v. vorstehend lit. B; Entsprechendes gilt im Verhältnis zwischen Ziff. 1, Fälle 1 und 2, und einem individuellen Beschluss i.S.v. vorstehend lit. B Ziff. 3d und Ziff. 4b/c). Dabei können die gesetzlichen Beispiele, wie ebenfalls bereits erwähnt (vgl. vorn N 255), *mutatis mutandis* auch auf die anderen Körperschaften angewendet werden, sofern sie bei ihnen überhaupt aktuell sind (so gibt es z.B. bei den Vereinen gar keine „Bestimmungen zum Kapitalschutz", Ziff. 3, 2. Teil, und auch kein *zwingendes* „Mindeststimmrecht", Ziff. 1, wohingegen bei ihnen ein Entzug der „Klagerechte", Ziff. 1, auch in Frage kommt und ebenfalls nichtig wäre; sodann sind die „Grundstrukturen" des Vereins, jedenfalls hinsichtlich ihres *zwingenden* Charakters, andere als bei der AG, so dass bei jenem etwa

---

[489] BGE 93 II 31, 35ff., E. 4, Gen.
[490] Vgl. *BÖCKLI* Rz 1929, *DREIFUSS/LEBRECHT*, N 15, 17 zu Art. 706b OR, *FORSTMOSER/MEIER-HAYOZ/NOBEL*, § 25 N 97 Anm. 92.

VII. Anfechtungsklage im Verhältnis zur Klage auf Nichtigerklärung

auch schriftliche Mehrheitsbeschlüsse eingeführt werden können, während dies bei dieser nichtig wäre).

Was im übrigen die Einzelheiten der genannten gesetzlichen Beispiele (Art. 706b OR) – samt ihrer Abgrenzung von den blossen Anfechtungsbeispielen (Art. 706 OR) – betrifft, so gehen die nachfolgenden allgemeinen Darlegungen von andern Einteilungs- bzw. Abgrenzungskriterien aus, und zwar primär vom Kriterium generell-abstrakte Regelung/individuell-konkreter Beschluss (wobei grundsätzlich jede generell-abstrakte Regelung auch als individuell-konkreter Beschluss denkbar ist und umgekehrt). 286

Dabei sei vorab darauf hingewiesen, dass – wie bei der Anfechtungsklage (vgl. vorn N 217) – im Bereich der inhaltlichen Mängel (im Unterschied zu den formellen) auch eine blosse *Teil*nichtigkeit (nach Massgabe von Art. 20 Abs. 2 OR[491]) bzw. Teilnichtigkeitserklärung in Frage kommt[492]; nicht in Frage kommt hingegen – denkbar auch nur im Bereich der inhaltlichen Mängel – eine *Konversion* (analog § 140 BGB), da – entsprechend der Anfechtungsklage (vgl. vorn N 210) – auch die erfolgreiche Klage auf Feststellung der Nichtigkeit (mit ihrer ebenfalls vorhandenen Gestaltungswirkung, vgl. hinten N 304) nur *kassatorische* Wirkung haben kann. 287

2. Die einzelnen Gruppen

a) Generell-abstrakte körperschaftliche Regelungen

Nichtig sind *sämtliche* Körperschaftsbeschlüsse mit generell-abstraktem Inhalt[493] (Statutenerlass bzw. -änderungen, Reglementserlass und -änderungen, generell-abstrakte Statuten- und Reglementsergänzungen und -ausführungen), sofern sie gegen *zwin-* 288

---

[491] Vgl. auch *MOLL*, N 21 zu Art. 891 OR, *FELDMANN* 80.
[492] Vgl. BGE 73 II 65ff., 97 II 108ff., BJM 1977 S. 242ff.: Vereinsstatuten, d.h. generell-abstrakte Regelung, wobei je *eine* Statutenbestimmung für nichtig erklärt wurde; das ist auch bei einem individuell-konkreten Beschluss denkbar: bei der Wahl mehrerer neuer Exekutivmitglieder wird bezüglich *eines* neuen Amtsträgers übersehen, dass sein Amt noch gültig besetzt ist; vgl. auch BGE 109 II 244 betr. den Verwaltungsratsbeschluss einer AG.
[493] Vgl. *RIEMER*, N 114 zu Art. 75 ZGB (mit Hinweisen), *FORSTMOSER/MEIER-HAYOZ/NOBEL*, § 25 N 108-110, wobei hierher auch das schon in N 93 Satz 2 und das in N 94 Satz 2 genannte Beispiel betr. die *formellen* Strukturen gehört.

gendes Recht irgendwelcher Art (vgl. Art. 19 Abs. 2/20 Abs. 1 OR/Art. 27 ZGB) verstossen (*nicht* aber, wenn sie gegen *dispositives* Recht oder die *Statuten* verstossen[494]), und zwar ungeachtet dessen, in welchem Bereich des objektiven Rechtes es enthalten ist(spezifisches Recht der betreffenden Körperschaft, allgemeines Körperschaftsrecht, allgemeines Recht der juristischen Personen, sonstiges Privatrecht, öffentliches Recht, je geschriebenes und ungeschriebenes Recht, unter Einschluss eines Verstosses gegen die guten Sitten[495]): Mangels Verfügungsrecht über das zwingende objektive Recht (unter Einschluss der guten Sitten) können sich die Körperschaften und ihre Mitglieder nicht mittels Erlass solcher Beschlüsse unanfechtbare rechtswidrige Grundlagen bzw „Sonderrechtsverhältnisse" schaffen. Dieser Fallgruppe tragen die – restriktiven – bundesgerichtlichen „Formeln" zur Abgrenzung der Nichtigkeit von der Anfechtbarkeit[496] nicht ganz deutlich Rechnung[497], ebensowenig der Wortlaut von Art. 706/706b OR und ein Teil der Literatur[498]. Auch wird in solchen Fällen bei Einhaltung der Anfechtungsfrist vom Gericht nicht selten blosse Anfechtbarkeit angenommen und der Verstoss gegen das objektive Recht auf dieser Basis beseitigt (vgl. hinten N 312).

b) *Individuell-konkrete Beschlüsse*

aa) *Begriffliches*

289 Darunter werden hier alle Beschlüsse verstanden, welche nicht in die vorstehend unter lit. a umschriebene Gruppe gehören, d.h. nicht nur Beschlüsse betr. eine bestimmte Person und eine kon-

---

[494] Vgl. *RIEMER*, N 116 zu Art.75 ZGB, *FORSTMOSER/MEIER-HAYOZ/ NOBEL*, § 25 N 107, *ROHRER* 19ff.; vgl. auch hinten N 290.

[495] ähnlich – aber einschränkend – *BÜRGI*, N 13 zu Art. 706 OR.

[496] Vgl. BGE v. 22.11.1939 in SJZ 36 (1939/40) S. 275 = SAG 1939/40 S. 178AG, BGE 80 II 275, 276/277, Gen, 86 II 88, AG, 93 II 31, 33 E. 3, Gen (vgl. auch die Zusammenstellung bei *RIEMER*, N 93 zu Art. 75 ZGB).

[497] Vgl. aber auch BGE 73 II 65ff., 73ff., V, 97 II 113 E. 2 Abs. 3, E. 4 Abs. 2, V: Gegen zwingendes Recht oder die guten Sitten verstossende Statutenbestimmungen werden ohne weiteres für nichtig erklärt; ebenso übrigens BJM 1977 S. 242ff. betr. ein Vereinsreglement.

[498] Vgl. etwa *BÜRGI*, N 8-10 zu Art. 706 OR, *PEYER* 16ff., *ROHRER* 21f.

krete Situation (Beispiel: Ausschliessung aus einem Verein oder einer Genossenschaft, Art. 72 ZGB, Art. 846 OR; verwaltungsrechtliche Terminologie: „Verfügung"), sondern auch sich an *alle* bzw. alle betroffenen *Mitglieder* („generell") richtenden Körperschaftsbeschlüsse (bzw. sich an alle Organträger richtenden Beschlüsse eines Exekutivorgans), welche eine konkrete Situation betreffen (z.B. Beschluss betr. geheime oder offene Abstimmung über einen bestimmten Antrag; verwaltungsrechtliche Terminologie: „Allgemeinverfügung"[499]), sowie Beschlüsse, welche eine individuelle Person bezüglich *unbestimmt vieler Situationen* („abstrakt") betreffen (Beispiel: Suspension aller Mitgliedschaftsrechte einer bestimmten Person).

bb) Die einzelnen Nichtigkeitsfälle

Nur bezüglich der hier in Frage stehenden Beschlüsse kommen die bundesgerichtlichen „Formeln" (welche auch Art. 706b OR zugrundeliegen) jedenfalls *teilweise* zum Tragen, insbesondere das Kriterium, dass nichtige Beschlüsse solche seien, die „gegen die Grundstruktur der juristischen Person verstossen", oder die „unvereinbar" sind „mit den Rechtssätzen, welche dem Schutz der Gesellschaftsgläubiger oder der Wahrung öffentlicher Interessen dienen"[500]. Entscheidend ist, ob die Verletzung von zwingendem objektivem Recht (die Verletzung von dispositivem objektivem Recht sowie von Statutenbestimmungen und sonstigem vereinsinternem Recht allein fällt bei *materiellen* Mängeln – im Unterschied zu den formellen, vgl. vorn N 258 – als Nichtigkeitsgrund ausser Betracht, vgl. auch vorn N 288) nur solche Rechte und Interessen betrifft, über welche die Körperschaftsmitglieder selbst und allein, und zwar *gültig (Art. 27 ZGB), verfügen* – und damit auch (durch Nichterheben einer Anfechtungsklage) gültig *verzichten* – können oder ob auch Rechte und Interessen *Dritter* (samt *öffentliche* Interessen) betroffen sind, über welche die Körperschaftsmitglieder nicht verfügen können. Nur in letzterem Falle (Nichtverfügbarkeit) ist Nichtigkeit anzunehmen[501].

290

---

[499] Vgl. *HÄFELIN/MÜLLER,* N 737ff.
[500] BGE 86 II 88, AG.
[501] Vgl. auch *RIEMER,* N 115ff. zu Art. 75 ZGB, *FORSTMOSER/MEIER-HAYOZ/NOBEL,* § 25 N 111ff.

VII. Anfechtungsklage im Verhältnis zur Klage auf Nichtigerklärung

291 *Beispiele für Nichtigkeit im Sinne des Gesagten:*
- *Ablehnung des Antrages auf Eintragung eines eintragungspflichtigen Vereins (Art. 61 Abs. 2 ZGB) im Handelsregister;*
- *Aussprechung einer Vereinsstrafe gegenüber einem Mitglied, die gegen öffentliches Recht (Beamtenrecht) verstösst*[502]*;*
- *Verwaltungsratsbeschluss betr. sachliche Beschränkung der Vertretungsmacht eines Vertretungsorgans (vgl. Art. 718a Abs. 2 OR: abgesehen von den gesetzlichen Ausnahmen „keine Wirkung" gegenüber gutgläubigen Dritten);*
- *Beschlüsse, welche ein* deliktisches *Verhalten (StGB usw.) bedeuten*[503]*;*
- *Beschlüsse mit* unmöglichem *Inhalt (vgl. Art. 20 Abs. 1 OR*[504]*), wie z.B. Ausschliessung (Art. 72 ZGB, Art. 846 OR) eines rechtsgültig ausgeschiedenen Mitgliedes*[505]*, Wahl von neuen Exekutivmitgliedern, solange die bisherigen noch gültig im Amt stehen*[506]*, unmittelbarer Eingriff in bestehende subjektive (obligatorische, dingliche usw.) Drittrechte*[507] *(wobei dies auch ein Delikt i.S.v. Art. 41ff. OR darstellen kann*[508]*);*
- *starke Beschränkung der sportlichen Betätigungsfreiheit bei einem Sportverein*[509]*.*

---

[502] ZR 77 Nr. 52; weitere Beispiele aus dem Vereinsrecht bei *RIEMER*, N 115, 117 zu Art. 75 ZGB.

[503] *FREI* 86f. Auf die Geltendmachung einer individuell-konkreten *Persönlichkeitsverletzung (Art. 28 ZGB)* kann dagegen verzichtet werden, sodass – für Mitglieder – blosse Anfechtbarkeit vorliegt (vgl. BGE 123 III 193ff., V, und dazu auch vorn N 114), im Unterschied zu generell-abstrakter Persönlichkeitsverletzung (vgl. – i.c. betr. Nichtmitglieder – BGE 73 II 65ff., 73ff., V, und dazu auch vorstehend Anm. 497). Entsprechendes gilt für Verstösse i.S.v. *Art. 41ff. OR* gegenüber Mitgliedern (vgl. hiezu auch hinten N 330ff.).

[504] Und dazu auch BGE 93 II 31, 33 E. 3, Gen.

[505] Unzutreffend BGE 63 II 357, V, wo von Anfechtbarkeit ausgegangen wurde.

[506] BGE 71 I 389, V.

[507] BGE 63 II 87/88, V, BGE 67 II 175, AG (Gläubigerschädigung durch Déchargebeschluss), BGE v. 30. 11. 1979 in ZR 79 Nr. 11. S.19 Sp.2=ZBGR 63 (1982) Nr. 60 S. 381/382 (allg. Grundsatz); vgl. im übrigen auch *FREI* 88f.

[508] Vgl. hiezu auch *RIEMER*, N 34ff. zu Art. 65 ZGB.

[509] BGE 102 II 211ff., wenn auch i.c. arbeitsvertragliche, nicht mitgliedschaftliche Bindung; weitere Fälle – nicht ausschliesslich betr. Vereine –

D. Nichtigerklärungsverfahren

1. Nichtigkeitsobjekte

Während andere als Generalversammlungsbeschlüsse gar nicht (so namentlich bei der AG, vgl. vorn N 45, 48) oder nur begrenzt (so namentlich Vorstandsbeschlüsse beim Verein, vgl. vorn N 48) anfechtbar sind, bestehen bezüglich der Nichtigerklärung keine solchen Beschränkungen. Soweit ein rechtliches Interesse besteht, kann *jeder* Beschluss *jedes* Körperschaftsorgans gerichtlich für nichtig erklärt werden[510]. Nicht erforderlich ist die Erschöpfung eines allfälligen vorgängigen körperschaftsinternen Instanzenzuges, da der Nichtweiterzug eines nichtigen Beschlusses diesen nicht zu heilen vermag[511].

292

Sonderfall: *Soll Klage auf Nichtigerklärung des Auflösungsbeschlusses erhoben werden und existiert die juristische Person in jenem Zeitpunkt formell nicht mehr (insbesondere bei bereits erfolgter Löschung eines konstitutiven Handelsregistereintrages), so muss zuerst die Wiedererlangung der Rechtspersönlichkeit (insbesondere durch Wiedereintragung im Handelsregister) erwirkt werden*[512].

293

---

[510] von Verstössen gegen Art. 27 ZGB – wenn auch in der Regel mittels generell-abstrakten Bestimmungen bei *RIEMER,* N 114/115 zu Art. 70, N 114 zu Art. 75 ZGB; zur allgemeinen Frage vgl. im übrigen auch BGE 93 II 33 E. 3, Gen.

Vgl. die ausdrückliche gesetzliche Regelung beim Verwaltungsrat der AG in *Art 714 i.V.m. Art. 706b OR* und aus der diesbezüglichen früheren Praxis BGE 109 II 243/244; Entsprechendes gilt aber auch für die anderen Körperschaften, vgl. aus der Praxis BGE 71 I 389/390 E. 2c: Nichtigkeit des Beschlusses eines Vereinsvorstandes; BGE 72 II 116: Nichtigkeit eines nicht förmlichen Vorstandsbeschlusses einer Genossenschaft (vgl. hiezu auch vorn Anm. 81); BGE 80 II 73, 81, Gen: Nichtigkeit einer Verfügung einer Genossenschaftszentralverwaltung.

[511] Vgl. BGE 80 II 81 E. 4 Abs. 3, Gen, aber betr. dieses Konkurrenzverhältnis auch hinten N 314.

[512] BGE 64 II 152/153 E. 2, AG.

2. Aktiv- und Passivlegitimation; Nebenintervention und Streitverkündung

294 Zur Erhebung der Klage auf Feststellung der Nichtigkeit ist *jedermann aktivlegitimiert*, der an der Feststellung ein *rechtliches Interesse* hat[513], d.h. nicht nur die Mitglieder der betreffenden Körperschaft (unter Einschluss jener, die dem betreffenden Beschluss zugestimmt haben[514]), sondern auch – je nach dem konkreten Nichtigkeitsgrund – andere Personen, wie etwa die Adressaten (und selbst ihr Berufsverband im Sinne eines Verbandsklagerechtes) einer persönlichkeitsverletzenden Statutenbestimmung[515], rechtsgültig ausgeschiedene Mitglieder bezüglich eines nachträglichen Ausschliessungsbeschlusses, Fiduzianten eines Mitgliedes[516], Genussscheininhaber einer AG[517], Drittgläubiger einer Körperschaft[518], in deren Rechte ein Körperschaftsbeschluss eingegriffen hat, allfällig der Körperschaft nicht als Mitglieder angehörende Exekutivorgane[519] bezüglich sie betreffender Wahlbeschlüsse, Kontrollorgane[520].

295 In jenen Fällen (nicht aber in den anderen), in welchen die *Exekutive als solche anfechtungs*legitimiert ist (vgl. vorn N 134ff.), wird man ihr dieses Recht auch für die vorliegende Klage zubilligen müssen[521].

296 *Passivlegitimiert* ist stets die Körperschaft als solche, nicht etwa das Organ, das den Beschluss gefasst hat, oder die Gesamtheit der betreffenden Organmitglieder.

297 Auch bei der hier in Frage stehenden Klage kommt eine *Nebenintervention* (auf der Kläger- oder Beklagtenseite) sowie eine *Streitverkündung* in Frage.

---

[513] BGE 72 II 116, Gen, 115 II 473 E. 3b, AG; *PEYER* 45, *FREI* 104, *ROHRER* 43/44.
[514] BGE 74 II 43, AG.
[515] BGE 73 II 65ff., bes. 72, V.
[516] BGE 115 II 473/474, AG (i.c. mangels krasser Beeinträchtigung der Rechte verneint).
[517] BGE 115 II 473 E. 3b.
[518] BGE 64 II 152 E. 2, AG, 115 II 473 E. 3b, AG.
[519] Vgl. etwa BGE 73 II 1ff., Art. 894 Abs. 1 OR.
[520] AB OW 1982/83 Nr. 17 S. 62, AG.
[521] Ohne weiteres für die Legitimation auch des „Verwaltungsrates" bei der AG *FORSTMOSER/MEIER-HAYOZ/NOBEL*, § 25 N 131.

3. Klagefrist

Von grösster praktischer Bedeutung (vgl. hiezu aber auch hinten N 312) ist der Umstand, dass die vorliegende Feststellungsklage – im Unterschied zur Anfechtungsklage – grundsätzlich an *keine Frist* (Verjährungs- oder Verwirkungsfrist) gebunden bzw. der betreffende Mangel *unheilbar* ist, d.h. *zeitlich unbegrenzt geltend gemacht werden kann*[522]. 298

Allerdings besteht auch hier die Schranke des *Rechtsmissbrauchs* (Art. 2 Abs. 2 ZGB), was die Gefahr für die Rechtssicherheit[523] doch wesentlich relativiert: So *kann* (aber muss nicht, d.h. es kommt stets auf die Umstände des Einzelfalles an) längeres Zuwarten namentlich dann rechtsmissbräuchlich sein, wenn der nichtige Beschluss *bereits vollzogen wurde*[524]. Insofern – und ebenso betr. die nachfolgenden Fälle – kann daher auch von „*Heilung*" des nichtigen Beschlusses gesprochen werden[525]. 299

Auch ohne Rechtsmissbrauch kann aufgrund *grosser praktischer Schwierigkeiten* die Rückabwicklung eines an sich nichtigen Beschlusses – und damit seine Nichtigerklärung – ausgeschlossen sein[526]. 300

---

[522] BGE 74 II 43, AG, 86 II 206, V, 93 II 33 E. 2 Abs. 2, Gen; SemJud 1936 S. 541f. = SJZ 33 (1936/37) S. 170 Nr. 115, Max LU 1971 S. 3 Nr. 1 = SJZ 69 (1973) S. 94 Nr. 62, je V; vgl. auch BGE 97 II 108ff., V: Die betreffende Statutenbestimmung war Jahrzehnte vor ihrer Nichtigerklärung erlassen worden; ferner BGE 73 II 65ff., V, und BJM 1977 S. 242ff., V: Der Zeitpunkt des Erlasses der fraglichen, für nichtig erklärten Statutenbestimmungen wurde nicht einmal genannt; die gegenteilige Formulierung in BGE 110 II 387, AG („Verwirkung der Klage auf Nichtigerklärung") beruht lediglich auf einem Übersetzungsfehler.

[523] *BÖCKLI* Rz 1937, *FORSTMOSER/MEIER-HAYOZ/NOBEL*, § 25 N 103ff.

[524] So sinngemäss bereits BGE 49 II 392/393, Gen, Rep 1976 S. 51f., AG, sowie wohl auch PKG 1993 Nr. 3 S. 14/15, Stw, betr. sechs Jahre zuvor gefasste Beschlüsse; *BÜRGI*, N 14, a.E., zu Art. 706 OR, *GERWIG* 290/291.

[525] Vgl. *FORSTMOSER/MEIER-HAYOZ/NOBEL*, § 25 N 136, *PEYER* 43; a.M. *ROHRER* 46; widersprüchlich *BÜRGI*, N 14, a.E./15 zu Art. 706 OR.

[526] Sehr zurückhaltend – und i.c. verneint – BGE 116 II 713, 715ff. E. 4, Gen: Beschluss betr. Fusion einer Krankenkasse.

VII. Anfechtungsklage im Verhältnis zur Klage auf Nichtigerklärung

301 Darüberhinaus bedeutet auch ein allfälliger *Schutz gutgläubiger Dritter* (Art. 3 ZGB), welche mit der Körperschaft in irgendeine Rechtsbeziehung getreten sind, eine Schranke gegenüber der Geltendmachung der Nichtigkeit[527].

302 Hat der Kläger als Mitglied der Körperschaft dem Beschluss *zugestimmt*, so *kann im Einzelfall Rechtsmissbrauch vorliegen*[528], auch wenn grundsätzlich diese Zustimmung die Aktivlegitimation bei der Klage auf Nichtigerklärung nicht ausschliesst (vgl. vorstehend N 294).

303 Dass eine derartige Nichtigkeit „absolut und total" sei[529], ist mithin nicht ganz zutreffend.

4. Prozessuale Einzelfragen

a) Geltendmachung der Nichtigkeit

aa) Klage auf Nichtigerklärung (einschliesslich vorsorgliche Massnahmen)

304 Die Klage auf Nichtigerklärung ist, im Unterschied zur Anfechtungsklage (welche eine Gestaltungsklage ist, vgl. vorn N 210), eine *Feststellungsklage*[530] (aber ebenfalls mit Wirkung *ex tunc*[531]). Als Feststellungsklage könnte sie grundsätzlich nur Wirkung zwischen den Parteien (*inter partes*[532]) entfalten, was sachlich fragwürdig wäre (wie auch die Klage auf Feststellung der Nichtigkeit einer juristischen Person überhaupt[533] unmöglich blosse *inter partes*-Wirkung haben kann). Indessen hat eine derartige Feststellungsklage

---

[527] Vgl. bes. BGE 78 III 44ff., 47, Gen, betr. einen im Handelsregister eingetragenen nichtigen Beschluss und demgegenüber auch BGE 71 I 389/390: *Nichtiger* Vertrag mit einem auf nichtiger Wahl beruhenden Vereinsvorstand bei *nicht gutgläubigem* Vertragspartner; vgl. im übrigen zu diesen Fragen auch *SCHUCANY*, N 2 Ac, *BÜRGI*, N 17 zu Art. 706 OR, *RIEMER*, N 97, 130 zu Art. 75 ZGB.

[528] *FORSTMOSER/MEIER-HAYOZ/NOBEL*, § 25 N 130.

[529] BGE 97 II 115, V.

[530] BGE 64 II 152 E. 2, AG, 74 II 43, AG, 73 II 79 E. 7, V, 115 II 473, AG, 116 II 713, Gen.

[531] BGE 97 II 115, V.

[532] Vgl. zur allgemeinen Frage BGE 93 II 17.

[533] Vgl. BGE 112 II 3.

VII. Anfechtungsklage im Verhältnis zur Klage auf Nichtigerklärung

immer auch eine *Gestaltungswirkung* (Beseitigung eines „Scheinbeschlusses", vergleichbar mit einer Ehenichtigkeitsklage, welche allgemein als Gestaltungsklage qualifiziert wird[534]), so dass es sich aufdrängt, ihr ebenfalls *erga omnes*-Wirkung (Wirkung gegenüber jedermann) zuzuerkennen. Das hat sinngemäss auch das Bundesgericht mit seiner Formulierung, die Nichtigkeit sei „absolut und total" (vgl. vorstehend N 303) bzw. es liege „nullité absolue"[535] vor, getan.

Auch im gerichtlichen Verfahren auf Nichtigerklärung eines Körperschaftsbeschlusses sind *vorsorgliche Massnahmen* möglich[536], unter Einschluss von superprovisorischen Massnahmen. 305

bb) Einrede

Die Nichtigkeit kann – im Unterschied zur Anfechtbarkeit[537] – auch – *einredeweise* geltend gemacht werden[538], etwa wenn aufgrund des nichtigen Beschlusses von einem Körperschaftsmitglied oder Dritten Leistungen eingefordert werden. 306

b) Berücksichtigung von Amtes wegen

Darüberhinaus ist die Nichtigkeit – von Gerichten und von Verwaltungsbehörden – auch von Amtes wegen zu berücksichtigen[539], wenn sie sich aus den Akten ergibt. Es hat daher insbesondere der *Handelsregisterführer* ein entsprechendes Eintragungsgesuch 307

---

[534] Vgl. *GULDENER* S. 212 Anm. 26, *HABSCHEID* Rz 591.
[535] BGE 74 II 43, AG.
[536] Vgl. z.B. BGE 69 II 42, Gen: Vorprozessuales Verbot der Anwendung einer möglicherweise nichtigen, aus einer Statutenrevision hervorgegangenen Statutenbestimmung; Rep 1945 S. 420f. = SJZ 43 (1947) S. 224 Nr. 105 und SAG 1969 S. 214, *ZH*, je betr. Art. 32 Abs. 2 HRV bei einer AG; SJZ 75 (1979) S. 75ff. Nr.13, *ZH*: Suspendierung der Wirkungen der Sperre eines Sportvereins; ferner Verbot zu handeln gegenüber einer Exekutive, deren Wahl für nichtig erklärt werden soll.
[537] Vgl. *SCHUCANY*, N 2C Abs. 3 und *BÜRGI*, N 14 zu Art. 706 OR, *FORSTMOSER/MEIER-HAYOZ/NOBEL*, § 25 N 71.
[538] BGE 74 II 43, AG.
[539] BGE 64 II 152/153, AG, 72 II 116, Gen, 86 II 88 E. 6b, AG, 100 II 387 E. 1, AG (ganz so unindiziert war allerdings die Nichtigkeit i.c. nicht, vgl. vorn bei und in Anm. 481 betr. die Zuständigkeit); Max LU 1971 S. 3 Nr. 1 = SJZ 69 (1973) S. 94 Nr. 62,V.

VII. Anfechtungsklage im Verhältnis zur Klage auf Nichtigerklärung

abzuweisen[540] oder – wenn auch nicht mit abschliessender Kognitionsbefugnis – von Amtes wegen rückgängig zu machen (vgl. Art. 32 Abs. 1 HRV[541]); das gilt auch für den Fall des diesbezüglichen „Einspruchs" beim Handelsregisterführer (Art. 32 Abs. 1 HRV) und sodann auch für seine Rechtsmittelinstanzen (kantonale Aufsichtsbehörde[542], Bundesgericht als Verwaltungsgericht[543]).

308 *In BGE 114 II 70/71, AG, scheint allerdings das Bundesgericht zunächst die Überprüfung auf materielle (inhaltliche) Mängel beschränken zu wollen, während es a.a.O. S. 73/74 richtigerweise dennoch die Frage eines formellen Mangels (eine Art. 701 OR nicht entsprechende Universalversammlung, vgl. vorn N 274) überprüfte, wobei es die Nichtigkeit aufgrund der „Anmeldungen und Protokolle" verneinte und festhielt, der Handelsregisterführer sei zur „Einholung zusätzlicher Auskünfte und Belege ... nicht gehalten". Beides erscheint als zutreffend und stimmt im Ergebnis mit der vorangegangenen bundesgerichtlichen Praxis[544] überein. Richtigerweise hat das Bundesgericht in diesem nicht-handelsregisterrechtlichen Bereich auch bezüglich der Frage der Nichtigkeit[545] auf die beschränkte Kognition des Handelsregisterführers hingewiesen (Einschreiten nur, wenn Nichtigkeit „eindeutig" bzw. Rechtsverlet-*

---

[540] BGE v. 22.11.1939 in SJZ 36 (1939/40) S. 275 = SAG 1939/40 S. 178, AG, BGE 67 I 347/348, AG, BGE v. 16.9.1944 in SAG 1944/45 S. 79, AG, BGE 78 III 44, Gen (wohingegen – und auch im Widerspruch zu seiner zit. sonstigen Praxis – das Bundesgericht selbst, a.a.O. S. 47, in anderem Zusammenhang auf die in seinem Verfahren nicht erhobene Rüge hingewiesen hat; betr. die Kompetenzen des Handelsregisterführers bei bloss anfechtbaren Beschlüssen vgl. vorn N 1), BGE 91 I 362, AG.

[541] Und dazu BGE 114 II 71.

[542] Vgl. SJZ 47 (1951) S. 208 Nr. 76, SG, betr. eine AG.

[543] Vgl. BGE v. 22.11.1939 in SJZ 36 (1939/40) S. 275f. = SAG 1939/40 S. 176ff., AG.

[544] BGE 67 I 347/348 i.V.m. 343, AG, BGE v. 16.9.1944 in SAG 1944/45 S. 79 („seinem Inhalte nach oder wegen der Art seines Zustandekommens"), AG, und BGE 78 III 44, Gen.

[545] Wie schon in BGE v. 22.11.1939 in SJZ 36 (1939/40) S. 275 = SAG 1939/40 S.179, AG („Nichtigkeit ... ohne jeden Zweifel vorhanden", andernfalls Entscheid des ordentlichen Richters) und auch in BGE 67 I 347/348 (schriftliche Abstimmung ausserhalb der Generalversammlung bei der AG als „offensichtlich und unzweideutig gegen das Gesetz verstossend").

VII. Anfechtungsklage im Verhältnis zur Klage auf Nichtigerklärung

zung "offensichtlich", "schwerwiegend" oder "klar und unzweideutig"[546]*)*.

c) Übrige Verfahrensfragen

Auch bei der Klage auf Feststellung der Nichtigkeit ist eine objektive Klagenhäufung möglich[547]. 309

Die sonstigen Verfahrensfragen (*örtliche und sachliche Zuständigkeit, Verfahrens- und Erledigungsart, Streitwert, finanzielle Folgen*) sind angesichts der engen sachlichen Verwandtschaft mit der Anfechtungsklage und der schwierigen, teilweise umstrittenen (und daher bei Klageeinleitung oft nicht eindeutig zu beurteilenden) Abgrenzungsfragen sowie einer gewissen „Austauschbarkeit" der beiden Klagen (vgl. nachfolgend Ziff. 5) ebenfalls gleich zu beantworten wie die entsprechenden Fragen bei der Anfechtungsklage, es sei denn, es ergebe sich aus dem objektiven Recht oder individuellen Statuten Anhaltspunkte für eine abweichende Lösung (so wird man ohne gegenteilige Anhaltungspunkte auch annehmen dürfen, bei einer Schiedsabrede betr. „Anfechtung" oder dgl. von Körperschaftsbeschlüssen habe es die Meinung, das Schiedsgericht dürfe auch die Frage der Nichtigkeit prüfen und eine entsprechende Feststellung treffen, vgl. hiezu auch hinten N 313; dabei ist darauf hinzuweisen, dass die Schiedsfähigkeit betr. die Frage der Nichtigkeit ebenfalls gegeben ist[548]; eine Annahme im Sinne des Gesagten erscheint auch für statutarische Gerichtsstandsklauseln als zulässig). Unter diesen Umständen sind m.E. auch Art. 706a Abs. 2/891 Abs. 1 Satz 2 OR sowie Art. 706a Abs. 3 OR[549] auf Klagen i.S.v. Art. 706b OR (wie auch auf entsprechende Klagen bei der GmbH) ebenfalls anwendbar (vgl. hiezu auch nachfolgend Anm. 557). 310

Auch von einem allfälligen vorgängigen körperschaftsinternen Instanzenzug (Verein, Genossenschaften, Art. 846 Abs. 3 Satz 2 und 3 OR, vgl. auch vorn N 50) kann bei beabsichtigter Klage auf Fest- 311

---

[546] BGE 114 II 70/71, 73 und ebenso BGE 91 I 362, AG.

[547] Vgl. z.B. BGE 73 II 79/80, V: Nichtigerklärung wegen Persönlichkeitsverletzung und entsprechende Unterlassungsklage (weitere Beispiele bei *RIEMER*, N 146/147 zu Art. 75 ZGB).

[548] Vgl. BGE 59 I 179f.; *GULDENER*, S. 603 Anm. 46 Abs. 3, *DREIFUSS/LEBRECHT*, N 12 zu Art. 706b OR.

[549] Ebenso *CASUTT* 92/93, wenn auch nur für den Aktionär; generell *gegen* eine solche Analogie *KUNZ* 93.

VII. Anfechtungsklage im Verhältnis zur Klage auf Nichtigerklärung

stellung der Nichtigkeit Gebrauch gemacht werden; zulässig (wenn auch nicht empfehlenswert, vgl. hinten N 314) ist diesfalls aber auch eine *direkte* gerichtliche Klage auf Feststellung der Nichtigkeit[550].

5. Verhältnis zur Anfechtungsklage

312   Abgesehen allenfalls (die Unterschiede müssen aber im Einzelfall nicht notwendigerweise bestehen) vom Objekt und der Aktivlegitimation (und sodann von der Möglichkeit einer einredeweisen Geltendmachung und einer Berücksichtigung von Amtes wegen, beides stets im Unterschied zur Anfechtbarkeit) unterscheiden sich die Klage auf Nichtigerklärung und die Anfechtungsklage nur hinsichtlich der *Frist* voneinander, d.h. dieses ist der zentrale Unterschied. Angesichts der bezüglich der beiden Rechtsgründe bzw. Rechtsschutzbehelfe oft unsicheren und teilweise umstrittenen Abgrenzungskriterien[551] empfiehlt es sich indessen in jenen Fällen, da zeitlich (sowie aufgrund von Objekt und Aktivlegitimation) auch noch die Anfechtungsklage möglich ist, diese zu erheben, sei es in Verbindung mit einer eventualiter erhobenen Klage auf Feststellung der Nichtigkeit[552], sei es als Eventualklage neben der Klage auf Feststellung der Nichtigkeit als Hauptklage[553], wobei übrigens das Bundesgericht in den beiden zuletzt genannten Urteilen ohne weiteres auf Anfechtbarkeit erkannt hat[554], obwohl eigentlich Nichtigkeit gegeben gewesen wäre (vgl. vorn N 288; allgemein dürfte – jedenfalls bei den Körperschaften des OR – bei gesetzeswidrigen Statutenbestimmungen häufig effektiv Nichtigkeit – i.S.v. vorn N 288 – gegeben sein, während der Richter – zufolge Einhaltung der Anfechtungsfrist – auf Anfechtung erkennt[555]).

---

[550] Vgl. *RIEMER*, N 109 zu Art. 72 ZGB.
[551] Auch wenn es heute, entgegen *PATRY*, La nullité 14, nicht mehr als zutreffend erscheint zu sagen, es sei „pratiquement impossible d'adopter un principe unique dans ce domaine".
[552] Vgl. z.B. BGE 121 III 222, AG.
[553] Vgl. z.B. BGE 117 II 292, 308, AG; BJM 1987 S. 201ff., Gen.
[554] BGE 117 II 314/315, 121 III 241 E. 5c i.V.m. 222 (mit „ungültig" ist hier Aufhebung zufolge Anfechtung gemeint).
[555] Das trifft auch auf das Beispiel in BGE 121 III 233 zu: Bei einer Kompetenzdelegation, die „auf unrechtmässige Vorgänge" ausgerichtet ist, liegt in Wirklichkeit nicht Anfechtbarkeit sondern Nichtigkeit vor.

VII. Anfechtungsklage im Verhältnis zur Klage auf Nichtigerklärung

Da trotz Verschiedenheit des Rechtsgrundes Identität des Streitgegenstandes *bzw.* Klageidentität *besteht[556] – es geht bei beiden Klagen um die Frage der Gültigkeit eines bestimmten Beschlusses – wird allerdings der Richter nötigenfalls wohl stets, d.h. selbst ohne formelle Eventualklage, die Klage auch nach Massgabe des jeweils anderen Rechtsgrundes überprüfen (vgl. hiezu auch vorn N 310 betr. Schiedsabreden), die Nichtigkeit auch im Hinblick auf ihre Berücksichtigung von Amtes wegen[557].* 313

Angesichts der unsicheren und teilweise umstrittenen Abgrenzungskriterien zwischen den in Frage stehenden beiden Klagen sollte aber ein Kläger, solange die gesetzliche Anfechtungsfrist für eine Anfechtungsklage *noch gewahrt werden kann (und die Anfechtungsklage nicht aus einem anderen Grunde – Anfechtungsobjekt, Aktivlegitimation – ausgeschlossen ist), keinesfalls diese Anfechtungsfrist unbenützt verstreichen lassen und sich auf die – grundsätzlich unbefristete – Klage auf Feststellung der Nichtigkeit verlassen, da er bei dieser Vorgehensweise riskiert, dass der Richter später das Vorliegen eines Nichtigkeitsgrundes verneint und das Recht zur Erhebung der Anfechtungsklage als verwirkt erklärt. Entsprechendes gilt für alle jene Fälle (Vereine, Genossenschaften, Art. 846 Abs. 3 Satz 2 und 3 OR), in welchen bei einem* körperschaftsinternen Instanzenzug *eine körperschaftsinterne Rekursfrist (eine Verwirkungsfrist, und zwar auch bezüglich der späteren gerichtlichen Anfechtungsklage, vgl. vorn N 50) noch gewahrt werden kann, d.h. es sollte diesfalls zunächst vom körperschaftsinternen Instanzenzug Gebrauch gemacht werden und – obwohl zulässig (vgl. vorn N 311) – nicht direkt die gerichtliche Nichtigerklärung verlangt werden.* 314

---

[556] Vgl. hiezu allgemein *GULDENER* S. 198ff., *VOGEL*, 8. K., bes. N 8.
[557] Vgl. BGE 100 II 387 E. 1, AG, ferner RB ObG OW 1980/81 Nr. 22 S.66 (Stw); vgl. aber auch ZR 62 Nr. 91 S. 280 E. I, GmbH: Bei – für eine Anfechtungsklage – rechtzeitig erhobener Klage wird diese als Anfechtungsklage i.S.v. Art. 808 Abs. 6 i.V.m. altArt. 706 OR behandelt, d.h. ohne Prüfung der Nichtigkeit (das ist heute allerdings nur zutreffend, sofern man der Ansicht folgt – vgl. vorstehend N 310 -, Art. 706a Abs. 2 und namentlich Abs. 3 OR hätten auch für Klagen auf Feststellung der Nichtigkeit Geltung); sinngemäss ebenso bereits BGE 46 II 320/321, Gen, und im Ergebnis auch BGE 86 II 97/99, AG, vgl. vorn Anm. 472, sowie BGE 116 II 715 E. 3 Abs. 2, Gen, und RVJ 1993 S. 167, V.

VII. Anfechtungsklage im Verhältnis zur Klage auf Nichtigerklärung

315 Schliesslich ist ganz allgemein darauf hinzuweisen, dass sich die Literatur[558] angesichts der beträchtlichen Rechtsunsicherheit bei Nichtigkeit *bei Zweifelsfällen* eher für blosse *Anfechtbarkeit* ausspricht.

---

[558] Vgl. etwa *BÜRGI*, N 21 zu Art. 706 OR.

VIII. Anfechtungsklage und Klage auf Nichtigerklärung im Verhältnis zu anderen körperschaftsrechtlichen Klagen

A. Allgemeines

Im „Umfeld" der Körperschaften von ZGB und OR bestehen zahlreiche weitere Klagemöglichkeiten, die *in keinem unmittelbaren Zusammenhang* zu den beiden bisher behandelten Klagen stehen und deren Anwendungsbereich daher nicht besonders von diesen abgegrenzt werden muss, wie beispielsweise die gerichtliche Klage auf Einberufung einer Mitgliederversammlung (aufgrund von Art. 64 Abs. 3 ZGB bzw. Art. 712m Abs. 2 ZGB und ausdrücklich gemäss Art. 699 Abs. 4, 809 Abs. 3, 881 Abs. 3 OR, vgl. hiezu immerhin auch vorn N 52 und N 55), auf Ausschliessung aus einer Stockwerkeigentümergemeinschaft (Art. 649b ZGB) oder aus einer GmbH (Art. 822 Abs. 3 OR[559]), die gerichtliche Klage auf Feststellung der Mitgliedschaft oder der Nichtmitgliedschaft in einer bestimmten Körperschaft (diese Frage kann auch ausserhalb eines näheren Zusammenhanges mit den beiden bisher behandelten Klagen – betr. gegenteilige Fälle vgl. hinten N 325 – relevant sein, etwa im Zusammenhang mit einem „automatischen Verlust" der Vereinsmitgliedschaft[560] oder mit der Eintragung oder Nichteintragung im Aktienbuch[561]), Klage betr. Abberufung einer Genossenschaftsverwaltung oder anderer Genossenschaftsorgane (Art. 890 Abs. 2 OR[562]), Feststellungsklage betreffend Zusammensetzung einer Genossenschaftsverwaltung[563] sowie zahlreiche aktienrechtliche Klagen, namentlich aufgrund neuer bzw. revidierter Normen (Art. 678 Abs. 3 OR; Art. 697 Abs. 4 OR, mit Betonung der Selbständigkeit gegenüber einer Anfechtungsklage i.S.v. Art. 706 OR in der bundes-

316

---

[559] Vgl. etwa BGE v. 11.6.1963 in ZR 62 Nr. 91 mit E. 4 auch in BGE 89 II 134ff., und zwar als *Widerklage* zu einer Anfechtungsklage (vgl. auch hinten Anm. 567).
[560] Vgl. *RIEMER,* N 142 zu Art. 75 ZGB.
[561] Vgl. BGE 117 II 311/312.
[562] Vgl. BGE 72 II 96 lit. B Ziff. 1 und 118ff.
[563] BGE 72 II 96/97, 110/111.

gerichtlichen Praxis[564]; Art. 697a Abs. 2; Art. 697b, 697h Abs. 2, 727e Abs. 3 OR[565]).

317 Andere Klagen stehen in einem *direkten Zusammenhang* zu den beiden bisher behandelten Klagen, weshalb sich Abgrenzungs-, Kumulierungs- und Konkurrenzfragen stellen (nachfolgend lit. B; betr. – weitere – Klagen bei *Unterlassung von Beschlüssen* vgl. vorn N 53, 54; betr. *besondere Anwendungsfälle der Anfechtungsklage* vgl. vorn N 17; betr. besondere Beispiele der Nichtigkeit vgl. vorn N 254).

318 Im übrigen ist darauf hinzuweisen, dass eine Klage auf Feststellung der Nichtigkeit eines Körperschaftsbeschlusses auch als (konnexe) *Widerklage* zu einer Hauptklage in Frage kommt, mittels welcher die fragliche Körperschaft *aufgrund des betreffenden Körperschaftsbeschlusses* gegen den Widerkläger geklagt hat (Vollzug; z.B. kann eine Klage auf Bezahlung eines Mitgliederbeitrages i.S.v. Art. 71 Abs. 1 ZGB oder Art. 867 OR mit der Widerklage auf Feststellung „beantwortet" werden, der der Hauptklage zugrunde liegende Statutenänderungsbeschluss sei nichtig[566]). Entsprechend kann die Widerklage auch in einer Anfechtungsklage bestehen, doch wird, bis es *de facto* zu einer solchen kommt, die Anfechtungsfrist – auch wenn der Beschluss bereits während deren Dauer vollstreckbar ist (vgl. vorn N 206) – in der Regel abgelaufen sein. Es empfiehlt sich daher nicht, sich die Anfechtungsklage für den Fall einer Vollzugsklage im Sinne des Gesagten vorzubehalten; anderseits kann aber naturgemäss eine bereits während noch laufender Anfechtungsfrist erhobene Vollzugsklage eine Anfechtungsklage provozieren.

319 Auch eine *Widerklage der beklagten Körperschaft* gegenüber einer Anfechtungs- oder Nichtigkeitsklage kommt vor[567].

---

[564] BGE 109 II 47 betr. altArt. 697 Abs. 3 OR.

[565] Vgl. auch *DREIFUSS/LEBRECHT*, N 2 zu Art. 706 OR, und die Arbeit von *KUNZ*.

[566] Vgl. auch BGE 1.11.1993 in ZBGR 78 (1997) Nr. 7 S. 53: aufgrund von Mehrheitsbeschlüssen der Stockwerkeigentümergemeinschaft Unterlassungsklage derselben gegenüber einem Minderheits-Stockwerkeigentümer, worauf dieser widerklageweise die Feststellung der Nichtigkeit der betreffenden Beschlüsse verlangte.

[567] Vgl. BGE v. 11.6.1963 in ZR 62 Nr. 91 mit E. 4 auch in BGE 89 II 134ff.: Klage auf Ausschliessung aus einer GmbH (Art. 822 Abs. 3 OR) als Widerklage zu einer Anfechtungsklage; betr. einen abgelehnten Fall vgl. RVJ 1983 S. 93/94: mangels besonderem Feststellungsinteresse

B. Verwandte, kumulative und konkurrenzierende Klagen

1. Klage auf Feststellung des Inhaltes (Interpretation) eines Beschlusses

Während die beiden bisher behandelten Klagen auf Beseitigung bzw. Feststellung der Nichtexistenz von Körperschaftsbeschlüssen gerichtet sind, kann das rechtliche Interesse eines Klägers gerade auf *Aufrechterhaltung* eines gefassten Beschlusses gerichtet sein, wobei er ihn jedoch *inhaltlich* (unter Einschluss des Zahlenmässigen bei einem Wahl- oder Abstimmungsergebnis) *anders verstanden (interpretiert) haben möchte* als die Körperschaft bzw. deren zuständige Organe. Das kann er gegebenenfalls mit einer entsprechenden *Feststellungsklage* (Feststellung des *anderen* bzw. des *effektiven* Inhaltes des Beschlusses, d.h. des *wirklichen Willens* der Beschliessenden) erreichen, wobei diese Klage aber auch ein Element einer *Gestaltungsklage* (Aufhebung bzw. Beseitigung des nicht effektiv gewollten Beschlusses) aufweist[568]. Demgegenüber nimmt das Bundesgericht[569] bei derartigen „*Beschlussfeststellungsklagen*" eine *Aufhebung* des Beschlusses mit anschliessender Neu*gestaltung* seines Inhaltes an, wobei die Zulässigkeit solcher Klagen offengelassen wird[570], im Unterschied zu seiner früheren Praxis und zu kantonalen Urteilen:

320

---

[568] keine Widerklage der beklagten Stockwerkeigentümergemeinschaft auf Feststellung der Gültigkeit des angefochtenen Beschlusses; vgl. im übrigen auch vorn Anm. 256.
So zutreffend *SCHWANDER/DUBS* 350 betr. die Klage gemäss Art. 691 Abs. 3 OR.

[569] Und ebenso *KUNZ* 106.

[570] BGE 122 III 284/285, AG; in ZR 69 Nr. 101 S. 264/265 = SAG 1972 S. 85ff., AG, war dagegen die Zulässigkeit einer derartigen Feststellungsklage – erhoben in Verbindung mit einer in der Folge gutgeheissenen Anfechtungsklage – verneint worden, vgl. hiezu auch vorn Anm. 477; in SAG 1966 S. 255, LU, wurde – betr. die Wahl in den Verwaltungsrat einer AG – die Feststellung betr. die Nichtwahl ohne weiteres als Grund für die Gutheissung der Anfechtungsklage angesehen.

321 – *Auslegung eines Beschlusses betr. Anpassung an eine Gesetzesrevision*[571];
– *Feststellungsklage, dass der Kläger gemäss dem Gründungsbeschluss Vereinsmitglied geworden ist*[572];
– *Feststellungsklage, dass der Kläger nach Meinung eines Beschlusses betr. seine Ausschliessung aus dem Verein nicht ausgeschlossen worden bzw. noch Vereinsmitglied sei*[573].

322 Aufgrund der erwähnten bundesgerichtlichen Einordnung solcher Klagen empfiehlt es sich, hiefür die massgebenden *Fristen* „gewöhnlicher" Anfechtungsklagen zu beachten, während bei einer reinen Feststellungsklage eine Klageerhebung „innert nützlicher Frist" (vgl. z.B. für den Fall der Klage auf Nichtigerklärung vorn N 299) genügen würde.

323 Im übrigen können solche „Interpretationsklagen" auch *im Zusammenhang mit Anfechtungs- oder Nichtigkeitsklagen stehen* (in welchem Falle man sie – als besondere Klagebegehren – mit diesen Klagen verbinden wird), dann nämlich, wenn der Inhalt (Sinn) des angefochtenen bzw. für nichtig zu erklärenden Beschlusses zunächst richterlich klargestellt werden muss[574].

324 *Mangels Feststellungsinteresse* keine *Feststellungsklage ist zulässig, wenn der Kläger keine andere Interpretation des Beschlusses bzw. seines Ergebnisses beantragt, sondern lediglich seine Grundlagen beanstandet*[575].

2. Klage auf Feststellung der Mitgliedschaft und Anfechtungsklage

325 Kumulativ (mit primärem Klagebegehren) zur Anfechtungsklage (und allenfalls auch zur Klage auf Feststellung der *Nichtigkeit*) kann auch eine Klage auf Feststellung der Mitgliedschaft des

---

[571] BGE 72 II 108, Gen.
[572] BGE 108 II 9ff.; ebenso Rep 1984 S. 304f.
[573] BJM 1957 S. 140ff.
[574] Vgl. betr. eine solche Klarstellung – i.c. aufgrund der Einwendung der beklagten AG – über Vorliegen und Sinn eines GV-Beschlusses BGE 81 II 538/539.
[575] Vgl. BGE 122 III 282f., AG: bloss anderes Stimmenverhältnis, jedoch gleichbleibendes Abstimmungsresultat; vgl. zu diesem Urteil auch vorn N 79 und Anm. 121.

Klägers erhoben werden[576]. Da von dieser Frage aber die Bejahung der Aktivlegitimation bei der Anfechtungsklage abhängt (u.U. auch diejenige bei der Klage auf Nichtigerklärung, vgl. vorn N 294) und diese von Amtes wegen geprüft werden muss[577], wird sich eine derartige Klage – auch wenn sie dem Kläger nicht schaden wird – mangels besonderem Feststellungsinteresse normalerweise erübrigen[578].

3. Anfechtungsklage/Klage auf Feststellung der Nichtigkeit und sonstige Feststellungsklagen sowie Leistungsklagen

Entsprechend den Regeln über die sog. *objektive Klagen-* 326 *häufung* kann die Anfechtungsklage mit weiteren Feststellungs- wie auch mit Leistungsklagen kumuliert werden (vgl. die Beispiele aus der bundesgerichtlichen Praxis vorn N 212). Entsprechendes gilt für die Klage auf Feststellung der Nichtigkeit (vgl. vorn N 309).

4. Anfechtungsklage und Klage auf Auflösung der Körperschaft

Nach der bundesgerichtlichen Praxis zu altArt. 736 Ziff. 4 327 OR (*AG*) ist die Auflösungsklage im Verhältnis zur Anfechtungsklage (nicht zu verwechseln mit der Anfechtungsklage gegen einen Auflösungsbeschluss, vgl. hiezu vorn N 61) insofern (relativ) *subsidiär*, als letztere zu erheben ist, wenn mit ihr der fragliche Missstand beseitigt werden kann, hingegen erstere, wenn mittels Anfechtungsklage eine Beseitigung nicht bzw. nicht länger möglich ist[579]. Die Neufassung von Art. 736 Ziff. 4 OR könnte – indirekt – auch die hier in Frage stehende Alternative beeinflussen, d.h. die Gewichte eher etwas zugunsten der Anfechtungsklage verschieben.

---

[576] Vgl. z.B. BGE 72 II 102, Gen, und BGE 108 II 9ff., V, und hiezu auch vorn N 316.
[577] Vgl. *WALDER* 244, § 25 Anm 4, a.E.
[578] Vgl. BGE 48 II 362ff., Gen, 115 II 470ff., AG, und auch BGE 112 II 359/360, AG, wo diese Prüfung bei der Stimmrechtsverletzung i.S.v. altArt. 689 Abs. 4 OR einsetzte.
[579] Vgl. BGE 67 II 166, 84 II 47f., 104 II 35 und bes. BGE 105 II 125f.; ebenso SemJud 1970 S. 169, RVJ 1986 S. 340ff.

VIII. Anfechtungsklage im Verhältnis zu anderen Klagen

328 Das genannte Verhältnis zwischen den beiden Klagen muss auch für die *GmbH* (Art. 820 Ziff. 4 OR) gelten, wohingegen bei den *übrigen* hier in Frage stehenden *Körperschaften* im Gesetz keine Auflösungsklage im Sinne des Gesagten vorgesehen ist.

329 Sonderfall *einer Auflösungsklage bei der* AG *(welche Klage ähnlich konzipiert ist wie die Anfechtungsklage):* Art. 643 Abs. 3 und 4 OR.

5. Verantwortlichkeits- (Schadenersatz-) Klagen und Anfechtungsklage/Klage auf Feststellung der Nichtigkeit

330 Das *Regest* des hier massgeblichen bundesgerichtlichen Urteils[580] lautet (in deutscher Übersetzung) wie folgt:

Genehmigung einer Bilanz, *die möglicherweise Minderheitsaktionäre schädigt, weil sie eine in ihrem Bestand zweifelhafte, zu Gunsten von Mehrheitsaktionären oder von mit solchen im Einvernehmen stehenden Dritten begründete Schuld enthält: Die Anfechtungsklage gegenüber den Beschlüssen der Generalversammlung ist unzulässig, wenn sie sich auf einen Sachverhalt stützt, der Gegenstand einer Verantwortlichkeitsklage gegen die Gesellschaftsorgane bilden kann (Erw. 2).*

331 Das gibt indessen den Sinn der effektiven bundesgerichtlichen Erwägungen nur unvollständig wieder. Eine Anfechtungsklage (gegenüber der *AG*) ist (trotz der Möglichkeit einer Verantwortlichkeitsklage, gegenüber den *Organen*) dann zulässig, *wenn eine Gesetzes- oder Statutenverletzung i.S.v. Art. 706 OR (d.h. zulasten der AG) vorliegt,* insbesondere eine Verletzung der einschlägigen Vorschriften über die Bilanzierung bzw. die kaufmännische Buchführung (a.a.O. E. 2 S. 246f.); *und nur weil eine solche i.c. nicht vorlag*, hat das Bundesgericht den Anfechtungskläger auf den Weg der Verantwortlichkeitsklage gegenüber den Organen verwiesen (a.a.O. E. 3 S. 250 oben). Das war auch der Sinn von BGE 81 II 465 (AG) gewesen (vgl. a.a.O. S. 463). Es war daher unzutreffend, in BGE 100 II 389 (AG), unter Hinweis auf die Verantwortlichkeitsklage, von vorneherein nicht auf die Rüge der Verletzung des Gleichbehandlungs-

---

[580] BGE 92 II 243/244, AG.

grundsatzes einzutreten. Das Bundesgericht hat denn auch später den Vorrang der Verantwortlichkeitsklage gegenüber der Anfechtungsklage wieder relativiert[581], wenn auch nur teilweise:

"Cependant, l'intérêt de l'actionnaire à la protection de sa situation financière et à la sauvegarde de ses droits patrimoniaux cède le pas devant l'intérêt de la société à procéder à une augmentation du capital social par des modalités aussi flexibles que possible. Dans la mesure où l'actionnaire ce trouve lésé dans ses seuls intérêts financiers, on peut raisonnablements exiger de lui qu'il fasse valoir ses droits patrimoniaux dans le cadre d'une action en responsabilité contre les administrateurs"[582].

Auch in diesem Zusammenhang erscheint der Ausschluss der Anfechtungsklage nur als zutreffend, wenn keine Gesetzes- oder Statutenverletzung i.S.v. Art. 706 OR vorliegt. Jeder weitergehende Ausschluss würde den (hohen) Zielen der Anfechtungsklage (vgl. vorn N 1) widersprechen. Richtigerweise wird denn auch in der Literatur darauf hingewiesen, dass zwischen der Anfechtungsklage nach Art. 706 OR (sowie der Klage auf Feststellung der Nichtigkeit, Art. 706b OR) und den Verantwortlichkeitsklagen nach Art. 752ff. OR *keine Subsidiarität* sondern *Konkurrenz* besteht und sie daher gegebenenfalls auch gleichzeitig erhoben werden können[583]. Diese Klagen haben voneinander verschiedene sachliche Voraussetzungen, Ziele und – abgesehen von der Organhaftung der Körperschaft bei der Verantwortlichkeitsklage – Zielpersonen (Beklagte). Es ist dementsprechend jeweils im Einzelfall getrennt zu prüfen, ob die Voraussetzungen einer Anfechtungs- oder Nichtigkeitsklage (Gesetzes-, Statutenverletzung; Nichtigkeitsfall) gegenüber der Körperschaft und/oder diejenigen einer Verantwortlichkeitsklage gegenüber ihren Organen erfüllt sind. Eine Verbindung entsprechender Klagen (sog. *objektive Klagenhäufung*) kommt allerdings nach dem Gesagten nur in Frage, falls sich auch die Verantwortlichkeitsklage gegen die Körperschaft (aus Organhaftung) und nicht gegen das Organ persönlich richtet.

332

---

[581] BGE 117 II 304/305, AG.
[582] a.a.O. S. 305; vgl. auch BGE 121 III 233: Anfechtungsklage bei unzulässiger Kompetenzdelegation der Generalversammlung an den Verwaltungsrat, Verantwortlichkeitsklage gegenüber diesem bei unzulässiger Kompetenzausübung auf der Basis zulässiger Kompetenzdelegation.
[583] *JOLIDON* 215ff., *FORSTMOSER/MEIER-HAYOZ/NOBEL*, § 25 N 7, *BÖCKLI* Rz 1918b, 2017b, *ROHRER* 11, *KUNZ* 121, *DRUEY* 135.

VIII. Anfechtungsklage im Verhältnis zu anderen Klagen

Bei *Vereinen* war denn auch in der bundesgerichtlichen Praxis von einer derartigen Subsidiarität nie die Rede[584]. Sie besteht auch bei den *übrigen* hier in Frage stehenden *Körperschaften* nicht.

333 Sonderfall: *„Erstreckung"* der Frist gemäss Art. 758 Abs. 2 OR *(bzw. altArt. 757 OR) nach Massgabe von Art. 760 OR durch Anfechtung eines gesetzes- oder statutenwidrigen Entlastungsbeschlusses, falls dieser in der Folge aufgehoben wird*[585]*, was allerdings wegen des Risikos der Abweisung der Anfechtungsklage und der bis dahin eingetretenen Verwirkung i.S.v. Art. 758 Abs. 2 OR die Erhebung einer Verantwortlichkeitsklage innert der Frist des Art. 758 Abs. 2 OR praktisch nicht ausschliessen wird.*

---

[584] Vgl. BGE 85 II 539f., 86 II 205, und zu diesen Urteilen auch *RIEMER*, N 117ff. zu Art. 72 ZGB, N 145ff. zu Art. 75 ZGB, namentlich betreffend persönlichkeitsverletzende Ausschliessungsbeschlüsse, Resolutionen usw.; vgl. hiezu auch vorn Anm. 503.

[585] Vgl. BGE 86 II 168.

Sachregister

Die angeführten Zahlen beziehen sich auf die Randziffern (N), einschliesslich der im dazugehörenden Text vermerkten Fussnoten (Anmerkungen).

Aktienbuch 166, 171, 316
Aktionärsbindungsvertrag 117
Aktiengesellschaft
- Aktivlegitimation s. Klagelegitimation
- Anfechtungsobjekt s. dort
- Beschränkung von Aktionärsrechten 13
- Exekutivorgan s. dort
- Gerichtsstand 219
- gesetzliche Grundlagen für Anfechtungsklage 11ff.
- Grundbuch- und Handelsregistersperre 249
- Klage auf Auflösung der AG 327, 329
- Klagefrist s. Anfechtungsfrist, Nichtigkeitsklage
- Konventionalstrafen 70
- nichtige Beschlüsse s. Beschluss, Beschlussfassung, Nichtigkeit
- Passivlegitimation 179, 296
- Prozesskostenrisiko 243
- Schiedsabrede 227
- Streitwert 236-238
- Übergangsrecht 11
- Verhältnis Mutter-Tochtergesellschaft 132
- Versammlungsformen 45, 273

Aktivlegitimation s. Klagelegitimation

Analogien bei der Rechtsanwendung 27ff.

Anfechtungsfrist
- Beginn des Fristenlaufs 186–190
- Berechnung 195
- Beweislast 191, 197
- Dauer 186
- Fristwahrung 196–198, 202
- interner Instanzenzug 50, 185
- Nachfrist 193
- nur für geltend gemachte, nicht spätere Anfechtungsgründe 202
- Rechtsnatur s. Verwirkungsfrist
- Rügepflicht 150, 151
- unbenützter Ablauf s. Verwirkung
- Verfügbarkeit über A. 193
- Verhältnis zur Anfechtungsfrist bei Willensmängeln 203
- Verhältnis zur Nichtigkeitsklage 288, 298ff.
- durch vorsorgliche Massnahmen 201
- Wiedererwägungsgesuch 194, 196
- Wiederherstellung 194, 195, 203
- Zeitpunkt der Bekanntgabe des Beschlusses 189

Anfechtungsgrund
- Auswirkungen aufs Ergebnis des Beschlusses 79ff.
- dispositives Gesetzesrecht 93, 288, 290, 331
- effektive, und nicht nur hypothetische Verletzung 78
- Ermessensüberschreitungen 77, 103
- geschriebenes objektives Recht 42, 76, 112-114
- Gewohnheitsrecht 88
- klageweise Geltendmachung 202
- körperschaftsinternes Recht 76, 80, 115-125, 331
- Körperschaftsrecht 34, 35, 89, 90, 95-99
- rechtsgeschäftliche Beziehungen 116f.
- übergeordnetes Verbandsrecht 116
- ungeschriebenes objektives Recht 91, 92, 100-111
- Verfahrensbeschlüsse, ad hoc 121
- Verfahrensfehler 80, 105, 150-152, 278
- zwingendes Recht, 6, 93

155

Sachregister

Anfechtungsklage
- Aktivlegitimation s. Klagelegitimation
- Anerkennung durch Beklagten 234
- Anfechtungsgründe s. dort
- Anfechtungsobjekt s. dort
- Anwendungsbereich 17, 19ff.
- Ausgestaltung, zulässiger Spielraum 3ff.
- Beweislast 76, 143, 172, 191, 197
- Eventualklage auf Nichtigkeit 312
- externe Wirkung von rechtsgeschäftlichem Handeln 75
- Funktionen der A. 1
- gegen letztinstanzliche Entscheide 5, 23, 46, 48, 50, 185
- Gegenstandslosigkeit 83f., 243
- gesetzliche Grundlagen 10ff.
- Gestaltungsklage 210, 218
- historische Entwicklung 16
- i.V.m. Beschlussfeststellungsklage 323
- im Verhältnis zur Klage auf Auflösung der Körperschaft 327
- im Verhältnis zur Verantwortlichkeits- bzw. Schadenersatzklage 330-333
- Klagefrist s. Anfechtungsfrist
- Klagerückzug durch Anfechtungsklage 234
- Nichtzustimmung s. Zustimmung
- örtliche Zuständigkeit 43, 219
- Passivlegitimation 31, 179-181
- Rechtsanwendung 27ff., 38
- Rechtsmissbrauch 51, 82, 85, 148, 153, 154, 216
- Resolutiv- bzw. Suspensivbedingung 206-208
- richterliche Ersatzvornahme 216
- schützenswertes Interesse 79f., 82f., 178
- Teilaufhebung des Beschlusses 214
- Verbindung mit Leistungs- oder Feststellungsklagen 212, 330-333
- Verfahrensfehler 79-81, 105, 270, 278
- Verfahrensvorschriften, Anwendung kantonaler 18
- Vergleichsmässige Erledigung 9, 218
- Verhältnis zur Nichtigkeitsklage 312, 314, 315
- vermögensrechtliche Streitigkeit 236-242
- Verwirkungsfrist s. dort
- Verzicht auf A. 2
- Wahrung der Anfechtungsfrist 196-202
- als Widerklage 175, 318f.
- Wirkungen von Klage und Urteil 1, 9, 28, 33, 75, 84, 210f., 216, 218, 226, 233
- zwingende Natur 2, 3

Anfechtungsobjekt
- ad hoc-Verfahrensbeschlüsse 121
- Auflösungsbeschluss 61
- Beschlüsse von
  - Ersatzformen der Mitgliederversammlung 5, 45
  - Mitglieder- bzw. Generalversammlung 44
  - sonstiger Organe 48, 123f.
  - Verwaltungsratsbeschlüsse 5, 36, 48, 123f.
  - Vorstandsbeschlüsse 5
- de lege ferenda 36
- Ermächtigungs- bzw. Genehmigungsbeschlüsse 74, 75
- Gründungsbeschluss 60
- „letztinstanzliche" B. 5, 23, 46, 48, 50, 185
- rechtsgeschäftliche Erklärungen 74
- stillschweigende Beschlüsse 56
- unterlassene Beschlüsse 51
- unterlassene Einberufung 55
- Verfügungen 58
- zukünftige Beschlüsse 57
- zwingende Natur 5

Anfechtungs- und Nichtigkeitsprozess
- Aktivlegitimation s. Klagelegitimation
- Anerkennung, Klagerückzug 234
- Beweislast s. dort
- Kautionen 245, 248
- laufender nach Auflösungsbeschluss 62
- Mitgliedschaftswechsel während A. 178

Sachregister

- Nebenintervention 180, 183, 297
- Notwendigkeit eines Vertreters bei Interessenkollision 134, 137
- Offizialmaxime 232
- Parteiwechsel während des Prozesses 178
- Prozesskostenrisiko 243f.
- rechtliches Gehör 79, 105
- Streitgenossen, einfache und notwendige 128, 157, 158, 160
- Streitverkündung 184, 297
- Streitwert 236-242, 310
- Sühnverfahren 200
- Teilaufhebung des Beschlusses 214, 217
- Vollstreckung des Urteils 9
- vorsorgliche Massnahmen s. dort
- Widerklage 175, 182, 318f.
- Zuständigkeiten
  - Direktprozess ans Bundesgericht 225
  - örtliche s. Gerichtsstand
  - sachliche 224, 310
  - Schiedsgericht 226-231, 310
- Zustimmung als rechtshindernde Tatsache s. Zustimmung

Anfechtungsrecht
- Ausdehnungen 127, 129–140
- Delegierte 188
- Einschränkungen 141–155
- Mitgliedschaft als Voraussetzung 172–178
- Teilnahme an der GV 28
- Verwirkung durch
  -- Verletzung der Rügepflicht 150–152
  -- Zustimmung 142–149
- zwingende Natur 2, 29, 126

Anlagefonds, Anlagestiftungen, Pensionskassen 164
Anleihensgläubiger 131, 133
Anteilbuch 171
Auflösungs- bzw. Liquidations- oder Umwandlungsbeschlüsse 61, 62, 293
Aufsichtsbeschwerde 23
Auslegung
- Analogien in der Rechtsanwendung 21, 27ff.
- durch Beschlussfeststellungsklage 321
- im Verhältnis zu gesetzlichen Verweisungen 15

Ausschliessung
- Aktivlegitimation 155, 172-175, 294
- Anspruch auf rechtliches Gehör 105
- ausgesprochen durch Exekutivorgan 48
- feststellungsweise 321
- Form einer Verbandsstrafe 70
- kassatorische Wirkung der Anfechtungsklage 210
- Nichtigkeit 291, 294
- persönlichkeitsverletzende 249, 332
- Rechtsanwendung bei Genossenschaft 28
- Schiedsfähigkeit 226
- aus Stockerkeigentümergemeinschaft 316
- Verlust der Mitgliedschaft, Zeitpunkt 173ff.
- vermögensrechtliche Streitigkeit 241f.
- vorsorgliche Massnahmen 249
- widerklageweise 175, 319

Ausschuss 48, 50, 135, 140
Bedingung, resolutive und suspensive
- Aktivlegitimation 170, 171
- Beschlüsse 73, 206ff.

Beistand 134, 137
Beschluss
- anfechtbarer s. Anfechtungsgründe, Anfechtungsobjekt
- Arten 60, 61, 63-74
- Aufhebung 1, 9, 28, 33, 75, 210ff., 251ff.
- Begriff des Beschlusses 47, 258
- Berechnung des Fristenlaufs 36, 186
- deliktischer Inhalt 291
- einer noch nicht/nicht mehr existierenden Körperschaft 260f.
- Ermächtigungs- bzw. Genehmigungsbeschluss 74
- von Exekutivorganen 48, 254f.
- falsche Erlassart 284
- fehlerhaft zustandegekommener 270ff., 282f.
- Formvorschriften 259, 273, 282f.

157

Sachregister

Beschluss (Forts.)
- gerichtsstandsbeeinflussender B. 220
- Gläubigerschädigung 291
- Heilung fehlerhafter B. 1, 115, 251, 282
- Inhaltsauslegung mittels Feststellungsklage 320-324
- nichtiger s. Nichtigkeit, Nichtigkeitsgründe, Nichtigkeitsklage
- Nichtzustimmung s. Zustimmung
- ohne Verbindlichkeit 71
- persönlichkeitsverletzender s. Persönlichkeitsverletzung
- mit rechtsgeschäftlichem Inhalt 74
- Rechtswirkung der Anfechtungsklage 206, 208
- resolutiv- oder suspensiv bedingte 73, 207
- Rückabwicklung nichtiger B. 300
- schriftlicher, Fristenlauf 187
- sittenwidriger 288
- Teilaufhebung durch Anfechtungsklage 214, 217
- unangemessener 77
- unmöglicher Inhalt 291
- unterlassener 51, 55
- eines unzulässigen Gremiums 46, 273, 308
- unzweckmässiger 77
- Verhinderung sofortiger Verbindlichkeit/Vollstreckbarkeit 9, 209, 249
- Widerruf, Auswirkung auf Anfechtungsprozess 83, 206
- Zirkulationsbeschluss 273
- zukünftiger 57

Beschlussfassung
- im Ausland 39
- Beginn des Fristenlaufs 186
- Einstimmigkeit 46
- Ermessensspielraum 77, 102, 103
- fehlerhafte
    - anfechtbare s. Anfechtungsgrund
    - effektive Auswirkungen 78, 79, 80, 272
    - nichtige s. Nichtigkeit
    - virtuelle Auswirkungen 81
- Leitung der Versammlung durch Unzuständige 266
- Mehrheiten 277-279
- Mitwirkung Urteilsunfähiger 79, 279
- Quoren 204, 276
- Rügepflicht 150-152, 270
- stillschweigende 56
- Teilnahme Nichtstimmrechtsberechtigter 79, 253, 278
- unterlassene 51, 55
- durch unzuständiges Organ 281
- Verletzung von Einberufungsvorschriften 151, 270ff.
- mit Willensmängeln behaftete Zustimmung 146, 147, 203, 204

Beweis(-last)
- Anfechtungsgrund 76
- Klagefrist 191, 197
- Klagelegitimation 172
- rechtshindernde Tatsachen 143

Bilanzierungsgrundsätze 110

Delegiertenversammlung
- Anfechtungsfrist 188
- Anfechtungsobjekt 5, 45
- (unzulässige) Ersatzform 273

Derivate 169

dispositives Recht 93, 95, 288, 290, 331

Doppelvertretung 109

Durchgriff 104

einfache Gesellschaft
- Beschlussfassung vor Erlangung der Körperschaftsfähigkeit 260
- gesetzliche Grundlage für Anfechtungsklage 19
- nichtige Beschlüsse 257
- Verwirkungsfrist 20

Einrede 306

Einstimmigkeit 46, 273, 276f.

Erbengemeinschaft 149, 160

Erbschaftsverwalter 161

Ermessensmissbrauch, Machtmissbrauch 77, 102, 103

Exekutivbeschluss
- Anfechtungsobjekt 5, 36, 48, 123f.
- Beschlussfassung s. dort
- Nichtigkeit 255, 292

Exekutivorgan
- Aktivlegitimation s. Klagelegitimation
- Anfechtbarkeit rechtsgeschäftlicher Handlungen 74, 75

158

- Beschränkung der Vertretungsmacht 291
- Doppelbesetzung 291
- Erlass von körperschaftsinternem Recht 123
- Ersatzformen von Versammlungen 273
- Folgen einer Kompetenzverletzung 281, 331
- Interessenkollision 134
- keine Versammlung im Rechtssinn, Rechtsfolgen 258, 267f.
- Klage auf Abberufung des E. 316
- nichtige Beschlüsse s. Beschluss, Beschlussfassung, Nichtigkeit
- nichtige Wahl 301
- Nichtigkeit rechtsgeschäftlicher Handlungen 301
- Nichtzulassung Teilnahmeberechtigter 269
- Passivlegitimation 180, 296
- vorsorgliche Massnahmen gegen Tätigwerden des E. 249

Feststellungsklage 304, 320, 324
Fiduziar 157, 163, 294
Formvorschriften 45, 187, 259, 273, 282f.
Fusionsbeschluss 62, 74, 208, 220, 226, 249, 300
Generalversammlung
- Beginn des Fristenlaufs für Anfechtungsklage 186
- Einberufung durch unzuständiges Gremium 264f.
- Ersatzformen 45, 273
- Folgen einer Kompetenzverletzung 281, 331
- informelle 267f.
- Klage auf Einberufung 52, 316
- Leitung durch unzuständige Person 266
- nichtige Beschlüsse s. Beschluss, Beschlussfassung, Nichtigkeit
- Nichtzulassung von Teilnahmeberechtigten 269
- Passivlegitimation 180, 296, 332
- Ratifikationsvorbehalt 233
- rechtsmissbräuchliche Teilnahme 153
- Rügepflicht 145, 150, 152, 270
- Teilnahmerecht 28, 253

- Unterdrückung des Diskussionsrechts 280
- Verletzung von
- körperschaftsinternem Recht 115-125
- objektivem Recht 95-114
- Verfahrensvorschriften 151, 153, 270ff.

Genossenschaft
- Aktivlegitimation s. Klagelegitimation
- Anfechtungsobjekt s. dort
- Gerichtsstand 219
- Grundbuch- und Handelsregistersperre 249
- Klagefrist s. Anfechtungsfrist, Nichtigkeitsklage
- nichtige Beschlüsse s. Beschluss, Beschlussfassung, Nichtigkeit
- Passivlegitimation 179-181, 296, 332
- Rechtsanwendung 15, 35
- Schiedsabrede 227
- Streitwert 241
- Teilnahme an der GV 28
- Verbände 132, 135
- Verbandsstrafen 70
- Versammlungsformen 45, 273
- vorsorgliches Verbot der Ausschliessung 249

Genugtuung 212, 331
Genussscheinberechtigte 131, 294
Gerichtsstand
- Gerichtsstandsvereinbarung 223
- Handelsregistereintrag 219
- im internationalen Verhältnis 38
- Ort der gelegenen Sache 43, 219
- rechtsmissbräuchliche Sitzverlegung 221
- Sitz 219
- Sitzverlegung 220
- Zweigniederlassung 221
- zwingende Natur 223

Gesamteigentümer
- gemeinsame Ausübung von Mitgliedschaftsrechten 149, 157, 160

Geschäftsführer, Direktor 135
geschriebenes Recht 94-99, 112-114

159

Sachregister

Gesellschaft mit beschränkter Haftung
- Aktivlegitimation s. Klagelegitimation
- Anfechtungsobjekt s. dort
- Ausschliessung 175, 316, 319
- Gerichtsstand 219
- gesetzliche Grundlagen für Anfechtungsklage 14
- Grundbuch- und Handelsregistersperre 249
- Klage auf Auflösung 328
- Klagefrist s. Anfechtungsfrist, Nichtigkeitsklage
- nichtige Beschlüsse s. Beschluss, Beschlussfassung, Nichtigkeit
- Passivlegitimation 179-181, 296, 332
- Rechtsanwendung 35
- Schiedsabrede 227
- Streitwert 236-239
- Versammlungsformen 45

Gestaltungsklage, -urteil 210, 287, 320
Gewohnheitsrecht 88
Gläubigergemeinschaft bei Anleihensobligationen
- Aktivlegitimation 133, 294
- gesetzliche Grundlagen für Anfechtungsklage 21

Gleichbehandlungsgrundsatz 102, 331
Grundbuch
- gutgläubiger Rechtserwerb Dritter 209, 248, 249, 301
- Nichtigkeit von Beschlüssen noch nicht eingetragener Stw 260
- Rechtswirkungen der Anfechtungsklage 206, 208, 209
- Verfügungsbeschränkung 249
- vorsorgliche Massnahmen 209, 246

Gründungsbeschluss 60
gutgläubiger Rechtserwerb 209, 248, 249, 301
Handelsregister
- Ablehnung eines Antrages auf Eintragung 291
- Einschreiben von Amtes wegen 1
- Gerichtsstand 219
- gutgläubiger Rechtserwerb Dritter 209, 248, 301
- Heilung von Formfehlern 282
- materielle Überprüfung von Beschlüssen durch Handelsregisterführer 1, 307f.
- Nichtigkeit von Beschlüssen nicht eingetragener Körperschaften 260
- Rechtswirkungen der Anfechtungsklage 206, 208
- Sperrung 249
- vorsorgliche Massnahmen 209, 246
- Wiedereintragung vor Klage auf Nichtigerklärung des Auflösungsbeschlusses 293

Heilung
- durch Eintrag ins Handelsregister 282, 292
- von Gesetzes- oder Statutenverletzungen durch Ablauf der Verwirkungsfrist 1, 115, 251
- nichtige Beschlüsse 252, 292, 299

Inhaberaktionär 166
Inhaber der elterlichen Gewalt 161
Inkorporationstheorie 38
Interessenkollision
- Beistand 137
- Exekutivorgan als Anfechtungskläger 134

Interimsscheine, Inhaber von 167
Internationales Privatrecht 38
Internationales Schiedsgericht 229-231
interner Instanzenzug
- Anfechtungsklage 5, 23, 46, 48
- Fristversäumnis 50
- Klagefrist 185
- Nichtigkeitsklage 292, 311, 314

Kartellverein 242
kassatorische Wirkung 210f., 216, 287f.
Kautionen 245, 248
Klagen, Klagenhäufung
- Abberufung eines Organs 316
- Abgabe einer Willenserklärung 53
- Anfechtung s. Anfechtungsklage
- Anfechtungsklage i.V.m. andern K. 212
- Auflösung der Körperschaft 327

Sachregister

- Ausschliessung aus einer Stockwerkeigentümergem. 316
- Beschlussfeststellungsklage 320f.
- Einberufung einer General- bzw. Mitgliederversammlung 52, 55, 316
- Feststellung der Mitgliedschaft 316, 321, 325
- Feststellungsklagen 54, 212, 316, 324
- Forderungsklagen 23, 54, 212
- Klagefristen für
  - Beschlussfeststellungsklage 322
  - Verantwortlichkeitsklage 333
- Nichtigkeit s. Nichtigkeit, Nichtigkeitsklage
- objektive Klagenhäufung 212, 309, 323, 326, 332
- Rechtsschutzinteresse 324
- Schadenersatzklagen 23, 54, 212, 330-333
- Verantwortlichkeitsklage 330-333
- wegen Willensmangel 46

Klagelegitimation
- Aktionäre, Aktionärskategorien 165-170
- andere Organe 135, 294
- Anlagefondsanleger, Destinatäre 164
- Anleihensgläubiger 133, 294
- Ausdehnungen und Einschränkungen 127
- ausgeschlossenes Mitglied 155, 173-175, 294
- Ausschuss 140
- Beistand 134, 137, 161, 294
- Berufsverband 294
- Beweislast 172
- Erben 149
- Erbschaftsverwalter 161
- Exekutivorgan 36, 129, 134, 136, 138, 139, 295
- Fiduziar 157, 163, 171, 294
- gemeinschaftlich Berechtigte 149, 157f, 160
- Genossenschafter, GmbH 171
- Genussscheinberechtigte 131, 294
- Geschäftsführer, Direktor 135
- Gläubiger 126, 133, 159, 170, 294
- Inhaber der elterlichen Gewalt 161, 294

- Inhaber von Interimsscheinen 167
- Liquidatore 136
- Mitgliedschaft als Voraussetzung 172ff., 178
- Nichtigkeitsklage 294
- Nichtzustimmung 30, 46, 142-149, 302
- Nutzniesser 159, 160, 171, 294
- Partizipante 130, 294
- Pfandrechtsberechtigter 159, 162
- Prüfung von Amtes wegen 126
- Rechtsmissbrauch 153, 176, 299, 302
- Rechtsschutzinteresse 82, 178, 294
- Revisions- bzw. Kontrollstelle 135
- Sammelverwahrung 160
- (Sektions)mitglieder von
  - Genossenschaftsverbänden 132
  - Vereinsverbänden 132
  - Verhältnis Mutter-Tochtergesellschaft bei AG 132
- Stockwerkeigentümergemeinschaft 36, 140, 158, 159, 172-175, 294
- Universalsukzession 178
- unmittelbare Betroffenheit 155
- unterschiedlicher Mitgliedschafts- bzw. Aktionärskategorien 156, 165, 171
- Vereinsvorstand 139
- Verletzung des Rügeprinzips 150-152
- Verwalter 48, 140, 294
- vorsorgliche Massnahmen 247
- Willensvollstrecker 149, 161
- Wohnrechtsberechtigter 159
- zwingendes Mitgliedschaftsrecht 7, 29, 126

Klagerückzug 234
Kollektivgesellschaft
- gesetzliche Grundlagen für Anfechtungsklage 19
- nichtige Beschlüsse 257
- Verwirkungsfrist 20

Kommanditgesellschaft
- gesetzliche Grundlagen für Anfechtungsklage 19
- nichtige Beschlüsse 257
- Verwirkungsfrist 20

Kommandit-AG 14

161

Konventionalstrafen 70
Konversion 210, 287
Körperschaften des kantonalen Privatrechts
– gesetzliche Grundlagen für Anfechtungsklage 24
– nichtige Beschlüsse 257
Körperschaften des öffentlichen Rechts
– gesetzliche Grundlagen für Anfechtungsklage 25
– nichtige Beschlüsse 257
körperschaftsinternes Recht
– Arten 120
– Verletzung von
  – geschriebenem 115
  – Spiel- und Sportregeln 115
  – übergeordneten Verbandsstatuten 116
  – ungeschriebenem 115, 125
Krankenkassen 26, 241
Legalitätsprinzip, verbandsrechtliches 107
Liquidation 62
Liquidator 136
Lückenfüllung 27
Mehrheit, gesetzliche oder statutarische 79, 204, 277
Minderheitenschutz 1, 102
Miteigentümergemeinschaft
– Beschlussfassung vor Körperschaftsfähigkeit 260
– gemeinsame Ausübung von Mitgliedschaftsrechten 149, 157, 160
– gesetzliche Grundlage für Anfechtungsklage 22
Mitgliederversammlung
– Anfechtungsobjekt s. dort
– Beginn des Fristenlaufs für Anfechtungsklage 186
– Einberufung durch unzuständiges Gremium 264f.
– Ersatzformen 45, 273
– Folgen einer Kompetenzverletzung 281, 331
– informelle 267f.
– Klage auf Einberufung 52, 316
– Leitung durch unzuständige Person 266
– Nichtzulassung von Teilnahmeberechtigten 269

– Passivlegitimation 180, 296, 332
– Ratifikationsvorbehalt 233
– im Rechtssinn, Rechtsfolgen 258
– Rügepflicht 145, 150, 152, 270
– Unterdrückung des Diskussionsrechts 280
– Verletzung von
  -- körperschaftsinternem Recht 115-125
  -- objektivem Recht 95-114
  - Verfahrensvorschriften 151, 152, 270ff.
Mitgliedschaft, Mitgliedschaftsrechte
– Anfechtungsrecht 29, 172
– bedingte 170, 171
– Eingriff in M., unmittelbare Betroffenheit 155
– gemeinschaftliche 149, 157, 160
– klageweise Feststellung 316, 321, 325
– rechtsmissbräuchlicher Erwerb 153, 176
– Voraussetzung für Klagelegitimation 156, 165, 172, 177, 178
– vorsorgliche Massnahmen 249
Nachfrist 193
Namenaktionär 166
Nebenintervention 180, 183, 297
Nichtigkeit
– aktienrechtliche Beispiele 254f.
– Berücksichtigung von Amtes wegen 1, 307
– Beschlüsse mit deliktischem Inhalt 291
– Beschlüsse noch nicht/nicht mehr existierender Körperschaften 260
– Beschlüsse von Ersatzformen der Mitgliederversammlung 46, 273, 308
– Beschlüsse des Exekutivorgans 255
– Beschlussfassung durch unzuständiges Organ 281
– Einberufung eines Gremiums durch unzuständige Person 264
– Eingriff in Gläubiger- bzw. Drittrechte 291
– einredeweise Geltendmachung 306
– Formvorschriften 259, 282-284
– Gesetzesverletzungen 258

- Heilung des Mangels 252, 292, 298, 299
- informelle Versammlungen 267
- Konversion 287
- bei Körperschaften des kantonalen Privatrechts 24
- Nichterreichen des erforderlichen Mehrs 277-279
- Nichterreichen von Quoren 204, 276
- Nichtigkeitsgründe, materielle 285-291
- Nichtigkeitsobjekt 257, 292
- persönlichkeitsverletzende Beschlüsse 288, 290f.
- Statutenverletzung 76, 258
- Teilnichtigkeiten 287
- Unterdrückung des Diskussionsrechts 280
- unzulässige Ausgestaltung der Anfechtungsklage 3
- Vereitelung der Teilnahme an der Versammlung 269
- Verletzung von Einberufungsvorschriften 271
- Versammlung von Nichtmitgliedern 263
- Verstoss gegen zwingendes objektives Recht 114, 115, 288
- Zustimmung 302

Nichtigkeitsklage
- Aktivlegitimation 294
- Eventualklage auf Anfechtbarkeit 312
- Feststellungsklage 304
- gegen im Handelsregister bereits gelöschte Körperschaft 293
- interner Instanzenzug 292, 311, 314
- i.V.m. andern Klagen 309
- i.V.m. Beschlussfeststellungsklage 323
- Klagefrist 298f, 314
- bei Körperschaften nach IPRG 38
- Prozessuales s. Anfechtungs- und Nichtigkeitsprozess
- rechtsmissbräuchliche 299, 302
- Rechtsschutzinteresse 294
- Schiedsfähigkeit 310
- Schutz gutgläubiger Dritter 300
- Teilnichtigkeitsklage 287
- Verhältnis zur Anfechtungsklage 312, 314, 315
- Verhältnis zur Verantwortlichkeits- bzw. Schadenersatzklage 330-333
- vorsorgliche Massnahmen 305
- als Widerklage 318f.
- Wirkung von Klage und Urteil 287, 304

Nutzniesser 159, 160, 294
öffentliche Beurkundung s. Formvorschriften
Offizialmaxime 232f.
Partizipant
- Aktivlegitimation 130, 294
- Beginn der Klagefrist 190

Passivlegitimation
- andere Klagen 332
- Anfechtungsklage 31, 179-181
- Nebenintervention 180
- Nichtigkeitsklage 296

Persönlichkeitsverletzung 114, 212, 249, 288, 290, 291, 332
Pfandrechtsberechtigter 159, 162
Quoren 204, 276
rechtliches Gehör 79, 105
Rechtsgemeinschaften 19ff., 257
rechtsgeschäftliche Erklärungen
- Anfechtungsobjekt 74

Rechtsmissbrauch
- Klagefrist bei Nichtigkeitsklage 299
- Mitgliedschaftserwerb 153, 176
- Nichtzustimmung, Verletzung der Rügepflicht 148, 151, 270, 302
- Rechtsschutzinteresse 82, 141ff., 150-153, 176
- Sachenentscheid durch den Richter 216
- Schädigung der Gesellschaft 154
- Sitzverlegung 221

Resolutionen
- Absichtserklärungen 71
- persönlichkeitsverletzende 332
- verbindliche Meinungsäusserung 72

Revisions- bzw. Kontrollstelle 135
Rüge- bzw. Protestpflicht 145, 150-152, 270
Sammelverwahrung 160

Sachregister

Schadenersatz(klage) 23, 54, 212, 248, 331
Schiedsabrede 9, 227, 310
Schiedsgericht 40, 226-231, 234
Schriftlichkeit s. Formvorschriften
Sektionsmitglieder 132
Selbstkontrahieren 109
Sitz 219
Sitzverlegung 42, 99, 221
Sonderversammlung 48
Spiel- und sportregeln 115
staatsrechtliche Beschwerde 250
Statuten/Reglemente s. auch körperschaftsinternes Recht
– Änderung 65, 122, 123
– falsche Erlassart 284
– Formvorschriften 282
– übergeordneter Verbände 116
– vorsorgliches Verbot der Anwendung einer gesetzeswidrigen Statutenbestimmung 249
Stiftungen
– Errichtung als Anfechtungsobjekt 74
– gesetzliche Grundlage für Anfechtungsklage 23
Stimmenthaltung 144, 148
Stockwerkeigentümergemeinschaft
– Aktivlegitimation s. Klagelegitimation
– Anfechtungsobjekt s. dort
– Gerichtsstand 43, 219
– gesetzliche Grundlagen für Anfechtungsklage 15
– Grundbuchsperre 249
– Klage auf Ausschliessung 316
– Klagefrist 186, 193
– nichtige Beschlüsse s. Beschluss, Beschlussfassung, Nichtigkeit
– Rechtsanwendung 15, 35
– Schiedsabrede 227
– Streitwert 240
– Verletzung sachenrechtlicher Prinzipien 111
– Versammlungsformen 45, 273
Strafen, Verbandsstrafen, Sperren 70, 226, 249, 291
Streitgenossenschaft
– einfache 128
– notwendige 128, 157, 158, 160
Streitverkündung 184, 297

Streitwert 236-242
Sühnverfahren 200
Teilnichtigkeit 217, 287
Traktandenliste, Traktandierung
– Unterdrückung des Begehrens um T. 55
– Verletzung von Einberufungsvorschriften 151, 270ff.
– Zustimmung zur T. 145, 151
Typenfixierung, Verletzung der 108
ungeschriebenes Recht 91, 92, 112ff.
ungültige Stimmabgabe 144
Universalsukzession 178
Universalversammlung 5, 44, 151, 268, 273, 274
Urabstimmung 187, 273
Verantwortlichkeitsklage 330-333
Verbandsklagerecht 294
Verbandsrecht
– Aktivlegitimation von Sektionsmitgliedern 132
– Verletzung von V. 116
Vereine
– Ablehnung eines Antrags auf Handelsregistereintrag 291
– Aktivlegitimation s. Klagelegitimation
– Anfechtungsobjekt s. dort
– Beschränkung des Vereinszwecks 291
– Gerichtsstand 219
– gesetzliche Grundlagen für Anfechtungsklage 15
– Grundbuch- und Handelsregistersperre 249
– Klagefrist s. Anfechtungsfrist
– nichtige Beschlüsse s. Beschluss, Beschlussfassung, Nichtigkeit
– Rechtsanwendung 15
– Schiedsabrede 227
– Streitwert 242
– Verbände 132
– Verbandsstrafen 70, 249, 291
– Versammlungsformen 45, 273
– vorsorgliches Verbot der Ausschliessung 249
Verfahrensvorschriften
– bundesrechtliche 243, 247
– kantonale 18, 243, 245, 247, 310
Verfahrensfehler
– ad hoc-Verfahrensbeschlüsse 121

- bei der Beschlussfassung s. dort
- bzgl. Traktandierung s. dort
- effektive Auswirkungen aufs Ergebnis 79, 80
- nicht gehörige Ankündigung 151
- rechtzeitige Rüge 150f.
- Verletzung des rechtlichen Gehörs 105

Verfügungen
- Anfechtungsobjekt 49
- Begriff 47
- im Zusammenhang mit Beschlussfassung 58

Vergleich 218, 233
Versicherungsgenossenschaften 26, 241
Vertreter 113, 157, 158
Vertretungsmacht 109
Verwalter 47, 48, 140, 294
Verwaltungsrat s. Exekutivorgan
Verwaltungsratsdelegierter 135
Verweisungen 27
Verwaltungsratsbeschluss 5, 48, 254
Verwirkungs-(frist)
- Anfechtungsklage
  - bei objektiver Klagenhäufung 318
  - Körperschaften 1, 28, 32, 36
  - Rechtsgemeinschaften 20
  - Verpassen interner Fristen 50
- Beweis 191, 197
- de lege ferenda, Vereinheitlichung der Fristberechnung 36
- Heilung von Gesetzes- und Statutenverletzungen 1, 115, 207, 251
- bei Nichtigkeit 298f, 314
- Prüfung von Amtes wegen 192
- Verantwortlichkeits- bzw. Schadenersatzklage 333
- Verhältnis zur Verjährung 192, 193
- Wiederherstellung 194, 203
- Wirkungen des unbenutzten Ablaufs 207, 208
- durch Zustimmung 142-155, 203, 204

Verzicht
- auf Anfechtungsklage 2, 8, 193
- Ausübung des Anfechtungsrechts 2, 8
- auf Verkürzung der Anfechtungsfrist 193

Vormund 161
vorsorgliche Massnahmen
- Aktivlegitimation 247
- Beispiele von v.M. 249
- Erfolgsaussichten 247
- Kautionen für v.M. 245, 248
- Klagelegitimation ausgeschlossener Mitglieder 174
- Nichtigkeitsprozess 305
- Rechtsanwendung 247
- staatsrechtliche Beschwerde 250
- superprovisorische Massnahme 305
- Verhältnis zum Hauptprozess 248
- Verhinderung sofortiger Verbindlichkeit/Vollzug eines Beschlusses bzw. Rechtsgeschäfts 1, 9, 201, 209, 246, 248, 249
- zwecks Fristwahrung 201, 246

Wahlen
- Auswirkungen einer nichtigen Wahl 301
- Doppelbesetzung 287, 291
- (richterliche) Stimmrechtsregelungen 212
- Schiedsfähigkeit 226
- Verletzung von Körperschaftsrecht 95
- Verstoss gegen ad hoc-Verfahrensbeschlüsse bzw. Verfahrensvorschriften 121, 150, 269ff.
- vorsorgliche Massnahmen 249
- Wahlbeschluss als Anfechtungsobjekt 64

Widerklage 175, 182, 318f.
Widerruf 83, 206
Wiedererwägungsgesuch, Wiederherstellung 194, 195, 196
Willensmängel 46, 146, 203, 204
Willensvollstrecker 144, 161, 294
Willkür
- Anfechtungsgrund 77, 103
- Parteiwechsel während Anfechtungsprozess 178

Wohnrechtsberechtigter 159, 294
Zirkulationsbeschlüsse 273

165

Zustimmung
- Abwesenheit 144
- allgemeiner Grundsatz der Nichtzustimmung 30
- Beweislast 143
- nachträgliche 147, 193
- bei nichtigen Beschlüssen 302
- schriftliche 45
- stillschweigende 147
- Stimmenthaltung 144
  zur Traktandenliste 145
- ungültige Stimmabgabe 144
- Verhalten während Beschlussfassung 145, 148
- Willensmangel 146, 147, 203, 204

Zweckmässigkeit 1, 77

Zweigniederlassung 221

zwingendes Recht, zwingender Inhalt
- Anfechtungsfrist 193
- Anfechtungsgrund 93, 95
- Anfechtungsklage 2, 3
- Anfechtungsobjekt 5
- Anfechtungsrecht 2, 9, 29, 127
- Anfechtungsvoraussetzungen, sachliche 6
- Gerichtsstand 223
- kassatorische Wirkung der Anfechtungsklage 9
- Klagefrist 8
- Klagelegitimation 7, 126
- Nichtigkeitsgrund 3, 288
- prozessuale Regelung, Vollstreckung 9

Weitere Werke von Prof. Dr. Hans Michael Riemer im Stämpfli Verlag AG Bern

Die juristischen Personen: Allgemeine Bestimmungen Art. 52–59
Berner Kommentar BK, Band I, 3. Abteilung, 1. Teilband,
1993, 250 Seiten, gebunden, DEM 94.–/ATS 575.–/CHF 84.–
ISBN 3-7272-3418-0

Die juristischen Personen: Die Vereine Art. 60–79
Berner Kommentar BK, Band I, 3. Abteilung, 2. Teilband,
1990, 1020 Seiten, gebunden, DEM 334.–/ATS 2030.–/CHF 296.–
ISBN 3-7272-3406-7

Die juristischen Personen: Die Stiftungen Art. 80–89bis
Berner Kommentar BK, Band I, 3. Abteilung, 3. Teilband,
1975, 758 Seiten, gebunden, DEM 272.–/ATS 2120.–/CHF 218.–
ISBN 3-7272-0319-6

Personenrecht des ZGB
Studienbuch und Bundesgerichtspraxis
1995, 664 Seiten, mit detailliertem Sachregister, broschiert, DEM 156.–/ATS 1217.–/CHF 124.–
ISBN 3-7272-9605-4

Die beschränkten dringlichen Rechte
Grundriss des schweizerischen Sachenrechts, Band II,
1986, 192 Seiten, broschiert, DEM 45.–/ATS 273.–/CHF 40.–
ISBN 3-7272-0841-4

Die Einleitungsartikel des Schweizerischen Zivilgesetzbuches (Art. 1 bis 10 ZGB)
Eine Einführung
Eine Koproduktion mit Schulthess Polygraphischer Verlag, Zürich
1987, 129 Seiten, broschiert, DEM 35.–/ATS 205.–/CHF 30.–
ISBN 3-7272-0845-7

Grundriss des Vormundschaftsrechts
2. überarbeitete Auflage
1997, 196 Seiten, broschiert, DEM 58.–/ATS 423.–/CHF 48.–
ISBN 3-7272-0902-X

Das Recht der beruflichen Vorsorge in der Schweiz
1985, 167 Seiten, broschiert, DEM 46.–/ATS 266.–/CHF 39.–
ISBN 3-7272-0838-4

Mehr Informationen zu unserem Verlagsprogramm unter:
http://www.staempfli.com